"十三五"国家重点出版物出版规划项目

经济科学译丛

空间计量经济学入门

在R中的应用

朱塞佩·阿尔比亚（Giuseppe Arbia） 著

肖光恩 吴炬辉 刘锦学 译

肖光恩 总校译

A Primer for Spatial Econometrics

With Applications in R

中国人民大学出版社

·北京·

《经济科学译丛》总序

中国是一个文明古国，有着几千年的辉煌历史。近百年来，中国由盛而衰，一度成为世界上最贫穷、落后的国家之一。1949 年中国共产党领导的革命，把中国从饥饿、贫困、被欺侮、被奴役的境地中解放出来。1978 年以来的改革开放，使中国真正走上了通向繁荣富强的道路。

中国改革开放的目标是建立一个有效的社会主义市场经济体制，加速发展经济，提高人民生活水平。但是，要完成这一历史使命绝非易事，我们不仅需要从自己的实践中总结教训，也要从别人的实践中获取经验，还要用理论来指导我们的改革。市场经济虽然对中国来说是全新的，但市场经济的运行在发达国家已有几百年的历史，市场经济的理论亦在不断发展完善，并形了一个现代经济学理论体系。虽然许多经济学名著出自西方学者之手，研究的是西方国家的经济问题，但他们归纳出来的许多经济学理论反映的是人类社会的普遍行为，这些理论是全人类的共同财富。要想迅速稳定地改革和发展我国的经济，我们必须学习和借鉴世界各国包括西方国家在内的先进经济学的理论与知识。

本着这一目的，我们组织翻译了这套经济学教科书系列。这套译丛的特点是：第一，全面系统。除了经济学、宏观经济学、微观经济学等基本原理之外，这套译丛还包括产业组织理论、国际经济学、发展经济学、货币金融学、公共财政、劳动经济学、计量经济学等重要领域。第二，简明通俗。与经济学的经典名著不同，这套译丛都是国外大学通用的经济学教科书，大部分都已发行了几版或十几版。作者尽可能地用简明通俗的语言来阐述深奥的经济学原理，并附有案例与习题，对于初学者来说，更容易理解与掌握。

经济学是一门社会科学，许多基本原理的应用受不同的社会、政治或经济体制的影响，许多经济学理论是建立在一定的假设条件上的，假设条件不同，结论也就不一定成立。因此，正确理解和掌握经济分析的方法而不是生搬硬套某些不同条件下产生的结论，才是我们学习当代经济学的正确方法。

本套译丛于 1995 年春由中国人民大学出版社发起筹备并成立了由许多经济学专家学者组成的编辑委员会。中国留美经济学会的许多学者参与了原著的推荐工作。中国人民大学出版社向所有原著的出版社购买了翻译版权。北京大学、中国人民大学、复旦大学以及中国社会科学院的许多专家教授参与了翻译工作。前任策划编辑梁晶女士为本套译丛的出版作出了重要贡献，在此表示衷心的感谢。在中国经济体制转轨的历史时期，我们把这套译丛献给读者，希望为中国经济的深入改革与发展作出贡献。

《经济科学译丛》编辑委员会

译者序

全面简洁地介绍空间计量经济学基础知识一直是我在学习和研究空间计量分析方法时的一个基本愿望，因为目前有关空间计量经济学分析的大多数著作都写得十分难懂，有的著作侧重于空间计量分析的数学推导过程，有的著作侧重于对空间估计参数的设定及其解读。著名的意大利空间计量分析专家朱塞佩·阿尔比亚所写的《空间计量经济学入门》一书满足了我的愿望，它用简明、精确的语言向大家介绍了空间线性回归模型的演变脉络和基本的估计方法，同时还介绍了当前空间计量经济学拓展的一些重要领域和议题，并辅以 R 软件，使空间计量分析模型的应用有了很好的实现平台，把空间计量分析与软件实现完美地结合在一起。2016 年，当我在美国路易斯安那州立大学做访问学者并跟随导师 R. 凯利·佩斯（R. Kelley Pace）教授学习空间计量经济学时，他向我推荐了这本书。自此，我便开始着手本书的相关翻译事宜。

随着空间区位在经济分析和经济决策中作用的提升，各类研究人员对空间计量分析方法的需求逐渐增加。本书的出版为大家提供了一个学习空间计量分析方法的实用指南，它介绍了空间计量经济学建模的基本类型及估计方法，讨论了空间计量分析面临的一些重要问题和解决方案，并使读者能够正确地诠释空间计量经验分析结果，同时提供了一些学习空间计量分析方法和进一步研究的参考指引。通过学习本书，读者不仅能领会空间计量分析中基本模型的精髓，更能欣赏到R软件应用实例中的一些独到见解，还能认识到R软件成为该领域模型构建者首选软件的重要原因。因此，本书是学习空间计量分析基本方法的“解剖图”和“实践踏板”。

本书也是我带领的研究生团队计划翻译和编写的系列空间计量分析教材中的第五本。本书的翻译分工如下：吴炬辉、肖光恩，第1章和第2章；肖光恩、刘锦学，第3章和第4章；肖光恩、张璐，第5章和第6章；张璐还翻译了本书的核心术语与概念、课后练习及参考答案。本书的出版得到了武汉大学自主科研项目（人文社会科学）“中央高校基本科研业务专项基金”和武汉大学首批来华留学英语授课品牌课程《国际商务》项目资金的资助。本书的出版也得到了中国人民大学出版社王晗霞编辑的大力支持，她细致的校对和周到高效的安排，使本书能很快与读者见面。

由于笔者的水平有限，因而书中的错误与疏漏之处在所难免，敬请读者批评指正，以便再版时修正。

肖光恩
于美国路易斯安那州立大学奥尔斯商学院

序

在与朱塞佩·阿尔比亚（Giuseppe Arbia）合作完成这本专著期间，显然我能从对空间计量经济学的研究中享受到快乐。在这个快速发展的领域中，有太多的内容需要学习。该启蒙读本介绍了这个领域的核心内容——空间自回归和空间自相关线性回归模型。随后，我们对异方差线性模型和面板数据进行了扩展，并取得了进展。近期，空间计量经济学已经把模型拓展到了许多非线性的情况，包括二元多项式选择模型、随机边界模型、样本选择模型、计数数据模型和排序选择模型。该启蒙读本借助于一个空间二元选择模型的示例，提供了一个了解该领域的“敲门砖”。读者可以领略到各种真实数据在 R 软件中的实际应用，R 软件已成为该领域建模的首选软件。

空间计量经济学在许多社会科学中发展迅速。读者将发现该启蒙读本会成为自己日后学习与研究的一个亲切而有益的跳板，就像我一样。

威廉·格林

斯特恩商学院

纽约，2013 年 8 月

前言与致谢

空间计量经济学是一个迅速拓展的主题，并且在许多不同的科学领域得到了应用，想要列举所有应用空间计量经济学的科目是不可能的。近年来，我们确实发现了一些应用空间计量经济学的领域，比如区域经济学、犯罪学、财政学、产业组织学、政治学、心理学、农业经济学、健康经济学、人口统计学、传染病学、管理经济学、城市规划学、教育、土地规划学、社会科学、发展经济学、技术扩散、环境研究、历史学、劳动学、资源与能源经济学、交通学、食品安全、房地产、市场营销和许多其他的领域。

考虑到人们对空间计量经济学的广泛兴趣，本书通过向各种研究人员介绍基本的空间计量经济学方法，用以满足他们不断增长的需求。本书经过特别设计，可作为那些希望得到这个主题概略介绍的应用研究者的参考。在这种情况下，本书并不打算成为这个学科的一本综合教材，而是更在意细节的最简化，用以提供一个实践性的引导，阐明空间计量经济学建模的可能性，并讨论遇到的问题和答案，从而让读者正确地推导出经验性的结果并使用这种方法解决问题。

下面几点是本书与其他现有的空间计量经济学书籍的区别。第一，本书是独立的，除了基本的统计推断应用知识外，本书并不需要任何背景知识。第一章是本书用到的所有基本标准计量经济学结论的总述；就这一章而言，熟知标准计量经济学知识的读者可以略过。我们对于各个主题的处理是严谨的，但我们将浅显的公式证明缩减到了最少。本书提供了针对每个主题最简化的必要基础和直觉知识，读者可以参考其他教材和文献进行深入讨论。此外，本书还把案例、问题设置以及实践练习进行了结合。在某种程度上，读者可以把这本书看作一个计量经济学教材的拓展章节。显然，本书以弥合标准计量经济学教材——仍然大大忽略了空间计量经济学的这个主题——与更加综合和专业的教材之间的差距为目标。尽管本书是应用导向的，但我仍然仔细提供了合理的方法论上的发展，并使用了这个主题所覆盖领域中被广泛接受的概念。因此，读者可以发现，本书为高级空间计量经济学的学习提供了很好的准备工作。

第二，本书仅与现有相关教材存在部分重叠。虽然本书并不包含所有空间计量经济学课题的综合性处理，但它包含一些其他课本没有讨论的最新发展。例如，对传统极大似然方法中各种估计方法的替代、对异质性处理方法的创新以及空间离散选择模型和非平稳模型。此外，虽然本书的篇幅不大，但它依然处理了共时横截面空间模型，第 4.3 节包含空间面板数据的处理，这是空间计量经济学中一个快速发展的领域。

第三，研究这个领域的研究者很快就会发现，当用到非常大的数据集以至观测的样本容量成千上万时，本书中的大多数步骤说明都会遇到一些计算上的制约。对于没有接触过大计算量的非专业领域的学者来说，在从事空间分析时，计算问题确实能成为一个阻碍。计算问题甚至在可以使用强大的计算机器时也会成为阻碍，在实时决策必须以计量分析为基础做出的所有情况下，比如流行病学、环境监测或者基于医学影像的计算机辅助手术。为了克服这些限制，本书同样用一个完整的章节来讨论一系列的替代估计方法，这些方法能帮助你显著减少计算时间和对计算机内存的要求。

第四，本书将免费统计软件“R”中的程序介绍给读者。尽管在计量软件产品中空间计量方法依然不完整（比如 Eviews、Gauss、Gretl、Limdep、Microfit、Minitab、RATS、SAS、SPSS、TSP 和许多其他的软件），但本书给出了当前处理这些问题的软件包（比如 STATA、Matlab）以及专门处理空间计量的软件（比如 GeoDa）。在本书中，我们决定使用 R 语言解决各种问题主要有以下三点原因：①R 语言的软件包可以免费获得，本书的读者能马上利用手边的数据复制这个方法。②R 语言十分直观，并且容易入门。③因为空间计量经济学是一个快速拓展的话题，当新的程序在文献中被引入时，R 语言能保证几乎实时的更新。

本书能作为空间计量经济学的入门课程教材，假定读者先前的计量经济学知识达到了格林（Greene）第 7 版教材［见 W. Greene, *Econometric Analysis*（2011)］的水平。特别地，第一章到第三章可作为 2～3 天课程（10～12 课时）的教材。第四章（3～4 小时）和第五章可作为额外课程的补充材料。对于第四章，授课者可以选择在一整天上完一整章或者只花 3～4 小时上一部分。每一章最后包含的案例、问题和练习都可以与一系列计算机实验室课程相结合。

为广大应用研究者写一本介绍性的、易上手的课本的想法源于十年前的一次机遇，那时我有幸在不同的大学和机构教授空间计量经济学课程，包括米兰、巴塞罗那、福塔雷萨、萨尔瓦多以及 2008 年在罗马开办的暑期学校“空间计量经济学高级学院”。

本书的第一个版本写于 2011 年春季学期我对纽约大学斯特恩商学院经济学系进行访问的时候。我很感谢比尔·格林（Bill Greene）

在那个时候以及随后两年的春季（当时我正在研究空间计量经济学）邀请我。在巴黎第二大学担任客座教授时，我完成了终稿。我特别感谢阿兰·皮罗特（Alain Pirotte），他热情地接待了我，并提供了舒适的环境让我完成工作。2011 年年底，我在圣心天主教大学罗马校区完成了其余的部分。第 4.3 节由意大利的里雅斯特忠利保险公司的乔瓦尼·米罗（Giovanni Millo）撰写，我感谢他对本书所做的准备和付出以及与我一起工作时的耐心。我同样感谢美国威廉斯堡威廉玛丽学院的卡丽·多兰（Carrie Dolan）对初稿的仔细校对。当然，我要对所有的剩余错误负全责。卡丽在提供和编辑文本及示例中使用的一些地图方面所做的贡献也是非常宝贵的。同时要感谢墨西哥蒙特雷科技大学的米格尔·弗洛雷斯（Miguel Flores），他提供了第五章案例中使用的数据和地图，感谢迭戈·朱利亚尼（Diego Giuliani）、弗朗西斯卡·彼得拉尔卡（Francesca Petrarca）和米里亚姆·塔巴索（Myriam Tabasso）关于 R 程序的快速线上援助和建议。乔瓦尼、卡丽、米格尔、迭戈、弗朗西斯卡和米里亚姆都是前文提到的“空间计量经济学高级学院”之前的参与者，对于过去六年进入这个学校学习的学生（超过 200 人！），我同样想表达我的感激之情，因为他们在课堂上的积极参与是我写这本书最大的动力。

本书献给我的家庭。如果回顾我为此前的图书所写的前言，我要对葆拉（Paola）以及我的三个孩子表示感谢，感谢他们的陪伴、耐心、帮助和鼓励。从我出版第一本书起，已经过去了 25 年，最近的一本书出版于 7 年前。孩子们都长大了，许多事也发生了变化，但我的家庭依然陪伴着我，在这多雨阴沉的冬日里，当我坐在计算机前写本书最后的话语时，我对他们依旧心存感激。

罗马，大斋首日，2014 年

目　录

第一章 经典线性回归模型

1.1 基本线性回归模型

考虑下面的线性模型：

$$ {}_{n}y_{1} = {}_{n}X_{kk}\beta_{1} + {}_{n}\varepsilon_{1} \tag{1.1} $$

式中，${}_{n}y_{1}=\begin{bmatrix} y_1 \\ \vdots \\ y_n \end{bmatrix}$是由被解释变量 y 的 n 个观测值组成的向量；${}_{n}X_{k}=\begin{bmatrix} 1 & X_{11} & \cdots & X_{1k-1} \\ \vdots & \vdots & & \vdots \\ 1 & X_{n1} & \cdots & X_{nk-1} \end{bmatrix}$是包括一个常数项的由 $k-1$ 个非随机外生回归变量的 n 个观测值组成的矩阵；${}_{k}\beta_{1}=\begin{bmatrix} \beta_1 \\ \vdots \\ \beta_k \end{bmatrix}$是由 k 个未知的待估参数组成的向量；${}_{n}\varepsilon_{1}=$

$\begin{bmatrix}\varepsilon_1\\ \vdots\\ \varepsilon_n\end{bmatrix}$是由随机扰动项组成的向量。我们假定本书中的 n 个观测值是指区域性单位，比如地区和国家。

经典线性回归模型假定对于 k 个回归变量的随机扰动条件是正态、独立的同分布，即

$$\varepsilon \mid X \sim \text{i. i. d. } N(0,\ \sigma_{\varepsilon}^{2}{}_{n}I_{n}) \tag{1.2}$$

${}_nI_n$ 是一个 $n\times n$ 阶单位矩阵。方程（1.2）同样可以写作：

$$E(\varepsilon \mid X)=0 \tag{1.3}$$

$$E(\varepsilon\varepsilon^{T} \mid X)=\sigma_{\varepsilon}^{2}{}_{n}I_{n} \tag{1.4}$$

方程（1.3）与外生性假定相关，方程（1.4）与球形扰动假定（Greene，2011）相关。

进一步假定 k 个回归变量不是完全相关的（X 是满秩矩阵）。在这一系列假定下，由普通最小二乘法（OLS）拟合准则可得到参数向量 β 的最佳线性无偏估计，写作 $\hat{\beta}_{\mathrm{OLS}}=\hat{\beta}$。实际上，OLS 准则要求：

$$S(\beta)=e^{T}e=\min \tag{1.5}$$

式中，$e=y-X\hat{\beta}$ 是残差项，并且 e^{T} 代表 e 的转置。

从方程（1.5），我们有

$$\frac{\mathrm{d}}{\mathrm{d}\beta}S(\beta)=\frac{\mathrm{d}}{\mathrm{d}\beta}e^{T}e=\frac{\mathrm{d}}{\mathrm{d}\beta}(y-X\hat{\beta})^{T}(y-X\hat{\beta})=2(X^{T}X\hat{\beta}-X^{T}y)=0$$

因此

$$\hat{\beta}_{\mathrm{OLS}}=(X^{T}X)^{-1}X^{T}y \tag{1.6}$$

如前所述，OLS 估计是无偏的：

$$E(\hat{\beta}_{\mathrm{OLS}}\mid X)=\beta \tag{1.7}$$

其方差为：

$$\mathrm{Var}(\hat{\beta}_{\mathrm{OLS}}\mid X)=(X^{T}X)^{-1}\sigma_{\varepsilon}^{2} \tag{1.8}$$

在所有可能的线性估计中，OLS 估计量的方差是最小的（完全有效），并且当 n 趋于无穷大时，方差趋于 0（弱一致性）。

从随机扰动项的正态性假设可以得到估计量的正态性：

$$\hat{\beta}_{\text{OLS}} \mid X \sim N[\beta; (X^T X)^{-1} \sigma_\varepsilon^2] \tag{1.9}$$

此外，从随机扰动项的正态性假设，基于极大似然方法，我们可以得到一个替代的估计量，与 OLS 的答案一致。

实际上，单个随机扰动项的分布为：

$$f_{\varepsilon_i}(\varepsilon_i) = \frac{1}{\sigma \sqrt{2\pi}} \exp\left[-\frac{1}{2}\varepsilon_i^2\right]$$

f 是一个密度函数，相应的观测样本的似然函数为：

$$\begin{aligned} L(\beta, \sigma_\varepsilon^2) &= \prod_{i=1}^{n} f_{\varepsilon_i}(\varepsilon_i) = \prod_{i=1}^{n} \frac{1}{\sigma_\varepsilon \sqrt{2\pi}} \exp\left[-\frac{1}{2\sigma_\varepsilon^2}\varepsilon_i^2\right] \\ &= (\sigma_\varepsilon^2)^{-\frac{n}{2}} (2\pi)^{-\frac{n}{2}} \exp\left[-\frac{\varepsilon^T \varepsilon}{2\sigma_\varepsilon^2}\right] \\ &= \cos t (\sigma_\varepsilon^2)^{-\frac{n}{2}} \exp\left[-\frac{\varepsilon^T \varepsilon}{2\sigma_\varepsilon^2}\right] \end{aligned} \tag{1.10}$$

从扰动项的独立性假设以及方程（1.1），我们有

$$\varepsilon = y - X\beta \tag{1.11}$$

因此方程（1.10）可以写作：

$$L(\beta, \sigma_\varepsilon^2) = \cos t (\sigma_\varepsilon^2)^{-\frac{n}{2}} \exp\left[-\frac{(y - X\beta)^T (y - X\beta)}{2\sigma_\varepsilon^2}\right] \tag{1.12}$$

以及对数似然函数可以写作：

$$l(\beta, \sigma_\varepsilon^2) = \ln[L(\beta, \sigma_\varepsilon^2)] = \cos t - \frac{n}{2}\ln(\sigma_\varepsilon^2) - \frac{(y - X\beta)^T (y - X\beta)}{2\sigma_\varepsilon^2} \tag{1.13}$$

定义评分函数为：

$$\begin{cases} s(\beta) = \dfrac{\mathrm{d}\ln[L(\beta, \sigma_\varepsilon^2)]}{\mathrm{d}\beta} = -\dfrac{1}{\hat{\sigma}_\varepsilon^2}(X^T y - X^T X\hat{\beta}) = 0 \\ s(\sigma_\varepsilon^2) = \dfrac{\mathrm{d}\ln[L(\beta, \sigma_\varepsilon^2)]}{\mathrm{d}\sigma_\varepsilon^2} = -\dfrac{n}{2\hat{\sigma}_\varepsilon^2} + \dfrac{(y - X\hat{\beta})^T (y - X\hat{\beta})}{2\hat{\sigma}_\varepsilon^4} = 0 \end{cases} \tag{1.14}$$

解 $k+1$ 个方程，我们有

$$\hat{\beta}_{ML} = (X^TX)^{-1}X^Ty$$

$$\hat{\sigma}^2_{\varepsilon,ML} = \frac{e^Te}{n} \tag{1.15}$$

实际上，在残差的正态性假设下，β 的 ML 估计量与 OLS 估计量是一致的。σ^2_ε 的 ML 估计量与无偏估计 $s^2_\varepsilon = \frac{e^Te}{n-k}$ 不同，并且是有偏的，但它是渐进无偏的。

为了确保得到的解是最大的，我们考虑二阶微分：

$$\begin{cases} \frac{d^2 l(\beta, \sigma^2_\varepsilon)}{d\beta^2} = \frac{ds(\beta)}{d\beta^2} = \frac{1}{\hat{\sigma}^2_\varepsilon}X^TX \\ \frac{d^2 l(\beta, \sigma^2_\varepsilon)}{d{\sigma^2_\varepsilon}^2} = \frac{ds(\sigma^2_\varepsilon)}{d\sigma^2_\varepsilon} = \frac{n}{2\hat{\sigma}^4_\varepsilon} \\ \frac{d^2 l(\beta, \sigma^2_\varepsilon)}{d\beta\, d\sigma^2_\varepsilon} = 0 \end{cases} \tag{1.16}$$

整理到费雪信息矩阵中：

$$_{k+1}I_{k+1}(\beta, \sigma^2_\varepsilon) = \begin{bmatrix} \frac{1}{\hat{\sigma}^2_\varepsilon}X^TX & 0 \\ 0 & \frac{n}{2\hat{\sigma}^4_\varepsilon} \end{bmatrix} \tag{1.17}$$

这个矩阵是正定的。

ML 估计量和 OLS 估计量的一致性保证了 ML 估计量的解满足大样本性质，也就是渐进正态性、一致性、渐进无偏性，不再局限于线性估计量和不变方差。

OLS 估计量与矩估计量（MM）也是一致的。实际上，考虑下面的矩条件：

$$\frac{1}{n}X^Te = E(X^T\varepsilon) = 0 \tag{1.18}$$

求解方程（1.8），可得：

$$\frac{1}{n}X^T(y - X\beta) = 0$$

$$\frac{1}{n}X^Ty - \frac{1}{n}X^TX\beta = 0$$

解出 β，我们有

$$\hat{\beta}_{\text{MM}} = (X^T X)^{-1} X^T y = \hat{\beta}_{\text{OLS}} = \hat{\beta}_{\text{ML}} \tag{1.19}$$

至于假设检验，让我们首先考虑下面关于参数 β_i 的假设：

$$H_0: \beta_i = 0$$
$$H_1: \beta_i \neq 0 \tag{1.20}$$

式中，β_i 是矩阵 β 中的一个代表元素，并且 $\hat{\beta}_i \sim N[\beta_i, S^{ii}\sigma_\varepsilon^2]$，$S^{ii}$ 是矩阵 X^TX 中主对角线上的第 i 个元素。我们可以用原假设和备择假设 β 的值除以它的标准差来构造一个检验统计量：

$$\text{检验} = \frac{\hat{\beta}_i}{\sigma_\varepsilon \sqrt{S^{ii}}} \overset{H_0}{\sim} N(0, 1) \tag{1.21}$$

然而，这个检验统计量并不是一个关键的量，除非我们知道 σ_ε^2 的值。由于 $\frac{(n-k)s_\varepsilon^2}{\sigma_\varepsilon^2} \sim \chi^2_{(n-k)}$［其中，$\chi^2_{(n-k)}$ 是一个自由度为 $n-k$ 的卡方分布］，而且 s_ε^2 和 $\hat{\beta}_i$ 相互独立，我们可以构造统计量：

$$\text{检验} = \frac{\hat{\beta}_i}{s_\varepsilon \sqrt{S^{ii}}} \sim t_{(n-k)} \tag{1.22}$$

它可以用来检验零假设。如果我们考虑多重零假设：

$$H_0: \beta_2 = \beta_3 = \cdots = \beta_k = 0$$
$$H_1: \beta_i \neq 0 \tag{1.23}$$

就能通过下面的统计量检验整个模型的显著性：

$$F = \frac{R^2/(k-1)}{(1-R^2)/(n-k)} \sim F(k-1; n-k) \tag{1.24}$$

这是一个服从自由度为 $k-1$ 和 $n-k$ 的 F 分布，而且其中的

$$R^2 = \frac{\text{SSR}}{\text{SST}} \tag{1.25}$$

在方程（1.25）中，SSR 代表回归平方和，$\text{SSR} = 1 - \text{SSE} = 1 - e^T e$（SSE 代表残差平方和），$\text{SST} = y^T y - n\bar{y}$ 代表误差平方和，$\bar{y}$ 代表样本均值。R^2 是所谓的可决系数（$0 < R^2 \leqslant 1$），是一个衡量观测数据和线性函数拟合程度的参数。调

整 R^2 可将回归的自由度考虑在内，并可由以下的公式给出：

$$\bar{R}^2 = 1 - \frac{n-1}{n-k+1}(1-R^2) \tag{1.26}$$

此外，用来衡量拟合度的有赤池信息准则

$$AIC = \ln\left(\frac{e^T e}{n}\right) + \frac{2k}{n} \tag{1.27}$$

以及施瓦茨（或贝叶斯）信息准则

$$BIC = \ln\left(\frac{e^T e}{n}\right) + \frac{k\ln n}{n} \tag{1.28}$$

在回归［该回归可被运用于公式（1.20）的假设系统，而且将在后面被采用］中的其他假设检验方法还有广为人知的基于一般检验过程的似然比方法。参数向量（记为 θ）的似然比可由以下公式给出：

$$\lambda = \frac{L(\theta_0)}{L(\hat{\theta}_{\mathrm{ML}})} = \frac{L(\theta_0)}{L(\hat{\theta})} \tag{1.29}$$

下标 0 代表零假设下的参数值，它代表零假设下参数值对应的似然函数的值和似然函数最大值的比。由于单独一个检验统计量 λ 不能改变推理的结果，因而更常见的是似然比检验：

$$LR = -2\ln(\lambda) = -2[l(\theta_0) - l(\hat{\theta})] \tag{1.30}$$

把 $l(\theta_0)$ 依据泰勒公式展开，可得：

$$\begin{aligned} LR &= -2\left[(\theta_0 - \hat{\theta})l'(\hat{\theta}) + \frac{1}{2}(\theta_0 - \hat{\theta})^2 l''(\tilde{\theta}) + \text{test}\right] \\ &= -2\left[(\theta_0 - \hat{\theta})s(\hat{\theta}) + \frac{1}{2}(\theta_0 - \hat{\theta})^2 ni(\tilde{\theta}) + \text{test}\right] \end{aligned} \tag{1.31}$$

其中，$\tilde{\theta} \in (\hat{\theta}, \theta_0)$，$s(.)$ 是得分函数，$ni(\tilde{\theta})$ 是费雪信息矩阵的元素，定义 $s(\hat{\theta}) = 0$，因此有

$$LR = n(\theta_0 - \hat{\theta})^2 i(\theta_0) + o_p(1) \tag{1.32}$$

LR 近似等于：

$$LR \approx W = n(\theta_0 - \hat{\theta})^2 i(\theta_0) \tag{1.33}$$

LR 被称为 Wald 检验统计量。LR 检验的另一个近似表达是：

$$LR \approx LM = \frac{l'(\theta_0)^2}{ni(\theta_0)} \tag{1.34}$$

它在统计学中被称作 Rao 得分检验统计量，它在计量经济学中作为拉格朗日乘数检验而被人熟知。三个检验统计量 LR、W 和 LM 渐进等价并且渐进服从自由度为估计参数值的卡方分布。与其他两个检验相比，LM 检验的优势在于不需要事先知道未知参数的极大似然估计量也可以计算，并且不需要任何明确的备择假设设定。

对于一个参数向量，方程（1.34）变为：

$$LM = s(\theta_0)^T I(\theta)^{-1} s(\theta_0) \tag{1.35}$$

这是拉格朗日乘数检验的一般表达式，本书的后面会用到它。在线性回归的情况下，一个简单的参数假设检验可定义为：

$$_1s_{k+1}(\theta_0) = [_1s(\beta_0)_k, s(\sigma^2_{0,\varepsilon})] \tag{1.36}$$

以及

$$_{k+1}I_{k+1}(\theta_0) = {}_{k+1}I_{k+1}(\beta_0, \sigma^2_{0,\varepsilon}) \tag{1.37}$$

把方程（1.14）和方程（1.17）代入方程（1.36）和方程（1.37），再代入方程（1.35），我们得到了关于回归参数假设的 LM 检验。

最后，一个至关重要的模型假设检验是检验残差的正态性，这是前面所有检验的基础。主流的参数方法是由 Jarque 和 Bera（1987）提出的，他们建议通过联合检验残差的经验分布与高斯分布的三阶矩和四阶矩之间没有明显的差别来构建正态性检验。这个检验的具体表达式为：

$$JB = \frac{n}{6}\left[SK^2 + \frac{(K-3)^2}{4}\right]$$

式中，

$$SK = \frac{1/n\sum_{i=1}^{n}(e_i - \bar{e})^3}{[1/n\sum_{i=1}^{n}(e_i - \bar{e})^2]^{3/2}}$$

是残差的偏度，对应的

$$K=\frac{1/n\sum_{i=1}^{n}(e_i-\bar{e})^4}{\left[1/n\sum_{i=1}^{n}(e_i-\bar{e})^2\right]^2}$$

是残差的峰度。在正态性的原假设下，这个统计量服从自由度为 2 的卡方分布。

例 1.1　区域收敛的巴罗和萨拉伊马丁模型

区域收敛的巴罗和萨拉伊马丁（Barro and Sala-i-Martin，1995）模型表示一个地区在某个时间点的人均 GDP 增长率（用比值的对数形式表示）是初始时刻人均 GDP 的线性函数。如果这个模型中的斜率是负的，说明初始比较贫穷的国家有更高的增长率，与此相对应，那些初始人均 GDP 较高的地区表现出更低的增长率。这意味着各个区域将收敛到相同水平的人均 GDP。这个模型可表示为：

$$\log\frac{y_{it}}{y_{i0}}=\alpha+\beta y_{i0}+\varepsilon_i \qquad t=1,2,\cdots,T$$

式中，y_{it} =第 t 年地区 i 的人均 GDP。参数 $b=-\frac{\ln(1+\beta)}{T}$ 代表所谓的“收敛速度”。下表显示了 2000 年的人均 GDP 和 2000—2008 年的真实人均 GDP 增长情况，观测数据来自意大利的 20 个地区。

地区	人均 GDP	GDP 的增长率（2000—2008 年）	地区	人均 GDP	GDP 的增长率（2000—2008 年）
1. 皮埃蒙特	130	2.7	11. 马尔凯	125	3.1
2. 奥斯塔谷	150	2.5	12. 拉丁姆	130	2.9
3. 伦巴第	140	2.7	13. 阿布鲁佐	100	4.0
4. 特伦蒂诺—阿尔托阿迪杰区	170	0.5	14. 莫利塞	90	3.5
5. 威尼托	160	1.5	15. 坎帕尼亚	110	2.1
6. 弗留利—威尼斯—朱利亚	160	0.5	16. 普利亚区	95	3.0
7. 利古利亚	135	2.0	17. 巴斯利卡塔	80	4.2
8. 艾米利亚	145	1.6	18. 卡拉布利亚	100	3.0
9. 托斯卡纳区	135	2.2	19. 西西里岛	100	2.0
10. 翁布里亚	130	3.2	20. 撒丁区	110	2.4

利用 OLS 方法对该模型进行估计，得到下面的结果：

参数		标准误	t 检验	p 值
截距	6.161 369	0.731 837	8.419	1.18e−07***
斜率	−0.029 510	0.005 752	−5.130	7.01e−05***

显著性标注：0'***'0.001'**'0.01'*'0.05'.'0.1''1。

$R^2=0.593\,8$　F 统计量 $=26.32$(p 值 $=7.01e-05$)$=$ Wald 检验

$AIC=42.951\,74$

$BIC=45.938\,94$　JB 检验 $=1.088\,4$(p 值 $=0.580\,3$)

t 检验显示截距和斜率都是显著不为 0 的，其中斜率是显著为负的，F 检验在 99%的显著性水平下接受该模型的设立。此外，拟合优度（R^2）表明，该模型解释了 59.38%的增长变化。最后，正态性的假设以 0.580 3 的概率不能被拒绝原假设。

例 1.2　泽尔纳-雷文卡修正的柯布-道格拉斯生产函数

一般的柯布-道格拉斯生产函数将生产水平表示为两个生产投入要素（即资本和劳动）的函数。由泽尔纳和雷文卡（Zellner and Revankar，1970）引入的修正函数基于人均产出和投入变量的值，可由区域总量除以各地区的机构总数获得。这个设定允许将规模经济考虑在内。下表显示的用于实证模型检验的数据均来自美国交通运输设备制造业。它们涉及 1957 年 25 个州的增加值、资本和劳动。所有数值的度量单位最初都是用 1957 年的百万美元来表示的。

州	人均增加值	人均资本	人均劳动	州	人均增加值	人均资本	人均劳动
亚拉巴马州	1 855 118	55 941	463 985	马萨诸塞州	1 404 244	89 227	229 163
加利福尼亚州	2 333 445	135 165	330 061	密歇根州	7 182 313	766 030	863 352
康涅狄格州	4 484 870	257 870	805 675	密苏里州	5 216 680	262 720	678 648
佛罗里达州	192 795	22 421	65 688	新泽西州	2 700 862	134 785	336 166
佐治亚州	4 289 169	162 394	641 324	纽约州	2 039 978	158 295	412 351
伊利诺伊州	2 629 193	214 498	321 422	俄亥俄州	4 440 493	435 201	716 022
印第安纳州	3 816 035	434 169	571 269	宾夕法尼亚州	2 650 554	147 313	421 253
艾奥瓦州	477 280	35 973	106 893	得克萨斯州	1 712 380	73 818	356 260
堪萨斯州	6 506 776	136 316	1134 066	弗吉尼亚州	2 051 694	84 388	368 247
肯塔基州	4 030 581	168 161	387 097	华盛顿州	3 558 369	172 106	491 413

续前表

州	人均增加值	人均资本	人均劳动	州	人均增加值	人均资本	人均劳动
路易斯安那州	637 635	32 722	138 261	西弗吉尼亚州	1 513 333	102 867	270 867
缅因州	363 790	24 284	79 877	威斯康星州	2 462 754	154 937	371 958
马里兰州	3 219 085	136 016	537 535				

泽尔纳和雷文卡（1970）提出的柯布-道格拉斯函数的一般形式可以设定为：

$$\ln(y_i)=\beta_0+\beta_1\ln(k_i)+\beta_2\ln(l_i)+\varepsilon_i$$

式中，y_i 为 i 地区的人均增加值；k_i 为地区 i 的人均资本支出；l_i 为地区 i 的人均劳动支出。参数的 OLS 估计得到的结果如下表所示：

参数		标准误	检验	p 值
β_0	−0.067 07	0.211 56	−0.317	0.754 208
β_1	3.197 80	0.832 24	3.842	0.000 885***
β_2	5.350 42	0.525 84	10.175	8.8e−10***

显著性标注：0' *** '0.001' ** '0.01' * '0.05'. '0.1''1。

$R^2=0.924\ 3$　修正的 $R^2=0.917\ 4$　F 统计量 $=134.3$ （p 值 $=4.767\ 8\text{e}-13$）

$AIC=43.412\ 9$　$BIC=48.288\ 41$　JB 检验 $=5.691\ 4$ （p 值 $=0.058\ 09$）

估计的 p 值显示，除了常数项，参数都是高度显著的。这个模型解释了 92.43%的人均增加值的总体变化。F 检验接受模型设定。最后，正态性原假设在 5%的显著性水平下被接受。

1.2 非球面扰动项

从所有之前的结果推导出来的基本假设都包含在方程（1.4）中，也就是球面误差项的假设。它有两重含义：

（1）方差—协方差矩阵的对角线元素为常数（同质性）。

（2）方差—协方差矩阵的非对角线元素都为 0（不存在自相关性）。

空间观测单位的典型性质是不具备同质性以及空间自相关的存在，因此在处理数据时以上两个假设条件都是不现实的。我们很容易发现，当一个或者两个条件都不满足的时候，OLS 估计量将失去它的最优性质。

在这种情况下，我们有

$$E(\varepsilon\varepsilon^T \mid X) = {}_nVC_n = \sigma_\varepsilon^2\Omega \tag{1.38}$$

式中，VC 为所有误差项的 $n \times n$ 阶方差—协方差矩阵；Ω 为相应的相关矩阵。

此时，OLS 估计量为：

$$E(\hat{\beta}_{OLS} \mid X) = \beta \tag{1.39}$$

同样表现出无偏的性质，但现在的方差为：

$$\mathrm{Var}(\hat{\beta}_{OLS} \mid X) = \sigma_\varepsilon^2 (X^TX)^{-1} X^T\Omega X (X^TX)^{-1} \neq \sigma_\varepsilon^2 (X^TX)^{-1} \tag{1.40}$$

根据矩阵 Ω 的元素值，我们可能有 $\mathrm{Var}(\hat{\beta}_{OLS}) > \sigma_\varepsilon^2(X^TX)^{-1}$（这是经常发生的），表示 OLS 估计量不再有最小方差。

为了检验同质性，有许多可供选择的方法，它们都是基于研究者提出的违反同质性的貌似合理的设立形式。Breusch 和 Pagan（1979）检验提出了一般表达式 $\sigma_i^2 = \sigma^2 f(\alpha^T X_i)$，其中 α 是一个常数向量，X_i 是第 i 个观测单位的回归量向量。在同质性情况下，我们有 $\alpha=0$，我们可以通过一个简单的回归进行检验。在实践中，LM 检验统计量可以表示为：

$$BP = \frac{1}{2}[g^TX(X^TX)^{-1}X^Tg] \tag{1.41}$$

式中，g 为扰动项变换形式的向量，并可表示为 $g_i = \frac{e_i^2}{\frac{e^Te}{n} - 1}$。在常数条件方差的原假设下，这个检验统计量渐进服从自由度为 $k-1$ 的卡方分布。另一个主流的替代方法是怀特检验（White，1980），使用方程（1.40）所表示的方差—协方差矩阵的一致估计量来构造违背同质性的假设。在操作上，意味着计算一个检验统计量 $WH = nR^2$，这里 R^2 是回归中的可决系数，其中扰动项 e 的平方可以用所有独立变量和所有独立变量之间的向量积来解释。在同质性的原假设下，WH 渐进服从自由度为 $k-1$ 的卡方分布。需要注意的是，BP 检验和 WH 检验要求残差之间的独立性，因此这两者在没有检验残差的独立性时都不能使用。

在处理时间序列数据的时候，可以使用德宾-沃森（Durbin-Watson）统计量（Greene，2011）检验扰动项之间的自相关性，在应用空间数据的情况下使用这个统计量会更加复杂，需要特别的处理，我们将在第二章介绍这个处理过程。

如前所述，如果发现误差项是非球面的，OLS 解不再是最小方差估计量，我们需要采用以下的步骤。

让我们考虑相关矩阵的分解：

$$ {}_{n}\Omega_{n} = {}_{n}P_{nn}P_{n}^{T} \tag{1.42}$$

P 是非退化矩阵，根据方程（1.42），我们有

$$\Omega^{-1} = P^{-T}P^{-1} \tag{1.43}$$

现在让我们考虑下面的变量转换：

$$y^{*} = P^{-1}y \quad X^{*} = P^{-1}X \quad \varepsilon^{*} = P^{-1}\varepsilon \tag{1.44}$$

如果我们在方程（1.1）两边同时乘以 P^{-1}，可得：

$$P^{-1}y = P^{-1}X\beta + P^{-1}\varepsilon$$

或者

$$y^{*} = X^{*}\beta + \varepsilon^{*} \tag{1.45}$$

注意，现在误差项的方差—协方差矩阵变为：

$$E(\varepsilon^{*}\varepsilon^{*T}) = E(P^{-1}\varepsilon\varepsilon^{T}P^{-T}) = \sigma_{\varepsilon}^{2}P^{-1}\Omega P^{-T} \tag{1.46}$$

由方程（1.38），最终：

$$E(\varepsilon^{*}\varepsilon^{*T})=\sigma_{\varepsilon}^{2}I$$

根据方程（1.42），方程（1.44）中的误差项现在满足使用 OLS 方法的假定。

由前面方程中参数的 OLS 估计量可以推导得到：

$$\begin{aligned}\hat{\beta}_{\mathrm{OLS}}^{*} &= (X^{*T}X^{*})^{-1}X^{*T}y^{*} \\ &= (X^{T}P^{-T}PX)^{-1}X^{T}P^{-T}Py \\ &= (X^{T}\Omega^{-1}X)^{-1}X^{T}\Omega^{-1}y=\hat{\beta}_{\mathrm{GLS}}\end{aligned} \tag{1.47}$$

它的方差—协方差矩阵现在为：

$$\mathrm{Var}(\hat{\beta}_{\mathrm{GLS}})=\sigma_{\varepsilon}^{2}(X)^{T}\Omega^{-1}X)^{-1} \tag{1.48}$$

估计量 $\hat{\beta}_{\mathrm{GLS}}$ 是所谓的广义最小二乘估计（GLS）或者艾特肯（Aitken）估计量。这个估计量满足所有 OLS 的最优性质。

GLS 估计量可以由极大似然估计量推导出。实际上，让我们考虑这种情况下的似然函数：

$$L(\beta,\sigma_{\varepsilon}^{2})=\cos t(\sigma_{\varepsilon}^{2})^{-\frac{n}{2}}|\Omega|^{\frac{1}{2}}\exp\left[-\frac{(y-X\beta)^{T}\Omega^{-1}(y-X\beta)}{2\sigma_{\varepsilon}^{2}}\right] \tag{1.49}$$

$|\Omega|$ 是相关矩阵的行列式。对数似然为：

$$\begin{aligned}l(\beta,\sigma_{\varepsilon}^{2}) &= \ln[L(\beta,\sigma_{\varepsilon}^{2})] \\ &= \cos t-\frac{n}{2}\ln(\sigma_{\varepsilon}^{2})-\frac{1}{2}\log|\Omega| \\ &\quad -\frac{(y-X\beta)^{T}\Omega^{-1}(y-X\beta)}{2\sigma_{\varepsilon}^{2}}\end{aligned} \tag{1.50}$$

最大化方程（1.50）需要考虑参数 β，对应地最大化该方程的最后一项，因为其他项相对于 β 都是常数。实际上，ML 估计量是下述方程的解：

$$(y-X\beta)^{T}\Omega^{-1}(y-X\beta)=\min$$

对其求导数并令导数等于零，我们可以再一次得到：

$$\hat{\beta}_{\mathrm{ML}}=(X^{T}\Omega^{-1}X)^{-1}X^{T}\Omega^{-1}y=\hat{\beta}_{\mathrm{GLS}} \tag{1.51}$$

与方程（1.47）相同。

通过对方程（1.45）应用 OLS 方法，能得到一个无偏的 σ_ε^2 估计量：

$$s_\varepsilon^2 = \frac{e^{*T}e^*}{n-k} \tag{1.52}$$

式中，$e^* = P^{-1}y - P^{-1}X\beta^*$。因此，我们有

$$s_\varepsilon^2 = \frac{(P^{-1}y - P^{-1}X\beta^*)^T(P^{-1}y - P^{-1}X\beta^*)}{n-k} \tag{1.53}$$

在进行一些代数变换后，有

$$s_\varepsilon^2 = \frac{y^T\Omega^{-1}y - \beta^{*T}X^T\Omega^{-1}y}{n-k} \tag{1.54}$$

在此前的假定下，所有对于单一参数以及整个模型的检验步骤都是有效的。需要注意的是，所有由估计量和检验步骤导出的可计算表达式都需要满足下述条件：

a）要么误差项的 *VC* 矩阵是完全可识别的，即考虑了异方差和自相关性的不同形式。

b）要么 *VC* 矩阵的所有元素是已知的。

为了满足条件 a)，我们要考虑 *VC* 矩阵的不同设定，在这些设定下，我们能使用有限个参数表示异方差和自相关性。本书后面的章节将会实现这个目标。条件 b）在实际情况中几乎不可能成立。因此，为了使用 GLS 方法，我们必须把 *VC* 矩阵中未知的参数替换为一致估计量，并且必须考虑到不同环境中由于这些估计量的不同性质所导致的不同结果。

例 1.3　空间收敛的巴罗和萨拉伊马丁模型

回顾例 1.1 中的数据，计算 *BP* 异方差性检验，可得：

$BP = 0.004\ 5$　　　p 值 $= 0.946\ 2$

该结果接受同方差的原假设。需要注意的是，这个检验只有在残差不相关的情况下才能得到正确的结果。至于残差的相关性，如前所述，我们将在第二章详细讨论这个问题。目前，下面的散点图分别展示了意大利北部和南部 20 个观测单位的回归残差。该图并没有表现出明显的南北地理差异，但进一步的分析显

然是必要的。

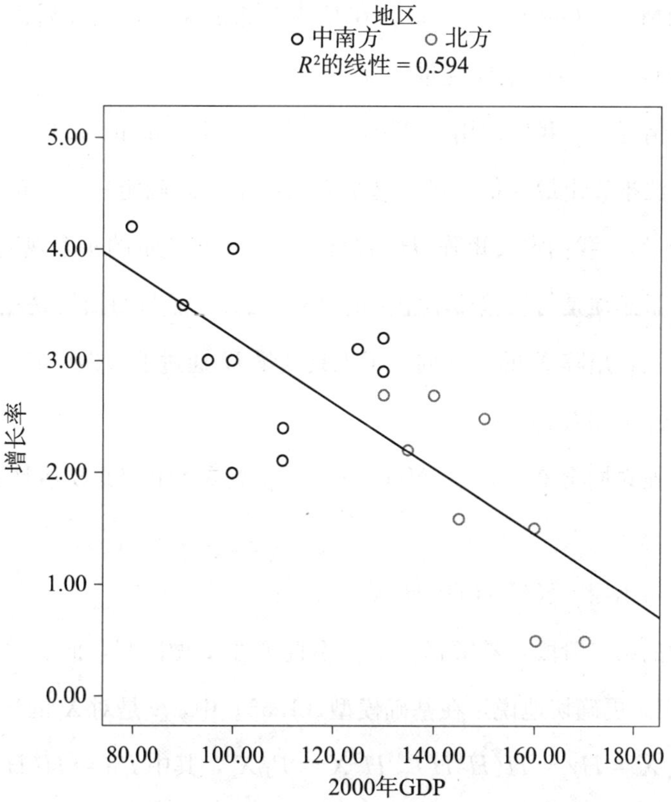

资料来源：作者创造性地使用了 ISTAT 数据库中被称为“地域指标”的数据，这些数据可从下述网址（http：//sitis. istat. it/sitis/html）下载。

1.3 内生性

只有在满足方程（1.3）列出的假定时，也就是当 $E(\varepsilon|X)=0$ 时，OLS 估计量才具有它的最优性质。这个条件可以表示为 $E(\varepsilon X)=0$［给定 $E(X)$是一个常数］，这意味着回归量 X 与扰动项 ε 不相关。只有在扰动项是预设外生的或者它们是新息过程时，这种情况才会成立。若不满足方程（1.3）的条件，或者一些回归量或所有回归量是内生的，则 OLS 估计量一般都是有偏且不一致

的。在计量经济学中，内生性变量会在多种情况下出现，诸如遗漏变量或者联立方程的情况（Greene，2011）。在某些特殊情况下，比如后面出现的处理空间回归时也会产生内生性变量。

在这种情况下，我们使用由 Theil（1953）和 Basmann（1957）提出的两阶段最小二乘法推导出最优估计量。这个方法假定可以确定一系列的 h 变量（被称为工具变量）。我们定义矩阵 ${}_nH_h$ 包含了 h 个工具变量的 n 个观测值。一个有效的工具变量必须是与误差项不相关的（外生的），而与回归量是相关的。在回归的第一阶段，矩阵 X 的每一列对于工具变量 H 通过下式做回归。

$$ {}_nX_1 = {}_nH_h\, {}_h\gamma_1 + {}_n\eta_1 \tag{1.55} $$

假定 η 独立同分布，服从 $N(0, \sigma_\eta^2)$。模型参数的 OLS 估计量可以推导如下：

$$ \hat{\gamma} = \hat{\gamma}_{\mathrm{OLS}} = (H^TH)^{-1}\, H^TX \tag{1.56} $$

在回归的第二阶段，被解释变量 y 不直接对 X 做回归，而是对 X 的工具变量 H 做回归。更确切地说，在基础模型（1.55）中，y 是对 X 的估计值进行回归，也就是 $\hat{X} = H\hat{\gamma} = H(H^TH)^{-1}\, H^TX = P_HX$，其中 $P_H = H(H^TH)^{-1}H^T$ 是 H 的幂等投影矩阵。

回归由以下模型给出：

$$ y = \hat{X}\beta + \varepsilon \tag{1.57} $$

γ 的 OLS 估计量为：

$$ \hat{\beta}_{2\mathrm{SLS}} = (\hat{X}^T\hat{X})^{-1}\hat{X}^Ty \tag{1.58} $$

根据幂等矩阵的性质，方程（1.58）可以写作：

$$ \begin{aligned} \hat{\beta}_{2\mathrm{SLS}} &= (\hat{X}^T\hat{X})^{-1}\hat{X}^Ty = (X^T P_H^T P_HX)^{-1}\, X^T P_H^Ty \\ &= (X^T P_HX)^{-1}\, X^T P_Hy \\ &= [X^T H(H^TH)^{-1}\, H^TX]^{-1}\, X^T H(H^TH)^{-1}\, H^Ty \end{aligned} \tag{1.59} $$

这个估计量就是两阶段最小二乘估计量（2SLS）、工具变量估计量（IV）或者广义工具变量估计量（GIVE）。方程（1.59）同时强调了这种估计量可以

被看作权重矩阵 P_H 的 GLS 估计量。在这个方法刚提出的时候（在 20 世纪 50 年代），这个估计过程需要通过两步来实现，但现在（有了更强大的计算能力）这个计算过程在给定外生的工具变量时可以在一步中实现。在总体水平上则会导致

$$H^T\varepsilon = 0 \tag{1.60}$$

在样本水平上，这个条件变为：

$$H^T(y - X\hat{\beta}) - 0 \tag{1.61}$$

解这个方程组，可得：

$$\hat{\beta}_{MM} = (H^TX)^{-1} H^Ty \tag{1.62}$$

这个结果与方程（1.59）是一致的。因为方程（1.60）可以被看作一系列矩条件，从这个方程推导出的估计量同样可以被看作矩估计量。

由此可见，在一般条件下，两阶段最小二乘估计量渐进服从正态分布，并且

$$E(\hat{\beta}_{2SLS}) = \beta \tag{1.63}$$

以及

$$\text{Var}(\hat{\beta}_{2SLS}) = \sigma_\varepsilon^2 \ (H^TX)^{-1} \ H^TH \ (H^TZ)^{-1} \tag{1.64}$$

这些表达式可用于推断和假设检验。

例 1.4　泽尔纳-雷文卡生产函数

下表展示了用来估计泽尔纳-雷文卡（1970）中生产函数（例 1.2 中所讨论的）的原始数据。

使用这些数据，我们只是提供一个例子，并不以解释某个实质性现象为目标，这里的变量“增加值”是变量“劳动投入”的函数，我们将“企业数量”作为工具变量来估计生产函数。这个工具变量是相关的，因为变量“企业数量”和变量“劳动投入”的相关系数为 0.839 001。

州	增加值	资本投入	劳动投入	企业数量
亚拉巴马州	126 148	3 804	31 551	68
加利福尼亚州	3 201 486	185 446	452 844	1 372
康涅狄格州	690 670	39 712	124 074	154
佛罗里达州	56 296	6 547	19 181	292
佐治亚州	304 531	11 530	45 534	71
伊利诺伊州	723 028	58 987	88 391	275
印第安纳州	992 169	112 884	148 530	260
艾奥瓦州	35 796	2 698	8 017	75
堪萨斯州	494 515	10 360	86 189	76
肯塔基州	124 948	5 213	12 000	31
路易斯安那州	73 328	3 763	15 900	115
缅因州	29 467	1 967	6 470	81
马里兰州	415 262	17 546	69 342	129
马萨诸塞州	241 530	15 347	39 416	172
密歇根州	4 079 554	435 105	490 384	568
密苏里州	652 085	32 840	84 831	125
新泽西州	667 113	33 292	83 033	247
纽约州	940 430	72 974	190 094	461
俄亥俄州	1 611 899	157 978	259 916	363
宾夕法尼亚州	617 579	34 324	98 152	233
得克萨斯州	527 413	22 736	109 728	308
弗吉尼亚州	174 394	7 173	31 301	85
华盛顿州	636 948	30 807	87 963	179
西弗吉尼亚州	22 700	1 543	4 063	15
威斯康星州	349 711	22 001	52 818	142

估计的结果显示在下表中：

参数		标准误	t 检验	p 值
β_0	−55 486.25	0.211 56	48 669.26	−1.140 068
β_2	7.264 460	0.329 093	22.074 15	0.000***

显著性标注：0'***'0.001'**'0.01'*'0.05'.'0.1''1。

$R^2=0.970\ 192$　修正的 $R^2=0.968\ 896$　F 统计量 $=487.268\ 3$

(p 值 $=0.000\ 00$)

$AIC=$　　$BIC=$　　JB 检验 $=26.318\ 17$

(p 值 $=0.000\ 002$)

BP 检验 $=20.186\ 72$ (p 值 $=0.000\ 2$)

第二阶段的 SSR $= 8.25e+12$

此估计量表明，该模型对实验数据进行了很好的拟合。然而，这里有强有力的证据表明残差的非正态性和异质性（JB 检验和 BP 检验），意味着需要对该模型进行重新评估。

1.4 R 代码：执行回归

首先，从网站（http：//cran. r-project. org/）免费下载适合个人操作系统（Windows、Mac OSX 或者 Linux）的 R 软件。

在 R 软件环境中，我们能使用键盘输入数据，使用下述方式将变量 x、y 和 z 定义为向量：

$$x=c(x_1,x_2,\cdots,x_n)$$
$$y=c(y_1,y_2,\cdots,y_n)$$
$$z=c(z_1,z_2,\cdots,z_n)$$

或者，根据源数据文件的格式，我们可以使用下述命令之一从外部文件中读取数据：

```
>read.table("filename.txt", header = T, dec = ".")
>read.txt("filename.txt", header = T, dec = ".")
>read.csv("filename.csv", header = T, dec = ".")
```

在这种情况下，分别用于以字符（.txt）或逗号分隔输入数据（.csv）的文件。

在简单的线性回归中，我们可以用下述命令将数据描绘到散点图中：

```
> plot(x,y)
```

同时，我们可以通过下述命令估计简单的回归模型：

```
>model1 <- lm(y ~x)
```

“model1” 是任意指定的名字,“lm” 是 Linear Modeling 的首字母缩写所对应的命令。

同样，我们可以用下述命令在散点图中画出拟合线：

```
>abline(model1)
```

在多重线性回归中，相似地，我们用下述命令估计模型：

```
>model2<- lm(y ~x + z)
```

下述命令：

```
>summary(model2)
```

可以返回估计参数的值、它们的显著性、拟合优度、修正的拟合优度和 F 检验。

类似地，命令

```
>AIC(model2)
>BIC(model2)
```

用于计算前面输出中没有计算的模型的 AIC 检验和 BIC 检验。

给定模型的估计，我们可以用下述命令计算参数的置信区间：

```
>confint(model2)
```

对于更多的信息，残差自动地储存在下面的名字中：

```
model2 $ residuals
```

对于模型的更多诊断，我们需要安装程序包“lmtest”和“tseries”，输入下述命令：

```
> install.packages("lmtest")
> install.packages("tseries")
```

安装了这两个程序包之后，在每次开始运行程序时，我们需要用下述命令调用它们：

```
> library(lmtest)
> library(tseries)
```

在程序包“lmtest”和“tseries”中，我们发现了一些有用的模型诊断工具，比如同质性的 *B-P* 检验（它使用所有的回归量来解释异质性）：

```
> bptest(model2)
```

以及 *J-B* 正态性检验：

```
>jarque.beta.test(model2$residuals)
```

核心术语与概念

有独立扰动项的线性模型

最小二乘估计法（OLS）

最优线性无偏估计量（BLUE）

参数估计量的性质：无偏性、有效性、一致性、正态性

极大似然估计法（ML）

得分函数

费雪信息矩阵

矩估计方法（MM）

模型参数的假设检验

模型的 F 检验

拟合优度，R^2

修正的 R^2

赤池信息准则（AIC）

施瓦茨（或贝叶斯）信息准则（BIC）

似然比检验

怀特检验

Rao 得分检验（拉格朗日乘数检验）

J-B 检验

异方差

B-P 的同质性检验

自相关

广义最小二乘估计法（GLS）	外生性
两阶段最小二乘估计法（一般工具变量估计量）（2SLS）	相关工具变量
	外生工具变量

问　题

1. 在什么条件下 OLS 估计量等于 ML 估计量？在处理空间数据的回归时，这些条件可能得到满足吗？这个等价性意味着什么？不满足这个等价性又意味着什么？

2. 假设变量 y 等于区域消费、变量 x 等于区域收入，这两个变量都以千美元为单位，进一步假定回归模型 $y=\beta x+\varepsilon$。那么，以百万美元为单位表示的收入 β 的 OLS 估计量（即 $\hat{\beta}$）是什么？如果消费也以百万美元为单位呢？

3. 如果我们想评判实验观测数据与理论模型的拟合程度，需要考虑的一个关键因素是什么？

4. 在工具变量（IV）估计中，如何证明一个工具变量是相关的？

5. 在时间序列建模中，我们使用德宾-沃森检验统计量来检验残差的自相关性，德宾-沃森统计量的定义为 $d=\sum_{t=2}^{T}(e_t-e_{t-1})^2/\sum_{t=1}^{T}e_t^2$，$t=1$，…，$T$。这个检验利用了时间观测数据的自然序数，在表达式中可以明显观测到下标，t 从 1 到 T。我们在检验空间数据的残差自相关性时需要考虑什么因素？

6. 为什么在数据不满足同质性或/和残差不相关假设下估计回归模型，我们需要用 GLS 估计法取代 OLS 估计法？

练　习

练习 1.1　下表中的数据是英国的一些区域经济数据。它们以占整个国家比重的形式报告了总增加值（GVA）、劳动生产率（整个国家为 100）以及新企业占比。

地区	下属区域	总增加值（占英国的比重，%）	劳动生产率（整个国家为 100）	新企业占比（%）
威尔士		3.6	81.5	9.3
苏格兰		8.3	96.9	10.9
北爱尔兰		2.3	82.9	6.5
英格兰	英格兰北部	3.2	86.2	11.2
英格兰	英格兰西北部	9.5	88.6	11.1
英格兰	约克郡和亨伯赛德郡	6.9	84.7	10.5
英格兰	英格兰中东部	6.2	89.2	10.3
英格兰	英格兰中西部	7.3	89.1	10.5
英格兰	英格兰东部	8.7	96.8	10.5
英格兰	大伦敦	21.6	139.7	14.6
英格兰	英格兰东南部	14.7	108.3	10.8
英格兰	英格兰西南部	7.7	89.8	9.6

资料来源：http：//www.statistics.gov.uk/hub/index.html。

使用第 1.4 节中的 R 代码完成下述各项：

1. 估计把 GVA 解释为劳动生产率和新企业占比的函数的模型（模型 1）。

2. 分别估计把 GVA 解释为劳动生产率的函数的模型以及把 GVA 解释为新企业占比的函数的模型（模型 2 和模型 3）。

3. 比较模型 1、模型 2 和模型 3 得到的结果，在与实际数据的拟合方面，哪个是更好的模型？在选择更好的模型时，你考虑的因素是什么？

4. 用新企业占比对劳动生产率做回归（模型 4）。

5. 计算模型 1 的残差。

6. 在与改革不相关的假设下检验模型 1 的正态性和同质性。

7. 参照下页的地图，观测模型 1 残差的地理分布。你有没有注意到一些有趣的地理形式？

12 个英国区域的地图

本章参考文献

Barro, R. J. and Sala-i-Martin, X. (1995) *Economic Growth*. New York: McGraw Hill.

Basmann, R. L. (1957) "A Generalized Classical Method of Linear Estimation of Coefficients in a Structural Equation", *Econometrica*, 25 (1): 77-83.

Breusch, T. S., Pagan, A. R. (1979) "A Simple Test for Heteroscedasticity and Random Coefficient Variation", *Econometrica*, 47 (5): 1287-1294.

Greene, W. (2011) *Econometric Analysis*, 7th edition, Upper Saddle River, NJ: Pearson Education.

Jarque, C. M. and Bera, A. K. (1987) "A Test for Normality of Observations and Regression Residuals", *International Statistical Review*, 55: 163-172.

Theil, H. (1953) *Repeated Least Squares Applied to Complete Equation Systems*, The Hague: Central Planning Bureau.

White, H. (1980) "A Heteroskedasticity-Consistent Covariance Matrix Estimator and a Direct Test for Heteroskedasticity", *Econometrica*, 48 (4): 817-838.

Zellner, A. and Revankar, N. (1970) "Generalized Production Functions", *Review of Economic Studies*, 37: 241-250.

第二章 一些重要的空间定义

2.1 空间权重矩阵 W 和空间滞后的定义

如果自相关性出现在随机扰动项中，方差—协方差矩阵的一些或者所有非对角线元素都是非零的。在这种情况下，如前所述，OLS 的最优性质不再成立，并且 GLS 方法也只能用在当我们能够合理设定自相关形式的时候。因此，随后章节将考虑，当处理诸如国家或者地区等地理区域的观测数据时，一些替代构建非对角线的方差—协方差矩阵的方法。本节将介绍一些基础概念。

当我们在 $i=1$，…，n 个区域观测一个现象时，由于随机误差项之间的空间自相关性，使得方差—协方差矩阵是非对角的。当邻近单位比距离较远单位更加类似时，就会产生正的空间自相关。同理，当一些区域比其他区域变化得更剧烈时，VC 矩阵同样可以表现出空间异质性。图 2.1 便是一个例子。

在空间自相关的定义中，我们提到邻近这个概念，这个概念需要进一步详细讨论。实际上，空间计量经济学和标准计量经济学的主要区别为：在处理空间数据时，我们需要使用两个不同的信息集。

第一个信息集与经济变量的观测值相关，而第二个信息集与这些变量特定的观测地点相关，并且与所有空间观测单位之间相似性的变量相关。这个额外信息集的存在也是标准计量经济学和统计软件包（比如 Eviews 或者 SPSS）不愿意将专门的模块引入空间计量经济学和空间统计学的原因，因为这些模块需要额外的功能来处理空间地图。如果数据是在一般的正方形网格中观测到的，如图 2.1 所示，则通过选择所谓的“车”准则（两个单位邻近，如果它们有相同的边界）或者“后”准则（两个单位邻近，如果它们有相同的边界或者点），领近能够直接定义，这借鉴了国际象棋中的类似行棋方法，见图 2.2。

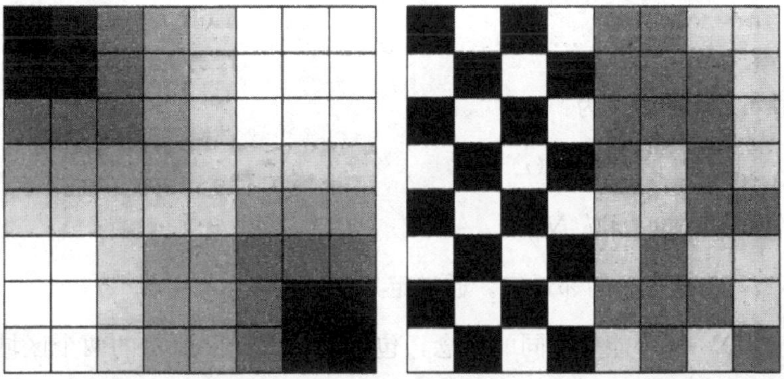

(a) 空间自相关性　　(b) 空间异质性

图 2.1　在 8×8 的规则正方形网格中排列的 64 个空间单元中的空间自相关性和空间异质性。不同的灰度代表变量不同的值，从低的值（白色）到高的值（黑色）

在图（b）中，左半边网格表示高的变异性，右半边网格表示低的变异性。

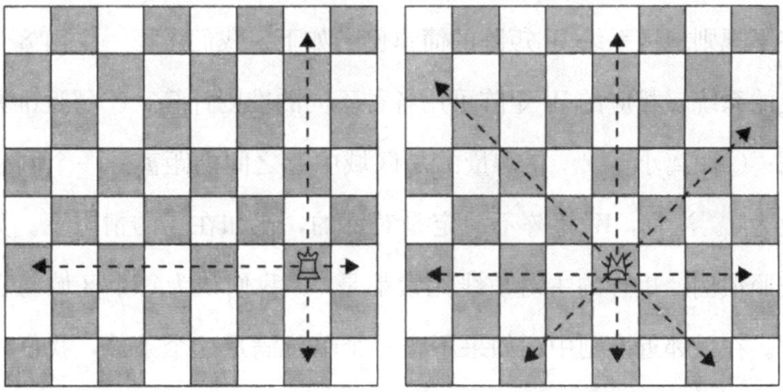

(a) 车的走法　　(b) 后的走法

图 2.2　标准正方形网格中的邻近准则

然而，在空间计量经济学中，毫不例外，我们需要处理不规则空间的行政单位，比如地区或者国家，因此需要进一步的定义。

空间计量方法的核心是所谓权重矩阵（或者邻接矩阵）的定义。权重矩阵最简单的定义如下：

$$
{}_nW_n = \begin{bmatrix} w_{11} & \cdots & w_{1j} & \cdots & w_{1n} \\ \vdots & & \vdots & & \vdots \\ w_{i1} & \cdots & w_{ij} & \cdots & w_{in} \\ \vdots & & \vdots & & \vdots \\ w_{n1} & \cdots & w_{nj} & \cdots & w_{nn} \end{bmatrix} \tag{2.1}
$$

其中，每个元素的定义为：

$$
w_{ij} = \begin{cases} 1 & j \in N(i) \\ 0 & j \notin N(i) \end{cases} \tag{2.2}
$$

式中，$N(i)$ 为地点 j 的邻近集。通过定义，我们有 $w_{ii}=0$。

邻近集 $N(i)$ 可能有不同的概念，包括基于图 2.2 所示的两个区域单元的邻近关系，基于最大距离［是指 $j \in N(i)$，若 $d_{ij} < d_{\max}$，d_{ij} 是地点 i 和地点 j 之间的距离］就是最邻近准则。更一般的 W 矩阵同样可以把元素 w_{ij} 作为地理、经济或者社会距离的（减）函数，而不是简单地设定为方程（2.2）中的二元值。

例 2.1　W 矩阵的一些例子

一些不规则地区系统 W 矩阵的简单例子如下。我们考虑一个由 8 个不规则区域组成的系统，相应的 W 矩阵可用各种不同的准则计算：①邻近准则；②最邻近准则；③距离小于 2。它衡量的是区域中心之间的距离。一个网格的边长按惯例设为 1。注意，W 矩阵不一定是对称的，比如在③的情况下。另外，请注意，按照惯例，矩阵的主对角线元素都是 0，我们认为每个区域与自身不是邻近关系。在最邻近准则中，如果不止一个单位满足这个条件，我们将随机选择一个。

通常 W 矩阵的标准化使得行和为 1。在这种情况下，我们有

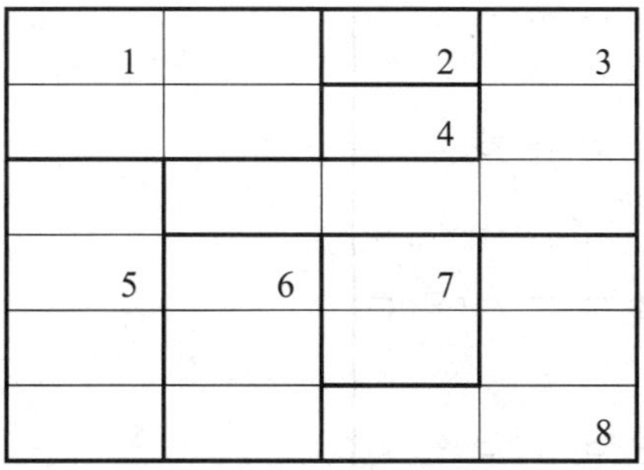

(a)

	1	2	3	4	5	6	7	8
1	0	1	1	1	1	0	0	0
2	1	0	1	1	0	0	0	0
3	1	1	0	1	1	1	1	1
4	1	1	1	0	0	0	0	0
5	1	0	1	0	0	1	0	0
6	0	0	1	0	1	0	1	1
7	0	0	1	0	0	1	0	1
8	0	0	1	0	0	1	1	0

(b)

	1	2	3	4	5	6	7	8
1	0	1	0	0	0	0	0	0
2	0	0	0	1	0	0	0	0
3	0	0	0	1	0	0	0	0
4	0	1	0	0	0	0	0	0
5	0	0	0	0	0	1	0	0
6	0	0	0	0	0	0	1	0
7	0	0	0	0	0	1	0	0
8	0	0	0	0	0	0	1	0

(c)

	1	2	3	4	5	6	7	8
1	0	1	0	1	0	0	0	0
2	1	0	1	1	0	0	0	0
3	0	1	0	1	0	0	0	0
4	1	1	1	0	0	0	0	0
5	0	0	0	0	0	1	1	0
6	0	0	0	0	1	0	1	0
7	0	0	0	0	1	1	0	1
8	0	0	0	0	0	0	1	0

(d)

$$w_{ij}^{*} = \frac{w_{ij}}{\sum_{j=1}^{n} w_{ij}} \qquad w_{ij}^{*} \in W^{*} \tag{2.3}$$

在某些情况下，这个标准化非常有用。例如，使用标准化的权重，我们定义矩阵乘积

$$L(y) = W^{*} y \tag{2.4}$$

其中，每个单一元素等于：

$$L(y_i) = \sum_{j=1}^{n} W_{ij}^{*} y_j = \sum_{j=1}^{n} \frac{W_{ij} y_j}{\sum_{j=1}^{n} w_{ij}} = \frac{\sum_{j \in N(i)} y_j}{\#N(i)} \tag{2.5}$$

式中，$\#N(i)$ 为集 $N(i)$ 的势。方程（2.5）中的式子代表的是邻近地点 i 的所有（根据定义 W 时选择的准则）变量 y 的观测值的均值。因此，这个式子定义了 y_i 的空间滞后值的意义，因而经常以符号 $L(y)$ 与时间序列分析中的滞后算子做类比。

例 2.2 **英国各区域基于邻近的 W 矩阵**

作为一个例子，我们可以推导出练习 1.1 中所示的英国 12 个区域的 W 矩阵。基于邻近的情况如下所示。

	1 苏格兰	2 北爱尔兰	3 威尔士	4 英格兰北部	5 英格兰西北部	6 约克郡和亨伯赛德郡	7 英格兰中西部	8 英格兰中东部	9 英格兰东部	10 英格兰西南部	11 英格兰东南部	12 大伦敦	合计
1 苏格兰	0	0	0	1	0	0	0	0	0	0	0	0	1
2 北爱尔兰	0	0	0	0	0	0	0	0	0	0	0	0	0
3 威尔士	0	0	0	0	1	0	1	0	0	1	0	0	3
4 英格兰北部	0	0	0	0	1	1	0	0	0	0	0	0	2
5 英格兰西北部	0	0	1	1	0	1	1	1	0	0	0	0	5
6 约克郡和亨伯赛德郡	0	0	0	1	1	0	0	1	0	0	0	0	3
7 英格兰中西部	0	0	1	0	1	0	0	1	0	1	1	0	5
8 英格兰中东部	0	0	0	0	1	1	1	0	1	0	1	0	5
9 英格兰东部	0	0	0	0	0	0	0	1	0	0	1	0	2
10 英格兰西南部	0	0	0	0	0	0	1	0	0	0	1	0	2
11 英格兰东南部	0	0	0	0	0	0	1	1	1	1	0	1	5
12 大伦敦	0	0	0	0	0	0	0	0	0	0	1	0	1

请注意，有一个岛（即北爱尔兰）没有邻居。最后一列显示了各区域的邻居数量。W 矩阵的列标准化版本如下所示。我们注意到行的合计值现在等于 1。

	1	2	3	4	5	6	7	8	9	10	11	12	
	苏格兰	北爱尔兰	威尔士	英格兰北部	英格兰西北部	约克郡和亨伯赛德郡	英格兰中西部	英格兰中东部	英格兰东部	英格兰西南部	英格兰东南部	大伦敦	合计
1 苏格兰	0	0	0	1	0	0	0	0	0	0	0	0	1
2 北爱尔兰	0	0	0	0	0	0	0	0	0	0	0	0	0
3 威尔士	0	0	0	0	0.333 333 33	0	0.333 333 333	0	0	0.333 333 333	0	0	1
4 英格兰北部	0	0	0	0	0.5	0.5	0	0	0	0	0	0	1
5 英格兰西北部	0	0	0.2	0.2	0	0.2	0.2	0.2	0	0	0	0	1
6 约克郡和亨伯赛德郡	0	0	0	0.333 333 333	0.333 333 33	0	0	0.333 333 3	0	0	0	0	1
7 英格兰中西部	0	0	0.2	0	0.2	0	0	0.2	0	0.2	0.2	0	1
8 英格兰中东部	0	0	0	0	0.2	0.2	0.2	0	0.2	0	0.2	0	1
9 英格兰东部	0	0	0	0	0	0	0	0.5	0	0	0.5	0	1
10 英格兰西南部	0	0	0	0	0	0	0.5	0	0	0	0.5	0	1
11 英格兰东南部	0	0	0	0	0	0	0.2	0.2	0.2	0.2	0	0.2	1
12 大伦敦	0	0	0	0	0	0	0	0	0	0	1	0	1

事实上，如果我们想要计算空间滞后变量的话，北爱尔兰没有任何邻居就会给我们带来问题。因为在这种情况下，北爱尔兰“空间滞后”变量的值始终为零。为了解决这个问题，我们可以按惯例把最近的区域（苏格兰）作为北爱尔兰的一个邻居，尽管在严格意义上，这两个区域没有共同的边界。做了这个修正后的行标准化 W 矩阵变为：

$$W=\begin{bmatrix}0 & 0.5 & 0 & 0.5 & 0 & 0 & 0 & 0 & 0 & 0 & 0 & 0\\ 1 & 0 & 0 & 0 & 0 & 0 & 0 & 0 & 0 & 0 & 0 & 0\\ 0 & 0 & 0 & 0 & 0.33 & 0 & 0.33 & 0 & 0 & 0.33 & 0 & 0\\ 0 & 0 & 0 & 0 & 0.5 & 0.5 & 0 & 0 & 0 & 0 & 0 & 0\\ 0 & 0 & 0.2 & 0.2 & 0 & 0.2 & 0.2 & 0.2 & 0 & 0 & 0 & 0\\ 0 & 0 & 0 & 0.33 & 0.33 & 0 & 0 & 0.33 & 0 & 0 & 0 & 0\\ 0 & 0 & 0.2 & 0 & 0.2 & 0 & 0 & 0.2 & 0 & 0.2 & 0.2 & 0\\ 0 & 0 & 0 & 0 & 0.2 & 0.2 & 0.2 & 0 & 0.2 & 0 & 0.2 & 0\\ 0 & 0 & 0 & 0 & 0 & 0 & 0 & 0.5 & 0 & 0 & 0.5 & 0\\ 0 & 0 & 0 & 0 & 0 & 0 & 0.5 & 0 & 0 & 0 & 0.5 & 0\\ 0 & 0 & 0 & 0 & 0 & 0 & 0.2 & 0.2 & 0.2 & 0.2 & 0 & 0.2\\ 0 & 0 & 0 & 0 & 0 & 0 & 0 & 0 & 0 & 0 & 1 & 0\end{bmatrix}$$

现在，再一次考虑练习 1.1 中的数据，如果我们令变量“劳动生产率”（变量 y）左乘 W^*（行标准化的）矩阵，我们得到下表第二列显示的空间滞后变量。

y	W^*y	y	W^*y
81.5	91.55	89.2	101.72
96.9	81.50	89.1	93.52
82.9	105.83	96.8	98.70
86.2	86.65	139.7	98.75
88.6	86.42	108.3	100.92
84.7	87.96	89.8	108.3

2.2 在没有明确备择假设的情况下检验 OLS 残差的空间自相关性

最常用的对 OLS 回归残差空间自相关性的检验是 Moran（1950）引入的空间相关性检验的一般方法，并且由 Cliff 和 Ord（1972）提议作为对回归残差不相关原假设的检验统计量。注意，文献中引用的这个统计量和时间序列中检验回归残差自相关性的方法类似，如著名的德宾-沃森统计量（Durbin and Watson，1950）。如前所述，尽管处理回归残差的扩展文章在后来才被发表（Cliff and Ord，1972）。实际上，德宾-沃森统计量可以被定义为一个特殊的 Moran 统计量，通过简单地定义一个合适的 W 矩阵［示例参见 Arbia（2006）］。Moran 统计量的本质是回归残差和它们空间滞后值之间的相关性，即

$$\mathrm{Corr}(\varepsilon, L\varepsilon)=\frac{\mathrm{Cov}(\varepsilon, L\varepsilon)}{\sqrt{\mathrm{Var}(\varepsilon)\mathrm{Var}(L\varepsilon)}} \tag{2.6}$$

根据方程（2.6），通过使用方程（2.4）给出的空间滞后定义并且假定（与平稳时间序列中发生的情况类似）：

$$\mathrm{Var}(\varepsilon)=\mathrm{Var}(L\varepsilon) \tag{2.7}$$

我们有

$$\mathrm{Corr}(\varepsilon, L\varepsilon)=\frac{\mathrm{Cov}(\varepsilon, L\varepsilon)}{\mathrm{Var}(\varepsilon)}=\frac{\varepsilon^T W\varepsilon}{\varepsilon^T\varepsilon} \tag{2.8}$$

可以证明，由于空间滞后定义的性质，方程（2.7）对于空间数据不再成立，我们有 $\mathrm{Var}(\varepsilon)\geqslant\mathrm{Var}(L\varepsilon)$［参见 Arbia（1989）］。这个不方程带来的一个结果是，方程（2.8）引入的统计量的绝对值不再小于 1，而是由 $|I|\leqslant\sqrt{\frac{\mathrm{Var}(L\varepsilon)}{\mathrm{Var}(\varepsilon)}}$ 给出狭义的界限。然而，部分是由于历史的原因，更多地是可以用拉格朗日乘数检

验证明它们的等价性（参见第 3.7 节），这个定义在文献中得到了广泛应用并且由软件程序来实现［替代的方法在 Whittle（1954）、Cliff 和 Ord（1972）以及最近的 Li 等（2007）中有讨论］。在它的原始定义中，莫兰 I 统计量考虑了方程（2.8）中分母方差的有偏估计量以及等于权重之和的分子的标准化因子。因此，方程（2.8）的实证形式可以表示为：

$$I=\frac{n e^T W e}{e^T e\left(\sum_i \sum_j w_{ij}\right)} \tag{2.9}$$

当权重矩阵是行标准化的时候，$\sum_i \sum_j w_{ij}=n$ 且上式可以简化为：

$$I=\frac{e^T W e}{e^T e} \tag{2.10}$$

Cliff 和 Ord（1972）在两个不同的假设下推导出了 I 统计量的样本分布，这两个假设分别是：①随机性；②残差的正态性。在第一种情况下，样本分布通过考虑可能边界系统中所有观测数据的可能排列并计算它们的莫兰 I 统计量得到。它们同时证明了渐进分布是正态的并且期望值不依赖于所选的特定假设，而且始终有以下表达式：

$$E(I)=\frac{n\operatorname{tr}(M_x W)}{S_0(n-k)} \tag{2.11}$$

式中，$S_0=\sum_i \sum_j w_{ij}$，$M_x=I-P_x$ 以及 $P_x=X\left(X^T X\right)^{-1} X^T$。相反，它的方差取决于选择的假设。特别地，如果我们假定了残差的正态性，则方差可以表示为：

$$\operatorname{Var}(I)=\left(\frac{n}{S_0}\right)^2 \times \frac{\operatorname{tr}\left(M_x W M_x W^T\right)+\operatorname{tr}\left(M_x W\right)^2+\left[\operatorname{tr}\left(M_x W\right)\right]^2}{(n-k)(n-k+2)} -E(I)^2 \tag{2.12}$$

需要注意的是，莫兰 I 检验受到没有基于明确备择假设的限制。然而，由于目前已经提到的检验和 LM 检验的等价性［由 Burridge（1980）证明］，这并不是一个主要缺点。替代残差相关性假设的检验统计量目前不能得到详细处理，除非我们给出一些明确的备择假设形式。这个目标将在第三章完成，并且我们将在第 3.7 节修正这个问题。

例 2.3　20 个意大利地区的奥肯定律

奥肯定律（Okun，1962）是指失业率的变化和实际 GDP 的变化具有反向变动关系。下表展示了 20 个意大利地区用于检验奥肯定律的必要数据。这两个变量的变化观测时间段为 1990—2010 年。

	失业率的变化	实际 GDP 的变化		失业率的变化	实际 GDP 的变化
1. 皮埃蒙特	4.2	1	11. 马尔凯	4.2	1.8
2. 奥斯塔谷	3.2	1.9	12. 拉丁姆	6.4	2
3. 伦巴第	3.4	1.7	13. 阿布鲁佐	6.2	0.5
4. 特伦蒂诺—阿尔托阿迪杰区	2.75	1.7	14. 莫利塞	8.1	0.9
5. 威尼托	3.3	1.8	15. 坎帕尼亚	11.2	0.4
6. 弗留利—威尼斯—朱利亚	3.4	1.9	16. 普利亚区	11.2	1.8
7. 利古利亚	4.8	2.3	17. 巴斯利卡塔	9.6	1.4
8. 艾米利亚—罗马涅	2.9	2	18. 卡拉布利亚	11.3	0.2
9. 托斯卡纳区	4.3	1.1	19. 西西里岛	13	0.1
10. 翁布里亚	4.6	2.3	20. 撒丁区	9.9	0.7

资料来源：http：//sitis. istate. it/sitis/html/。

下面的散点图展现出我们理论所期望的负相关关系。

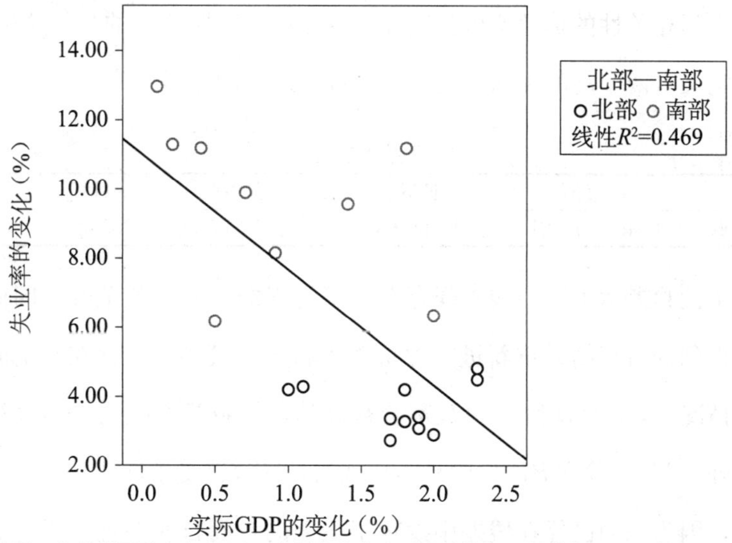

资料来源：作者使用了来自 ISTAT 数据库中称为“地域指标”的数据，这些数据可以在http：//sitis. istat. it/sitis/html/上下载。

该图显示，意大利南部地区（灰色的圆圈，对应正残差）失业率的变化比期望值要高，而意大利北部地区（黑色的圆圈，对应负残差）失业率的变化比期望值要低，我们可以推断出模型可能的错误设定以及明显的残差空间自相关性。

下面展示了使用 OLS 方法估计模型的结果以及主要的检验统计量。

参数		标准误	t 检验	p 值
β_0	10.971	1.283	8.855 1	9.38e−0.8***
β_1	−3.326	0.835	−3.984	0.000 871***

显著性标注：0' *** '0.001' ** '0.01' * '0.05'.'0.1''1。

$R^2=0.468\ 6$　修正的 $R^2=0.439\ 1$　F 统计量 $=15.87$

(p 值 $=0.000\ 870\ 5$)

$AIC=98.286\ 93$　$BIC=101.274\ 1$　JB 检验 $=1.233\ 1$

(p 值 $=0.539\ 8$)

BP 检验 $=0.022\ 5$(p 值 $=0.880\ 8$)

F 检验是高度显著的，表示接受模型。此外，各参数在一般显著性水平下都显著不为零。JB 检验和 BP 检验分别接受正态性和同质性的假设。下表总结了对残差空间相关性的莫兰 I 检验统计量的计算。需要注意的是，这里的 W 矩阵有邻近定义（两个岛屿被认为是相距最近的地区的邻居）。

莫兰 I 检验

	观察值	期望值	方差	z 检验	p 值
莫兰 I 检验	0.408 570 21	−0.069 684 84	0.027 377 78	2.890 4	0.001 924

莫兰 I 检验揭示了回归残差间存在显著为正的空间自相关性，因此需要对我们此前得到的所有结果重新进行评价并重新定义模型。在存在正空间自相关性的特殊情况下，t 检验和 F 检验都会被高估，导致我们接受了本该被拒绝的模型。此外，JB 检验和 BP 检验是不显著的，导致接受了同质性和正态性的假设。然而，因为我们已经在残差中发现了显著的空间自相关性，所有的检验都可能误导我们的结论。

例 2.4　20 个意大利地区的菲利普斯曲线

菲利普斯曲线（Phillips，1958）是指失业率和通货膨胀率之间的反向变动关系。它表明低的失业率往往伴随着高的通货膨胀率。虽然它在一开始是用来解释两个变量的历史变化的，但也可以解释空间变量（Anselin，1988）。下表展示了在 20 个意大利地区检验菲利普斯模型的必要数据。

	失业率的变化（%）	物价指数的变化（%）		失业率的变化（%）	物价指数的变化（%）
1. 皮埃蒙特	4.2	2.1	11. 马尔凯	4.2	1.6
2. 奥斯塔谷	3.2	1.4	12. 拉丁姆	6.4	2
3. 伦巴第	3.4	1.7	13. 阿布鲁佐	6.2	1.6
4. 特伦蒂诺—阿尔托阿迪杰区	2.75	1.8	14. 莫利塞	8.1	1.9
5. 威尼托	3.3	1.5	15. 坎帕尼亚	11.2	1.8
6. 弗留利—威尼斯—朱利亚	3.4	1.8	16. 普利亚区	11.2	2.3
7. 利古利亚	4.8	1.7	17. 巴斯利卡塔	9.6	2
8. 艾米利亚—罗马涅	2.9	1.9	18. 卡拉布利亚	11.3	2.4
9. 托斯卡纳区	4.3	1.6	19. 西西里岛	13	2.4
10. 翁布里亚	4.6	1.7	20. 撒丁区	9.9	1.9

下面的散点图展现出理论所期望的负向关系。

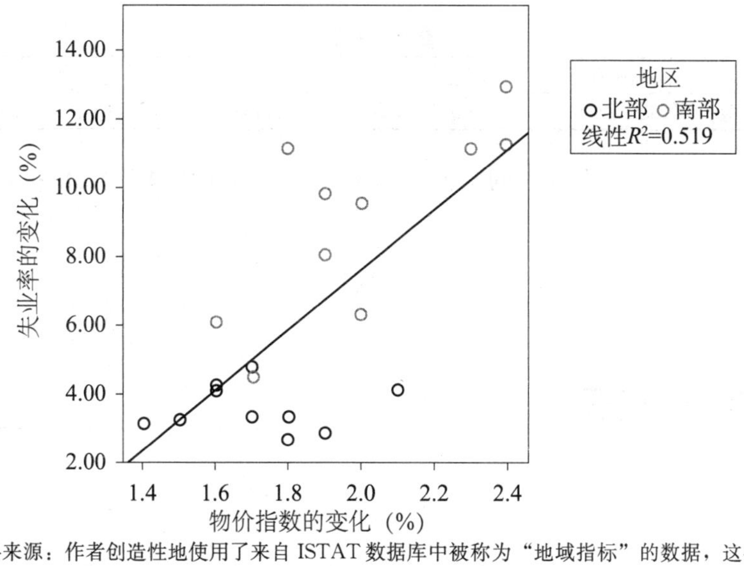

资料来源：作者创造性地使用了来自 ISTAT 数据库中被称为“地域指标”的数据，这些数据可以在 http：//sitis. istat. it/sitis/html/下载。

该图显示，意大利南部地区（灰色的圆圈，对应正残差）的失业率变动比期望值要高，而意大利北部地区（黑色的圆圈，对应负残差）的失业率变动比期望值要低，我们可以推断出模型可能的错误设定以及明显的残差空间自相关性。

下表展示了使用 OLS 方法估计模型的结果。

参数		标准误	t 检验	p 值
β_0	−9.827	3.720	−2.642	0.016 568*
β_1	8.746	1.984	4.409	0.000 338***

显著性标注：0' *** '0.001' ** '0.01' * '0.05'. '0.1'' 1。

$R^2=0.519\ 3$　修正的 $R^2=0.492\ 6$　　F 统计量$=19.44$（p 值$=0.000\ 338$）

$AIC=96.281\ 77$　$BIC=99.268\ 97$　　JB 检验$=0.012\ 8$（p 值$=0.993\ 6$）

BP 检验$=0.255\ 6$（p 值$=0.613\ 1$）

对所有参数显著性的检验都拒绝零假设，也就是接受模型设定。F 检验以及正态性和同质性检验的分析可以得出相似的结论。通过邻近定义 W 矩阵（与例 2.3 一样），计算残差间的空间自相关莫兰 I 检验得到下面的结果：

莫兰 *I* 检验

	观测值	期望值	方差	z 检验	p 值
莫兰 I 检验	0.321 260 7	−0.069 381 26	0.027 111 69	1.529 728 7	0.063 042

此时，尽管可以发现正的空间相关性，但在 5%的显著性水平下是不显著的。

2.3　R 代码

W 矩阵的创建和管理是在任何软件中运行空间回归的最棘手部分。这也是具备空间功能的计量软件和标准计量软件之间的区别。正因为如此，本章将会用大量的篇幅讨论创建 W 矩阵的必要步骤、从外部资源导入 W 矩阵以及 W 矩阵的管理。本小节以及本书其余部分演示的所有 R 程序都包含在 spdep 程序包中。首先安装这个程序包，输入命令：

```
>install.packages("spdep")
```

在第一次以及此后每次会话开始前，使用下述命令调用它：

```
>library(spdep)
```

2.3.1 标准网格数据 *W* 矩阵的创建

例如，首先考虑一个 3×3 的标准正方形网格。使用以下的 R 软件命令会自动生成邻近集：

```
> Wnb< - cell2nb(3,3,type = " ")
```

其中，type 可以设定为“rook”或者“queen”，主要是根据所选择的邻近定义。

这个命令意味着我们希望把数据从网格系统（cell）转变为（2）一个邻近集（nb）。

对象 Wnb 仅仅表示一个邻近集。如果输入 Wnb，我们就会得到其中包含的所有信息（地区的数量、邻近的链接数量、链接的平均值以及非零链接的比例）。一旦建立了这个对象，我们需要把它转变为具体的矩阵（也就是 W），可通过下述命令：

```
> W < - nb2listw(Wnb)
```

这个命令意味着我们希望把数据从邻居的列表（nb）转化为（2）一个权重矩阵（listw）。为了看到具体的邻居，输入：

```
> W $ weights
```

一旦建立了 W 矩阵，变量 X 的空间滞后变量（即 WX）可以通过下述命令轻松获得：

```
> WX<- lag.listw(W,X)
```

WX 只是命名新变量的一个常见名称。

2.3.2 不规则数据 *W* 矩阵的创建

现在考虑不规则的地区，作为一个例子，我们考虑例 2.3 和例 2.4 中描述的 20 个意大利地区，图 2.3 展示了它们的边界。

图 2.3 20 个意大利地区的边界

资料来源：http：//www.istat.it/it/archivio/44523。

为了创建 *W* 矩阵，我们需要两个不同的文件，也就是：

1. 一个外部的文件，包括每个地区邻居的列表，这个文件必须存为文本文件并以 .GAL 的扩展名命名。

2. 一个仅包含地区标识（比如 1，2，…，20）的内部变量。

对于图 2.3 表示的 20 个意大利地区，上述第一个文件必须是下面的格式。

第一行

0 20 italy ita _ regions [这是一个标题：以指定的 0 开头，随后是地区的数量（20），而后是地区系统的名字（italy）和一个包含序数标识的变量（ita _ regions）]

第二行

2 1（地区的标识和邻居的数量。这一行表示地区 2 只有一个邻居）

1（邻居的序数标识。这一行表示地区 2 只有地区 1 一个邻居）

1，4（地区 1 有 4 个邻居）

2，3，7，8（地区 1 的 4 个邻居的序数标识）

…………

下面是整个文件的形式：

```
File: Italy. GAL
0 20 italy ita _ regions
1 1
2
2 4
1 3 7 8
3 4
2 4 5 8
4 2
3 5
5 4
3 4 6 8
6 1
5
7 3
2 8 9
8 5
2 3 5 7 9
9 5
7 8 10 11 12
10 5
```

续前表

File：Italy. GAL
8 9 11 12 13
11 4
9 10 12 13
12 6
9 10 11 13 14 15
13 3
10 12 14
14 4
12 13 15 16
15 4
12 14 16 17
16 3
14 15 17
17 3
15 16 18
18 2
17 19
19 2
18 20
20 1
19

考虑该程序所需的第二个文件，序数标识可通过内部变量 ita _ regions 表示。此时，可以使用下述命令：

```
ita_regions<-c(1,2,3,4,5,6,7,8,9,10,11,12,13,14,15,16,17,18,19,20)
```

也可以从外部文件读取。一旦我们创建了这两个文件，就可以通过下述命令将它们读取到 R 软件中：

```
nbitaly<-read.gal("Italy.GAL", region.id=ita_regions)
```

需要注意的是，. GAL 文件的全部路径必须完整设定，这样程序才能正确地识别。

我们得到的变量 nbitaly 必须使用下述命令转化为具体的 W 矩阵（见第 2.3.1 节）。

```
> witaly<-nb2listw(nbitaly)
```

如果我们进一步要求行标准化的 W 矩阵，上述命令需要修正如下：

```
> witaly<-nb2listw(nbitaly, style="W")
```

2.3.3 从外部文件读取 W 矩阵

当单元的数量很多时，第 2.3.2 节演示的直接录入邻居信息的方法变得不再可行。此时，W 矩阵可以通过读入地理信息系统（GIS）[示例参见 Burrough 等（2014）] 和许多开放的地区系统（例如，提供美国各州以及其他美国边界系统的 http：//www. census. gov/geo/maps-data/data/tiger-line. html. 或者欧盟各国和其他世界边界系统的 http：//epp. eurostat. ec. europa. eu/portal/page/portal/gisco _ Geoprathical _ information _ maps/popups/references/administrative _ units _ statistical _ units _ 1）生成的外部文件得到。

特别地，地区边界及其相关关系以 shapefiles 的形式表示，shapefiles 由三个具有不同扩展名的规定文件组成，分别是 . shp、. shx 和 . dbf。. shp 文件存储了几何特征，比如多边形的中心坐标和它们的边界。. shx 文件存储了几何特征的指标。最后的 . dbf 文件存储了各种特征的属性信息。从外部文件中得到必要的信息需要下面三个步骤。第一步，我们简单地从外部资源读取 shapefiles 并导入 R 软件中。第二步，我们借助于 shapefiles 创建一张邻居列表。第三步，我们使用第 2.3.1 节和第 2.3.2 节中演示的程序从邻居列表中得到 W 矩阵。详细的步骤如下。

第一步：导入 shapefiles（例如，shapefiles，Italy 由三个文件 Italy. shp、Italy. shx 和 Italy. dbf 组成），我们使用命令：

```
> italy<-readShapePoly("Italy", IDvar="ID")
```

其中，ID 是变量名，包含地区的识别码。一旦将数据读入 R 软件系统中，通过下面的命令，我们就可以列出包含在数据集中的变量：

```
>names(Italy)
```

通过下述命令，我们可以看到边界图：

```
>plot(Italy)
```

通过下述命令，我们可以识别每个地区的中心：

```
>coords<-coordinates(Italy)
```

通过下述命令，我们可以在地图上标示每个地区的 ID：

```
>text (coords, label=sapply(slot(italy,"polygons"), function(i) slot(i,"ID")))
```

第二步：计算基于邻近的邻居列表，我们使用下述命令：

```
>contnb<-poly2nb(Italy,queen=T)
```

“后”准则的设定（见第 2.1 节）可以保证：如果两个地区具有相同的边界，则它们为邻居。这个命令表示，我们希望把数据从多边形（poly）转化为（2）邻居（nb）。

然而，这个命令不允许存在孤立的没有任何邻居的地区（如图 2.3 地图中显示的情形）。通过加入选项的方式，我们可以强制执行该命令，以便加入这些地区。

```
>contnb<-poly2nb(Italy,queen=T,zero.policy=TRUE)
```

但是，在这种情况下生成的 W 矩阵在相应的行全部为零。然而，基于最小门槛距离建立邻居列表可以避免这个问题，使用命令：

```
> contnb <-dnearneigh(coordinates(Italy), 0, 380000, longlat=F)
```

其中，380 000 是常用的门槛距离（在所有的实际情况中都可以识别），在一个以公里进行度量的大圆中（圆中所有的路径）。

第三步：最后，我们能从此前的步骤得到由邻居列表生成的 W 矩阵，可通过使用下述命令（已经在第 2.3.1 节和第 2.3.2 节演示）：

```
> W <-nb2listw(contnb, glist=NULL)
```

同样，像此前的章节所显示的那样，如果我们希望得到一个行标准化的矩阵，需要加入额外的选项：

```
> W<-nb2listw(contnb, glist=NULL, style="W")
```

2.3.4 计算 OLS 回归残差的莫兰 *I* 统计量

为了计算此前模型估计残差（即 model1）的莫兰 *I* 统计量，可使用下述命令：

```
> lm.morantest(model1, W)
```

使用对象 *W* 中的 *W* 矩阵，这个矩阵可通过第 2.3.1 节至第 2.3.3 节中描述的步骤得到。在通常情况下，考虑随机选项以及单边检验。为了改变默认情况，需要说明该选项：

```
>lm.morantest(model1, W, randomization=FALSE, alternative "two-sided")
```

这个命令考虑了正态性假设以及一个正的（或者负的）空间自相关的双边备择假设。

2.3.5 一些有用的 R 数据库

程序包 spdep 包含了很多非常有用的、可作为额外练习的数据库。这些数据库将用于本书后面的例子和实践练习。特别地，我们将考虑四个数据库，即 “baltimore”、“boston”、“columbus” 和 “used. cars”。

例如，输入下述命令可得到数据 used. cars：

```
>data(used.cars)
```

在下载这些数据后，你的程序包括两个新的对象。输入下面的命令可以显示出它们：

```
>ls()
```

作为这个命令的结果，你将看到两个新的对象：①used. cars 包含了实际的数据；②usa48 _ 1960 包含了邻居列表形式的地图信息。为了显示数据文件的内容，可输入命令：

```
>str(used.cars)
```

该命令表明在数据库中，我们有两个新的变量，即 used. cars $ tax. charge 和 used. cars $ price1960。需要注意的是，当你在工作中打开不止一个数据库时，前缀 used. cars $ 是必需的。

usa48 _ nb 是邻居列表，我们可以通过下述命令由其生成 W 矩阵：

```
W<-nb2listw(usa48.nb)
```

与此前一样。

在下载上面提到的其他数据库（baltimore、boston 和 columbus）后，类似的程序就可以实现了。

核心术语与概念

空间自相关	权重（邻接）矩阵
邻近	标准化权重矩阵
邻近准则：车准则和后准则的定义	空间滞后
邻近准则：最大距离准则	回归残差之间的空间自相关莫兰 I 检验
邻近准则：最邻近准则	随机性假设和正态假设下莫兰 I 检验的矩

问　题

1. 为什么在空间数据的回归估计中不能使用德宾-沃森统计量（所有的计量经济软件中都有，用来检验残差是否自相关）?

2. 空间滞后变量的含义是什么?

3. 行标准化的权重矩阵是什么意思？这种处理在什么情况下是有益的？

4. 在推导莫兰 I 检验的样本分布中使用的随机性假设是什么意思？

5. 第一章的第 5 个问题介绍了德宾-沃森检验统计量 $d=\sum_{t=2}^{T}(e_t-e_{t-1})^2/\sum_{t=1}^{T}e_t^2$，$t=1,\cdots,T$。恰当地使用描述时空单元之间邻近关系的 W 矩阵，把这个统计量写为矩阵形式。

练　习

练习 2.1　领土统计单位的名称（NUTS）是标准的地理编码，可以参考出于统计目的的欧盟国家细分。对于每个成员国，三个 NUTS 级别的等级制度是由欧洲统计局建立的，NUTS1 级别与国家细分相关。下图展示了罗马尼亚 8 个 NUTS 地区的边界。以该地图为基准推导出行标准化的 W 矩阵。计算 W 矩阵中非零元素占所有元素的比例。

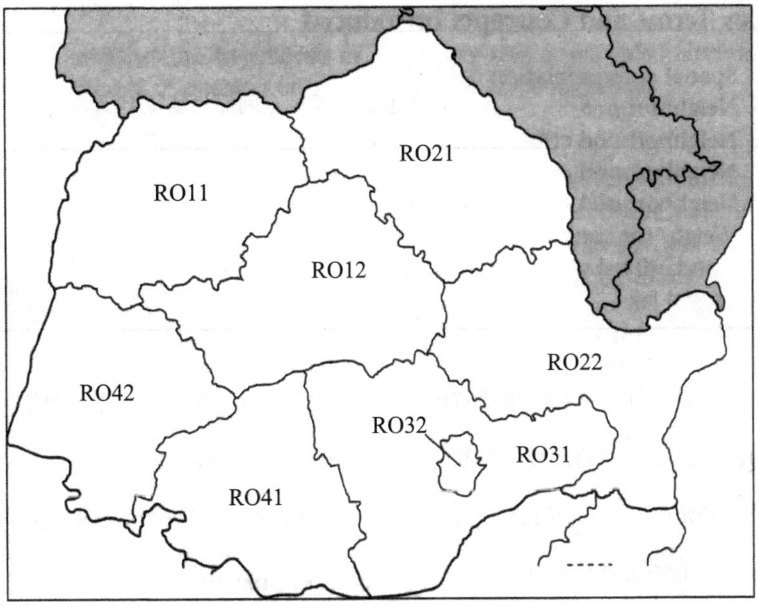

在 NUTS2 的欧洲水平上罗马尼亚 8 个地区的边界地图

资料来源：http：//epp.eurostat.ec.europa.eu/cache/GISCO/yearbook2007/NUTS2.pdf。

练习 2.2　给定由练习 2.1 推导出的权重矩阵和下表的数据，计算婴儿死亡率的空间滞后变量。

地区	婴儿死亡率（2011 年）
RO11—Nord-Vest	8.7
RO12—Centru	10.1
RO21—Nord-Est	10.1
RO22—Sud-Est	11.3
RO31—Sud-Muntenia	10.3
RO32—Bucuresti-Ilfov	5.7
RO41—Sud-Vest Oltenia	9.3
RO42—Vest	8.9

练习 2.3 （a）使用第 2.3.1 节演示的程序生成下述 5×5（$n=25$）标准正方形网格的权重矩阵（基于“车”准则）。

1	2	3	4	5
6	7	8	9	10
11	12	13	14	15
16	17	18	19	20
21	22	23	24	25

（b）给定上面网格中的数据，现在计算下述变量 X 的空间滞后变量 $L(X)$。

27	16	−1	23	19
36	21	32	33	26
28	25	3	23	35
14	12	16	14	12
4	15	29	31	−1

练习 2.4 给定练习 1.1 中的 12 个英国区域，使用第 2.3 节演示的程序，创建 *.GAL 文件并推导权重矩阵。可以将北爱尔兰考虑为苏格兰和威尔士的邻居。

练习 2.5 给定练习 1.1 中的数据并使用练习 2.4 的结果，对于 12 个英国区域计算变量 *GVA*（总增加值）的空间滞后变量。

练习 2.6 基于练习 2.5 得到的结果，画出以变量 *GVA* 为横轴、滞后变量 $L(GVA)$ 为纵轴的散点图。该图在文献（Anselin，1995）中代表了“莫兰散点图”，它是一个探索性的工具。你能从这个图中发现什么？

练习 2.7 给定练习 2.4 的结果，重新估计练习 1.1 中的模型 1 [*GVA*=*f*(劳动生产率；新企业占比)] 以及残差之间空间自相关存在的检验。我们能接受残差空间不相关的假设吗?

练习 2.8 使用第 2.3.2 节演示的程序，生成 20 个意大利地区的权重矩阵并重复例 2.3 和例 2.4。

练习 2.9 浏览 http：//gis. cancer. gov/tools/seerstat _ bridge/fips _ vars/# statefips 并下载与美国 51 个州相关的 shape files。然后，通过使用第 2.3.3 节演示的程序，生成权重矩阵并且画出 51 个州的边界地图。

本章参考文献

Anselin，L.（1988）*Spatial Econometrics：Methods and Models*，Dordrecht：Kluwer Academic Publishers.

Anselin，L.（1995）“Local Indicators of Spatial Association”，*Geographical Analysis*，27：93-115.

Arbia，G.（1989）*Spatial Data Configuration in the Statistical Analysis of Regional Economics and Related Problems*，Dordrecht：Kluwer Academic Press.

Arbia，G.（2006）*Spatial Econometrics：Statistical Foundations and Applications to Regional Economic Growth*，Heidelberg：Springer-Verlag.

Burridge，P.（1980）“On the Cliff-Ord Test for Spatial Correlation”，*Journal of the Royal Statistical Society*，*B*，42：107-108.

Burrough P. A.，Mcdonnell，R. A. and Lloyd，C. D.（2014）*Principles of Geographical Information Systems*，3rd edition，Oxford：Oxford University Press.

Cliff, A. D. and Ord J. K. (1972) *Spatial Autocorrelation*, London: Pion.

Durbin, J. and Watson, G. S. (1950) "Testing for Serial Correlation in Least Squares Regression, I", *Biometrika* 37: 409-428.

Kelejian, H. H. and Prucha, I. (2001) "On the Asymptotic Distribution of the Moran I Test Statistic with Applications", *Journal of Econometrics*, 104: 219-257.

Li, H., Calder, C. A. and Cressie, N. (2007) "Beyond Moran's I: Testing for Spatial Dependence Based on the Spatial Autoregressive Model", *Geographical Analysis*, 39 (4): 357-375.

Moran, P. A. P. (1950) "Notes on Continuous Stochastic Phenomena", *Biometrika* 37 (1): 17-23.

Okun, A. M. (1962) *Potential GNP, Its Measurement and Significance*, Cowles Foundation, Yale University.

Phillips, A. W. (1958) "The Relationship between Unemployment and the Rate of Change of Money Wages in the United Kingdom 1861—1957", *Economica*, 25 (100): 283-299.

Whittle, P. (1954) "On Stationary Processes in the Plane", *Biometrika*, 41: 434-449.

第三章 空间线性回归模型

3.1 概　论

本章讨论了不同线性空间计量模型的设定，一旦误差项中不存在空间自相关的假设被否定，我们就可以考虑这些模型。若违反应用 OLS 估计的条件，则需要考虑如下述方程组所示的一般形式：

$$y = \lambda Wy + X\beta_{(1)} + WX\beta_{(2)} + u \qquad |\lambda| < 1 \tag{3.1}$$

$$u = \rho Wu + \varepsilon \qquad |\rho| < 1 \tag{3.2}$$

式中，X 为非随机回归量的矩阵；W 为一个外生的权重矩阵，$\varepsilon \mid X \sim$ i. i. d. $N(0, \sigma_\varepsilon^2{}_n I_n)$；$\beta_{(1)}$、$\beta_{(2)}\lambda$、$\rho$ 为待估参数。在行标准化 W 矩阵的情况下对参数 λ、ρ 的约束是成立的。

第一个方程将被解释变量 y 的空间滞后变量作为一个回归量，同时也可以包含一些或者所有外生变量的空间滞后变量（WX 项）。第二个方程考虑随机误差的空间模型。从原则上说，方程（3.1）和方程（3.2）中的三个权重矩阵不一定相等，尽管实践中难以证明不同的选择。

方程（3.1）也可以写作：

$$y = \lambda Wy + Z\beta + u \quad |\lambda| < 1 \tag{3.3}$$

它将当前的以及空间滞后的所有回归量的矩阵定义为 $Z=[X, WX]$，并且回归参数向量 $\beta = [\beta_{(1)}, \beta_{(2)}]$。

这个模型被 Kelejian 和 Prucha（1998）称为 SARAR（1，1）（它是 Spatial AutoRegressive with additional AutoRegressive error structure 的缩写），并且包含了一些空间计量模型。特别地，下面有五个值得注意的情况：

（1）$\beta=0$ 以及 $\lambda=0$ 或者 $\rho=0$，称为纯空间自回归模型。

（2）$\lambda=\rho=0$，称为滞后被解释变量模型。

（3）$\lambda=0$，$\rho\neq0$，称为空间滞后模型（SLM）。

（4）$\lambda\neq0$，$\rho=0$，称为空间误差模型（SEM）。

（5）$\lambda\neq0$，$\rho\neq0$，称为完整模型（SARAR）。

我们将在下面的章节讨论这五种模型。然而，在此之前，让我们考虑模型参数的一般条件。

首先，注意方程（3.1）也可以写作：

$$(I-\lambda W)y = X\beta_{(1)} + WX\beta_{(2)} + u$$

$$y = (I-\lambda W)^{-1}(X\beta_{(1)} + WX\beta_{(2)} + u) \tag{3.4}$$

方程（3.2）也可以写作：

$$u = (I-\rho W)^{-1}\varepsilon \tag{3.5}$$

假定两个逆矩阵存在。应用 Gerschgorin（1931）定理［Kelejian 和 Prucha（1998）证明了逆矩阵的存在］，当 W 矩阵是行标准化矩阵时，如果 $|\lambda|<1$、$|\rho|<1$，也就是方程（3.1）和方程（3.2）中的参数约束，则两个逆矩阵均存在。

3.2 纯空间自回归

当 $\beta=0$ 以及 $\lambda=0$ 或者 $\rho=0$，并且假定 $\varepsilon | X \sim$ i. i. d. $N(0, \sigma_{\varepsilon}^2 {}_n I_n)$ 以及 W

为非随机矩阵时，该模型可以简化为一个简单的空间自回归模型［可以通过 ML 方式（Whittle，1954）进行估计］。

此时，我们有

$$y=\lambda Wy+\varepsilon \qquad |\lambda|<1 \tag{3.6}$$

若 $\rho=0$，则

$$y=\rho Wy+\varepsilon \qquad |\rho|<1 \tag{3.7}$$

当 $\lambda=0$ 时，$y=\varepsilon$。在这种情况下，我们可以用下述方法推导似然函数。首先，由方程（3.6）［或方程（3.7）］可知：

$$(I-\rho W)y=\varepsilon$$

也就是

$$y=(I-\rho W)^{-1}\varepsilon$$

因而，有

$$E(y)=0 \tag{3.8}$$

以及

$$E(yy^T)=\sigma_\varepsilon^2(I-\rho W)^{-1}(I-\rho W^T)^{-1}=\sigma_\varepsilon^2\Omega \tag{3.9}$$

假定这些新形式的正态性后，似然函数可以表示为：

$$L(\rho,\sigma_\varepsilon^2)=\text{const}\,\sigma_\varepsilon^2\,|\Omega|^{-\frac{1}{2}}\exp\{-\frac{1}{2\sigma_\varepsilon^2}y^T\Omega^{-1}y\} \tag{3.10}$$

把方程（3.9）中矩阵 Ω 的具体形式代入，我们可以写出：

$$L(\rho,\sigma_\varepsilon^2)=\text{const}\,(\sigma_\varepsilon^2)^{-\frac{n}{2}}|(I-\rho W)^{-1}(I-\rho W)^{-T}|^{-\frac{1}{2}} \times\exp\left\{-\frac{1}{2\sigma_\varepsilon^2}y^T[(I-\rho W)^{-1}(I-\rho W)^{-T}]^{-1}y\right\} \tag{3.11}$$

最后，对数似然函数可以写为：

$$l(\rho,\sigma_\varepsilon^2)=\text{const}-\frac{n}{2}\ln(\sigma_\varepsilon^2)-\frac{1}{2}\ln|(I-\rho W)^{-1}(I-\rho W)^{-T}| -\frac{1}{2\sigma_\varepsilon^2}y^T[(I-\rho W)^{-1}(I-\rho W)^{-T}]^{-1}y \tag{3.12}$$

上式的参数是非线性的，并且要求数值上的最大化。

例 3.1　意大利 20 个地区物价指数的空间自回归

让我们再次考虑图 2.3 展示的 20 个意大利地区的例子，以及例 2.4 展示的物价指数变化的空间分布。在此，我们希望估计一个带有常数项的纯空间自回归模型，即 $y=\beta_0+\lambda Wy+\varepsilon$（其中，$y$ 为物价指数的变化），用以检验一个地区物价指数的变化能否通过一种通货膨胀传导机制影响到邻近地区的物价指数变化。我们选择最大距离准则考虑邻近关系，从而使在简单邻近准则下的两个孤立岛屿也成为邻居。使用 ML 准则得到的空间自回归模型的估计结果如下（通过对数似然的最大化）：

参数		标准误	t 检验	p 值
β_0	1.841 545	0.037 795	48.724	2.2e−16

显著性标注：0’ *** ’0.001’ ** ’0.01’ * ’0.05’. ’0.1’’1。

$$\lambda=-0.560\,91 \qquad LR\ 检验=0.946\,61(p\ 值=0.330\,58)$$

$$对数似然=-2.065\,929 \qquad AIC=10.132$$

上表展示了对于截距项的一般 t 检验和空间参数 λ 的似然比检验。结果显示：只有常数项是显著不为零的，物价变化在地区层面没有显著的地域传导。

3.3　带有非随机空间滞后回归量的经典模型

当 $\lambda=\rho=0$ 时，如果我们进一步假定 $\varepsilon|X\sim \text{i. i. d.}\ N(0,\sigma_{\varepsilon n}^2 I_n)$，$X$ 和 W 是非随机矩阵以及所有回归量矩阵 $Z=[X,WX]$ 是满秩的，那么该模型可能只包含一些或者全部自变量中的一个空间滞后项。在这种情况下不会出现特别的估计问题，该模型可以使用 OLS 方法进行简单估计。

3.4 空间误差模型（SEM）

3.4.1 引 言

当 $\lambda=0$ 、$\rho\neq 0$ 时，模型变为：

$$y=Z\beta+u \tag{3.13}$$

$$u=\rho Wu+\varepsilon \qquad |\rho|<1 \tag{3.14}$$

式中，回归量 Z 和权重矩阵 W 均为非随机的。在文献中，这个模型是指空间误差模型（Anselin，1988；Arbia，2006；LeSage and Pace，2009）。如果 $\varepsilon \mid X\sim$ i. i. d. $N(0,\sigma_{\varepsilon}^{2}{}_{n}I_{n})$ ，那么我们有类似方程（3.5）中的 $u=(I-\rho W)^{-1}\varepsilon$ ，因此我们可以写出：

$$E(u)=0$$

$$E(uu^{T})=\sigma_{\varepsilon}^{2}(I-\rho W)^{-1}(I-\rho W)^{-T}=\sigma_{\varepsilon}^{2}\Omega \tag{3.15}$$

这是同时考虑异质性和自相关误差项的方程。此时，GLS 方法可能仅在事先已知参数 ρ 值时可以使用，而这种情况在实践中基本不会出现。需要注意的是，根据方程（3.14），我们有

$$(I-\rho W)y=\varepsilon$$

以及模型（3.13）和模型（3.14）可以写作：

$$(I-\rho W)y=(I-\rho W)Z\beta+(I-\rho W)u$$

$$y=\rho Wy+Z\beta-WZ\rho\beta+\varepsilon$$

$$y=\rho Wy+Z\beta-WZ\gamma+\varepsilon \tag{3.16}$$

式中，$\gamma=\rho\beta$ ，可能有人会考虑直接估计模型（3.16）。然而，这样会出现两个问题。首先，方程（3.16）在约束条件 $\gamma=\rho\beta$ 下是过度参数化的。其次，Wy 是与误差项相关的，因而会产生内生性。为了令人信服，根据方程（3.16），我

们有

$$(I-\rho W)y = Z\beta - WZ\gamma + \varepsilon$$

以及

$$y = (I-\rho W)^{-1}(Z\beta - WZ\gamma) + (I-\rho W)^{-1}\varepsilon \tag{3.17}$$

则滞后变量 Wy 和误差项之间的协方差可以表示为：

$$\begin{aligned} E[(Wy)\varepsilon^T] &= E[W(I-\rho W)^{-1}(Z\beta - WZ\gamma) + W(I-\rho W)^{-1}\varepsilon]\varepsilon^T \\ &= W(I-\rho W)^{-1}(Z\beta - WZ\gamma)E(\varepsilon^T) + W(I-\rho W)^{-1}E(\varepsilon^T\varepsilon) \\ &= \sigma_\varepsilon^2 W(I-\rho W)^{-1} I \neq 0 \end{aligned} \tag{3.18}$$

由于误差与空间滞后变量 Wy 相关，因而它是内生的。误差项内生的结果是 OLS 方法失去了最优的性质。

从原则上说，采用工具变量的方法可以调节内生性。然而，Kelejian 和 Prucha（1998）证明了这个方法是不一致的，由于 Wy 对于其他两个回归量 Z 和 WZ 是线性独立的，因此识别 Wy 的工具是不可能存在的。

因此，除非 ρ 已知，我们有两个可行的估计方法：

（1）极大似然法。

（2）可行广义最小二乘法。

这两个方法将在下面的两个小节讨论。

3.4.2 极大似然估计

根据方程（3.13），我们可以推导出下式：

$$u = y - Z\beta \tag{3.19}$$

此外，由于 u 服从正态分布，它的方差—协方差矩阵由方程（3.15）给出，我们可以很容易地得到似然函数：

$$L(\rho,\ \sigma_\varepsilon^2,\ \beta) = \text{const}\ \sigma_\varepsilon^2\ |\Omega|^{-\frac{1}{2}} \exp\{-\frac{1}{2\sigma_\varepsilon^2} u^T \Omega^{-1} u\} \tag{3.20}$$

把方程（3.19）代入上式，可得：

$$L(\rho,\ \sigma_\varepsilon^2,\ \beta)=\text{const}\,\sigma_\varepsilon^2\ |\Omega|^{-\frac{1}{2}}\exp\{-\frac{1}{2\sigma_\varepsilon^2}(y-Z\beta)^T\Omega^{-1}(y-Z\beta)\}$$

(3.21)

与此同时，把方程（3.15）中明确表示的矩阵 Ω 代入上式，我们有

$$L(\rho,\ \sigma_\varepsilon^2,\ \beta)=\text{const}\ (\sigma_\varepsilon^2)^{-\frac{n}{2}}\ |(I-\rho W)^{-1}(I-\rho W)^{-T}|^{-\frac{1}{2}}$$
$$\times\exp\left\{-\frac{1}{2}(y-Z\beta)^T[(I-\rho W)^{-1}(I-\rho W)^{-T}]^{-1}(y-Z\beta)\right\}$$

(3.22)

最后，对数似然函数可表示为：

$$l(\rho,\ \sigma_\varepsilon^2,\ \beta)=\text{const}-\frac{n}{2}\ln(\sigma_\varepsilon^2)-\frac{1}{2}\ln|(I-\rho W)^{-1}(I-\rho W)^{-T}|$$
$$-\frac{1}{2}(y-Z\beta)^T[(I-\rho W)^{-1}(I-\rho W)^{-T}]^{-1}(y-Z\beta) \qquad (3.23)$$

这个表达式与从回归模型推导得到的似然函数是一致的：

$$y^*=Z^{*T}\beta+\varepsilon$$

其中，$\varepsilon|X\sim\text{i.i.d.}\ N(0,\ \sigma_\varepsilon^2{}_n I_n)$，转换变量如下：

$$y^*(\rho)=y-\rho Wy$$

$$Z^*(\rho)=Z-\rho WZ$$

Lee（2004）正式证明了模型（3.13）和模型（3.14）的条件确保了 ML 估计量一致并且渐进正态。

由于非线性程度较高，因而方程（3.23）不能进行最大化分析。然而，为了产生参数的估计，它可以进行数值最大化。我们必须注意可用软件中的计算过程都是基于伪似然的近似。

最大化对数似然函数的问题可由 $\ln|I-\rho W|$ 这一项代表，对于参数 ρ 的每一个数值，这个行列式都需要重新计算。如果 n 很大，这个过程可能很费力。文献建议的一个解决方法是利用所谓的 Ord 分解（Ord，1975）：

$$\ln|I-\rho W|=\ln\left[\prod_{i=1}^{n}(1-\rho\phi_i)\right] \qquad (3.24)$$

式中，ϕ_i 为权重矩阵 W 的第 i 个特征向量。这个分解极大地简化了计算，但 Kelejian 和 Prucha（1998）注意到，如果 n 非常大，它并不能完全消除精确性的问题，因为谱分解在非常大的矩阵中同样是近似的。我们将在第五章详细讨论这些计算问题。为了克服大样本中对数行列式的计算问题，Kelejian 和 Prucha（1998）提出了一个替代的估计方法，这个方法将在下一节介绍。

如果 ρ 已知，那么 ML 估计量与第 1.2 节中出现的 GLS 估计量是一致的，可以通过把方程（3.15）中明确的方差—协方差矩阵代入方程（1.47）得到。

3.4.3 可行广义最小二乘法

让我们回到模型（3.13）以及模型（3.14），这里简单描述：

$$y = Z\beta + u \tag{3.13}$$

$$u = \rho W u + \varepsilon \qquad |\rho| < 1 \tag{3.14}$$

一个可行广义最小二乘法（FGLS）可以通过下面的步骤得到（Kelejian and Prucha，1998）：

第一步：首先得到 β 的一致估计，记为 $\tilde{\beta}$。

第二步：使用这个估计得到 u 的估计，记为 $\hat{u}$。

第三步：使用 $\hat{u}$ 估计方程（3.14）中的 ρ，记为 $\hat{\rho}$。

第四步：使用 $\hat{\rho}$ 将模型（3.13）转化为：

$$(I - \hat{\rho}W)y = (I - \hat{\rho}W)Z\beta + \varepsilon$$

第五步：最后，由于转换后的模型现在包含满足条件的扰动项，使用 GLS 方法中相应的转换数据通过 OLS 估计 β。

下面详细讨论这些步骤。

第一步：考虑方程（3.13）中 β 的 OLS 估计值：

$$\tilde{\beta} = (Z^T Z)^{-1} Z^T y \tag{3.25}$$

Kelejian 和 Prucha（1998）证明这个估计值是一致的。

第二步：我们从方程（3.13）推导出残差的估计：

$$\hat{u} = y - Z\tilde{\beta} \tag{3.26}$$

第三步：为了得到参数 ρ 的一致估计量，Kelejian 和 Prucha（1998）建议使用引入了附加假定的 GMM 方法：

（1）$E(\varepsilon^4)<\infty$。

（2）矩阵 W 和 $(I-\rho W)^{-1}$ 都是“绝对可加的”，也就是 $\sum_{i=1}^{n} w_{ij}<c$ 和 $\sum_{j=1}^{n} w_{ij}<c$，其中的常数 c 并不取决于 n，矩阵 $(I-\rho W)^{-1}$ 与此类似。

（3）Q_Z、Q_1、Q_2 是非奇异矩阵，其中 $Q_Z=\lim_{n\to\infty} Z^T Z$，$Q_1=\lim_{n\to\infty} Z^T \Omega Z$ 以及 $Q_2=\lim_{n\to\infty} Z^T \Omega^{-1} Z$。

假设上面的条件，让我们以标量形式写出模型（3.13）和模型（3.14）：

$$y_i=Z_i\beta+u_i$$

以及

$$u_i=\rho\sum_{i=1}^{n} w_{ij}u_j+\varepsilon_i \tag{3.27}$$

现在定义

$$\bar{u}_i=\sum_{i=1}^{n} w_{ij}u_j \qquad \bar{\bar{u}}_i=\sum_{i=1}^{n} w_{ij}\bar{u}_j \qquad \bar{\varepsilon}_i=\sum_{i=1}^{n} w_{ij}\varepsilon_j \tag{3.28}$$

因此，根据方程（3.27），我们有

$$u_i-\rho\bar{u}_i=u_i-\rho\sum_{i=1}^{n} w_{ij}u_j=\varepsilon_i \tag{3.29}$$

$$\bar{u}_i-\rho\bar{\bar{u}}_i=\bar{\varepsilon}_i \tag{3.30}$$

三个矩条件由下述方法推出。对方程（3.29）和方程（3.30）求平方和的平均数，我们有

$$\frac{1}{n}\sum_{i=1}^{n}(u_i-\rho\bar{u}_i)^2=\frac{1}{n}\sum_{i=1}^{n}\varepsilon_i^2=E(\varepsilon_i^2) \tag{3.31}$$

$$\frac{1}{n}\sum_{i=1}^{n}(\bar{u}_i-\rho\bar{\bar{u}}_i)^2=\sum_{i=1}^{n}\frac{1}{n}\bar{\varepsilon}_i^2=E(\bar{\varepsilon}_i^2) \tag{3.32}$$

此外，将方程（3.29）和方程（3.30）相乘并求平均数，我们推导出第三个矩条件：

$$\frac{1}{n}\sum_{i=1}^{n}(u_i-\rho\bar{u}_i)(\bar{u}_i-\rho\bar{\bar{u}}_i)=E(\varepsilon_i\bar{\varepsilon}_i) \tag{3.33}$$

注意：

$$E(\varepsilon_i^2)=\sigma_\varepsilon^2 \qquad E(\bar{\varepsilon}_i^2)=\sigma_\varepsilon^2 \operatorname{tr}\frac{W^TW}{n} \qquad E(\varepsilon_i \bar{\varepsilon}_i)=0 \tag{3.34}$$

正如 Kelejian 和 Prucha（1998）所论证的那样。进一步将 u 的样本值记为 $\hat{u}$［可由方程（3.26）推导］并代入方程（3.31）、方程（3.32）和方程（3.33）三个矩条件，令理论上的矩和样本值相等，有

$$\begin{cases}\dfrac{1}{n}\sum\limits_{i=1}^{n}(\hat{u}_i-\rho\hat{\bar{u}}_i)^2=\sigma_\varepsilon^2\\ \dfrac{1}{n}\sum\limits_{i=1}^{n}(\hat{\bar{u}}_i-\rho\hat{\bar{\bar{u}}}_i)^2=\sigma_\varepsilon^2\operatorname{tr}\dfrac{W^TW}{n}\\ \dfrac{1}{n}\sum\limits_{i=1}^{n}(\hat{u}_i-\rho\hat{\bar{u}}_i)(\hat{\bar{u}}_i-\rho\hat{\bar{\bar{u}}}_i)=0\end{cases} \tag{3.35}$$

通过简单的代数处理，可得：

$$\begin{aligned}&\frac{1}{n}\sum_{i=1}^{n}\hat{u}_i^2+\frac{\rho^2}{n}\sum_{i=1}^{n}\hat{\bar{u}}_i^2-\frac{2}{n}\rho\sum_{i=1}^{n}\hat{u}_i\hat{\bar{u}}_i=\sigma_\varepsilon^2\\ &\frac{1}{n}\sum_{i=1}^{n}\hat{\bar{u}}_i^2+\frac{\rho^2}{n}\sum_{i=1}^{n}\hat{\bar{\bar{u}}}_i^2-\frac{2}{n}\rho\sum_{i=1}^{n}\hat{\bar{u}}_i\hat{\bar{\bar{u}}}_i=\sigma_\varepsilon^2\operatorname{tr}\frac{W^TW}{n}\\ &\frac{1}{n}\sum_{i=1}^{n}\hat{u}_i\hat{\bar{u}}_i+\frac{\rho^2}{n}\sum_{i=1}^{n}\hat{\bar{u}}_i\hat{\bar{\bar{u}}}_i-\rho\left(\frac{1}{n}\sum_{i=1}^{n}\hat{\bar{u}}_i^2+\frac{1}{n}\sum_{i=1}^{n}\hat{u}_i\hat{\bar{\bar{u}}}_i\right)=0\end{aligned} \tag{3.36}$$

或者：

$$\begin{aligned}&\frac{\rho^2}{n}\sum_{i=1}^{n}\hat{\bar{u}}_i^2-\frac{2}{n}\rho\sum_{i=1}^{n}\hat{u}_i\hat{\bar{u}}_i-\sigma_\varepsilon^2=-\frac{1}{n}\sum_{i=1}^{n}\hat{u}_i^2\\ &\frac{\rho^2}{n}\sum_{i=1}^{n}\hat{\bar{\bar{u}}}_i^2-\frac{2}{n}\rho\sum_{i=1}^{n}\hat{\bar{u}}_i\hat{\bar{\bar{u}}}_i-\sigma_\varepsilon^2\operatorname{tr}\frac{W^TW}{n}=-\frac{1}{n}\sum_{i=1}^{n}\hat{\bar{u}}_i^2\\ &\frac{\rho^2}{n}\sum_{i=1}^{n}\hat{\bar{u}}_i\hat{\bar{\bar{u}}}_i-\rho\left(\frac{1}{n}\sum_{i=1}^{n}\hat{\bar{u}}_i^2+\frac{1}{n}\sum_{i=1}^{n}\hat{u}_i\hat{\bar{\bar{u}}}_i\right)=-\frac{1}{n}\sum_{i=1}^{n}\hat{u}_i\hat{\bar{u}}_i\end{aligned} \tag{3.37}$$

方程（3.37）中的三个方程可以用更简洁的矩阵形式表示出来：

$$A_1\varphi-A_2=0 \tag{3.38}$$

定义：

$$A_1 = \begin{bmatrix} \frac{1}{n}\sum_{i=1}^{n}\hat{\bar{u}}_i^2 & -\frac{2}{n}\sum_{i=1}^{n}\hat{u}_i\hat{\bar{u}}_i & -1 \\ \frac{1}{n}\sum_{i=1}^{n}\hat{\bar{\bar{u}}}_i^2 & -\frac{2}{n}\sum_{i=1}^{n}\hat{\bar{u}}_i\hat{\bar{\bar{u}}}_i & -\frac{1}{n}\mathrm{tr}(W^TW) \\ \frac{1}{n}\sum_{i=1}^{n}\hat{\bar{u}}_i\hat{\bar{\bar{u}}}_i & -\frac{1}{n}(\sum_{i=1}^{n}\hat{\bar{u}}_i^2+\sum_{i=1}^{n}\hat{u}_i\hat{\bar{\bar{u}}}_i) & 0 \end{bmatrix} \tag{3.39}$$

$$A_2^T = [-\frac{1}{n}\sum_{i=1}^{n}\hat{u}_i^2;-\frac{1}{n}\sum_{i=1}^{n}\hat{\bar{u}}_i^2;-\frac{1}{n}\sum_{i=1}^{n}\hat{u}_i\hat{\bar{u}}_i] \tag{3.40}$$

以及

$$\varphi^T = [\rho^2,\ \rho,\ \sigma_\varepsilon^2] \tag{3.41}$$

因此，参数向量的一致估计可以通过解方程（3.38）得到：

$$\varphi = A_1^{-1}A_2 = (\hat{\rho}^2,\ \hat{\rho},\ \hat{\sigma}_\varepsilon^2) \tag{3.42}$$

第四步：使用由此获得的估计量 $\hat{\rho}$，估计方程（3.15）中协方差矩阵 Ω 的元素：

$$\hat{\Omega} = (I-\hat{\rho}W)^{-1}(I-\hat{\rho}W^T)^{-1} \tag{3.43}$$

第五步：最后，通过 GLS 估计回归参数 β，可将方程（3.43）推导出的方差—协方差矩阵代入方程（1.47），得到：

$$\hat{\beta}_{\mathrm{FGLS}} = (Z^T\hat{\Omega}^{-1}Z)^{-1}Z^T\hat{\Omega}^{-1}y \tag{3.44}$$

这个操作与应用 GLS 方法得到转换数据 $(I-\hat{\rho}W)y=(I-\hat{\rho}W)Z\beta+\varepsilon$ 是一致的。

例 3.2　美国 48 个州二手车价格和税收的关系

作为空间误差模型的例子，让我们考虑 1960 年各州二手车的价格数据集与 1955—1959 年新车的交付费用和税收的关系。这个数据集在空间计量中是十分常见的，并且可以很容易地在 R 软件中利用第 2.3.5 节介绍的步骤下载。

下图展示了 48 个州（我们放弃了阿拉斯加州和夏威夷州，因为它们与其他州是孤立的。哥伦比亚特区由于异常值的原因也被放弃了）。

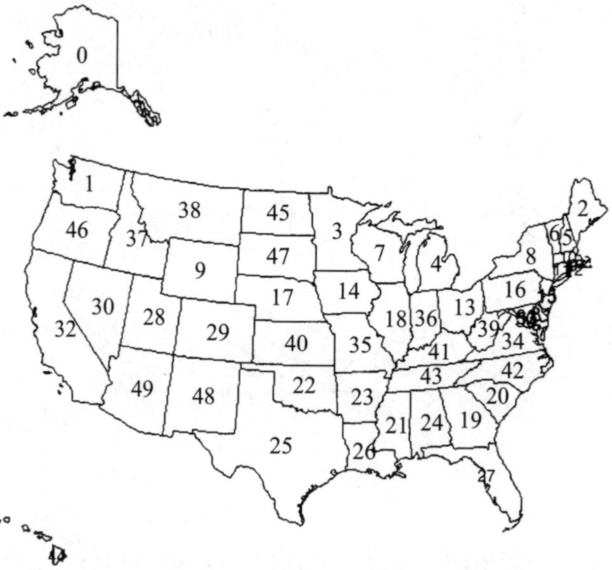

下表展示的是数据。

序号	州	税收	价格	序号	州	税收	价格	序号	州	税收	价格
1	华盛顿州	129	1 461	17	内布拉斯加州	159	1 547	33	马里兰州	135	1 466
2	缅因州	218	1 601	18	伊利诺伊州	139	1 510	34	弗吉尼亚州	171	1 468
3	明尼苏达州	176	1 469	19	佐治亚州	96	1 572	35	密苏里州	164	1 627
4	密歇根州	252	1 611	20	南卡罗来纳州	133	1 509	36	印第安纳州	161	1 502
5	新罕布什尔州	186	1 606	21	密西西比州	82	1 586	37	爱达荷州	174	1 555
6	佛蒙特州	154	1 491	22	俄克拉何马州	159	1 460	38	蒙大拿州	153	1 465
7	威斯康星州	92	1 536	23	阿肯色州	136	1 468	39	西弗吉尼亚州	172	1 601
8	纽约州	150	1 517	24	亚拉巴马州	196	1 631	40	堪萨斯州	133	1 463
9	怀俄明州	149	1 481	25	得克萨斯州	97	1 584	41	肯塔基州	178	1 511
10	马萨诸塞州	168	1 659	26	路易斯安那州	220	1 636	42	北卡罗来纳州	257	1 647
11	康涅狄格州	138	1 515	27	佛罗里达州	96	1 539	43	田纳西州	112	1 559
12	罗得岛州	52	1 460	28	犹他州	89	1 520	45	北达科他州	93	1 495
13	俄亥俄州	195	1 592	29	科罗拉多州	185	1 626	46	俄勒冈州	265	1 592
14	艾奥瓦州	141	1 574	30	内华达州	115	1 544	47	南达科他州	105	1 470
15	新泽西州	144	1 418	31	特拉华州	122	1 477	48	新墨西哥州	58	1 473
16	宾夕法尼亚州	165	1 509	32	加利福尼亚州	153	1 609	49	亚利桑那州	188	1 655

下面开始计算，为了进行对比，我们计算了简单模型 $y=\beta_0+\beta_1 x+\varepsilon$ 的 OLS 估计，其中 y 是 1960 年的价格，x 是 1955—1959 年的税收和费用。其结果及主要的统计量见下表。

参数		标准误	t 检验	p 值
β_0	1 435.750 6	27.579 6	52.058	2e−16***
β_1	0.687 2	0.175 4	3.918	0.000 294***

显著性标注：0'***'0.001'**'0.01'*'0.05'.'0.1''1.

F 检验 $= 15.35$(p 值 $= 0.000\ 294^{***}$)

$AIC = 528.331\ 7$　　$BIC = 533.945$　　JB 检验 $= 1.890\ 6$(p 值 $= 0.388\ 6$)

BP 检验 $= 0.001\ 3$(p 值 $= 0.971$)

F 检验高度显著，因而接受该模型。此外，在一般置信水平下，两个参数都是显著的。JB 检验和 BP 检验都不显著，因此接受正态性和同质性这两个假设。下表总结了莫兰 I 检验统计的计算，用于检验残差的空间相关性。W 矩阵基于简单的邻近准则并且是行标准化的。

	观测值	期望值	变量	z 检验	p 值
莫兰 I 检验	0.574 817 771	−0.030 300 549	0.008 976 437	6.386 87	8.466e−11***

该检验显示，有高度显著的正残差空间自相关存在的迹象。总而言之，该模型并不是理想的；此外，给定残差存在正的显著的空间自相关，我们有足够的理由使用空间误差模型作为替代。首先，让我们使用极大似然方法（见第 3.4.2 节）估计该模型，其结果见下表：

参数		标准误	t 检验	p 值
β_0	1 528.345 21	31.962 39	47.817 0	2e−16***
β_1	0.088 31	0.119 23	0.740 6	0.458 9

显著性标注：0'***'0.001'**'0.01'*'0.05'.'0.1''1。

$\rho = 0.818\ 99$　　LR 检验 $= 40.899$(p 值 $= 1.603\text{e}-10$)

Wald 统计量$=122.32$(p 值$=2.22\text{e}-16$)

$AIC = 489.43$　　$BIC = 496.917\ 4$

JB 检验 $= 2.084\ 5$(p 值 $= 0.352\ 7$)

该检验现在表明变量税收对应的回归系数不再显著，但从似然比检验［见方程（1.31）］可以看出参数 ρ 是高度显著的。因此，残差之间的空间相关性解释了大部分模型变化，并且模型可以简化为纯自回归（在 $\beta=0$ 以及 $\lambda=0$ 或者 $\rho=0$ 的情况下，见第 3.2 节），其中一个州的价格只需要用邻近州的价格来解释。

最后，我们使用第 3.4.3 节中讨论的可行广义最小二乘法估计同一个空间误差模型。其结果见下表：

参数		标准误	t 检验	p 值
β_0	1 512.983 59	28.699 40	52.718 3	2e−16***
β_1	0.178 02	0.150 18	1.185 4	0.235 9
ρ	0.653 98	0.218 4	3.101 7	0.000 962 06***
σ^2	1 672.5			

显著性标注：0'***'0.001'**'0.01'*'0.05'.'0.1''1。

$$JB\ 检验 = 2.853\ 51(p\ 值 = 0.242\ 3)$$

可行广义最小二乘法估计大体上证实了 ML 估计的结果：变量税收不显著并且一个地区的二手车价格可以用一个纯空间自回归模型解释。需要注意的是，采用两种方法估计的 β_0 和 ρ 是不一样的。特别地，使用 ML 方法估计的 ρ 值更大。同样需要注意的是，ML 方法和可行广义最小二乘法得到的标准差也是不一样的。

3.5 空间滞后模型

3.5.1 概　述

当 $\lambda \neq 0$、$\rho \neq 0$ 时，该模型变为：

$$y = \lambda Wy + Z\beta + u \qquad |\lambda| < 1 \tag{3.45}$$

式中，$u|X \sim \text{i.i.d.}\, N(0,\ \sigma_{un}^2 I_n)$。在文献中，这个模型是指空间滞后模型（Anselin，1988；Arbia，2006）。

此时，y 的空间滞后值与随机扰动项相关，从而产生了内生性问题。实际上，使用方程（3.18）的形式，我们有 $(I-\lambda W)y = Z\beta + u$ 以及 $y =$

$(I-\lambda W)^{-1}Z\beta+(I-\lambda W)^{-1}u$，因此滞后项 WY 和误差之间的相关性可以表示为：

$$
\begin{aligned}
E[(Wy)u^T] &= E[W(I-\lambda W)^{-1}Z\beta+(I-\lambda W)^{-1}u]u^T \\
&= W(I-\lambda W)^{-1}Z\beta E(u^T)+W(I-\lambda W)^{-1}E(uu^T) \\
&= \sigma_\varepsilon^2 W(I-\lambda W)^{-1}I\neq 0
\end{aligned}
$$

因此，若存在内生性，不能使用广义最小二乘法。

文献中建议的两个替代估计方法分别为：

（1）极大似然估计。

（2）两阶段最小二乘法（2SLS）。

3.5.2 极大似然估计

首先，注意方程（3.45）可重写为 $(I-\lambda W)y=Z\beta+u$，我们有

$$y=(I-\lambda W)^{-1}Z\beta+(I-\lambda W)^{-1}u$$

因此，有

$$E(y)=E[(I-\lambda W)^{-1}Z\beta+(I-\lambda W)^{-1}u]=(I-\lambda W)^{-1}Z\beta \tag{3.46}$$

以及

$$E(yy^T)=\sigma_\varepsilon^2(I-\lambda W)^{-1}(I-\lambda W)^{-T}=\sigma_\varepsilon^2\Omega \tag{3.47}$$

那么，y 的似然函数可表示为：

$$
\begin{aligned}
L(\sigma^2,\lambda,\beta;y) = \text{const}\,|\sigma_\varepsilon^2\Omega|^{-\frac{1}{2}}\exp\Big\{-\frac{1}{2\sigma_\varepsilon^2}&[y-(I-\lambda W)^{-1}Z\beta]^T \\
&\times\Omega^{-1}[y-(I-\lambda W)^{-1}Z\beta]\Big\}
\end{aligned} \tag{3.48}
$$

因此，对数似然函数为：

$$
\begin{aligned}
l(\sigma^2,\lambda,\beta;y) = \text{const}-\frac{1}{2}\ln|\sigma_\varepsilon^2\Omega|-\frac{1}{2\sigma_\varepsilon^2}&[y-(I-\lambda W)^{-1}Z\beta]^T \\
&\times\Omega^{-1}[y-(I-\lambda W)^{-1}Z\beta]
\end{aligned} \tag{3.49}
$$

利用方程（3.47）中的表达式，矩阵 $\sigma_\varepsilon^2\Omega$ 的行列式可写作：

$$|\sigma_\varepsilon^2\Omega|=|\sigma_\varepsilon^2(I-\lambda W)^{-1}(I-\lambda W)^{-T}|=\sigma_\varepsilon^{2n}|(I-\lambda W)^{-1}(I-\lambda W)^{-T}|$$

此外，因为 $|(I-\lambda W)^{-1}(I-\lambda W)^{-T}|=|(I-\lambda W)^{-1}||(I-\lambda W)^{-T}|$，上式同样可以表示为：

$$|\sigma_\varepsilon^2 \Omega| = \sigma_\varepsilon^{2n} |(I-\lambda W)|^{-2} \tag{3.50}$$

现在，我们回到对数似然函数并且把方程（3.47）和方程（3.50）代入方程（3.49），可得：

$$\begin{aligned} l(\sigma^2, \lambda, \beta; y) &= \text{const} - \frac{1}{2}\ln(\sigma_\varepsilon^{2n} |I-\lambda W|^{-2}) \\ &\quad - \frac{1}{2\sigma_\varepsilon^2}[y-(I-\lambda W)^{-1}Z\beta]^T \\ &\quad \times [(I-\lambda W)^{-1}(I-\lambda W)^{-T}]^{-1} \\ &\quad \times [y-(I-\lambda W)^{-1}Z\beta] \\ &= \text{const} - \frac{n}{2}\ln(\sigma_\varepsilon^2) + \ln|I-\lambda W| - \frac{1}{2\sigma_\varepsilon^2}[y-(I-\lambda W)^{-1}Z\beta]^T \\ &\quad \times (I-\lambda W)^T(I-\lambda W)[y-(I-\lambda W)^{-1}Z\beta] \end{aligned} \tag{3.51}$$

此外，由于 $(I-\lambda W)[y-(I-\lambda W)^{-1}Z\beta] = (I-\lambda W)y - Z\beta$，我们最终得到：

$$\begin{aligned} l(\sigma^2, \lambda, \beta; y) &= \text{const} - \frac{n}{2}\ln\sigma_\varepsilon^2 + \ln|I-\lambda W| \\ &\quad - \frac{1}{2\sigma_\varepsilon^2}[(I-\lambda W)y - Z\beta]^T[(I-\lambda W)y - Z\beta] \end{aligned} \tag{3.52}$$

最大化上面的表达式，从而得到未知参数 σ^2、λ、β 的估计值。

3.5.3 两阶段最小二乘估计

作为 ML 估计的替代方法，为了消除内生性问题，我们同样可以使用两阶段最小二乘法。为了实现我们需要的方法，首先，确定合适的工具变量，以消除由空间滞后项 Wy 带来的内生性。也就是说，我们需要设定一个与 Wy 相关而与误差项无关的工具变量。

从实际考虑，由方程（3.46），有

$$E(y) = E[(I-\lambda W)^{-1}Z\beta + (I-\lambda W)^{-1}u] = (I-\lambda W)^{-1}Z\beta \tag{3.53}$$

现在，由于 $|\lambda| < 1$，我们可以把方程（3.53）中的逆矩阵展开：

$$(I-\lambda W)^{-1} = I + \lambda W + \lambda^2 W^2 + \lambda^3 W^3 + \cdots$$

那么

$$E(y) = (I + \lambda W + \lambda^2 W^2 + \lambda^3 W^3 + \cdots)Z\beta$$
$$= Z\beta + WZ\lambda\beta + W^2 Z\lambda^2\beta + \cdots \quad (3.54)$$

因此 $E(y)$ 可以表示为 Z，WZ，W^2Z，… 的线性函数，这意味着我们可以使用展开式的前三项（即 Z，WZ，W^2Z）作为相关工具来消除 Wy 的内生性。让我们把这个 $n\times 3k$ 的矩阵${}_nH_{3k}=[{}_nZ_k, {}_nW_{nn}Z_k, {}_nW^2_{nn}Z_k]$ 作为工具变量。

现在将方程（3.45）写为：

$$y = M\theta + u \quad (3.55)$$

式中，回归量集合为 ${}_nM_{k+1}=[{}_nW_{n\,n}y_1, {}_nZ_k]$；未知参数向量为 ${}_{k+1}\theta_1=[\lambda, {}_k\beta_1]$。

在两阶段最小二乘法的第一阶段中，自变量 M 对于工具变量 H 回归：

$$M = H\gamma + \eta \quad (3.56)$$

式中，η 为误差项。方程（3.56）中的参数可通过 OLS 方法估计：

$$\hat{\gamma} = (H^TH)^{-1}H^TM \quad (3.57)$$

由此，我们可以推导出 M 的估计值，记为 $\hat{M}$，由以下表达式给出：

$$\hat{M} = H\hat{\gamma} = H(H^TH)^{-1}H^TM \quad (3.58)$$

在两阶段最小二乘法的第二阶段中，我们通过 OLS 来估计 y 和工具回归量之间的关系，即

$$y = \hat{M}\theta + u \quad (3.59)$$

由此得到参数 θ 的两阶段估计值：

$$\hat{\theta}_{2SLS} = (\hat{M}^T\hat{M})^{-1}\hat{M}^Ty \quad (3.60)$$

例 3.3　波士顿房价的决定因素

下面考虑一个空间滞后模型的例子。该案例使用的数据由 Harrison 和 Rubinfield（1978）收集，并由 Gilley 和 Pace（1996）加以完善，在空间计量经济学中十分常见。它们包含在波士顿数据集中，并可以通过第 2.3.5 节列出的 R 程序下载。数据中包含 506 个波士顿普查区的中位数房价以及可以潜在决定房屋价格的一系列变量。

506 个普查区的地图如下，图中仅仅显示了每个区的中心，数据库中包含的变量见随后的表格。

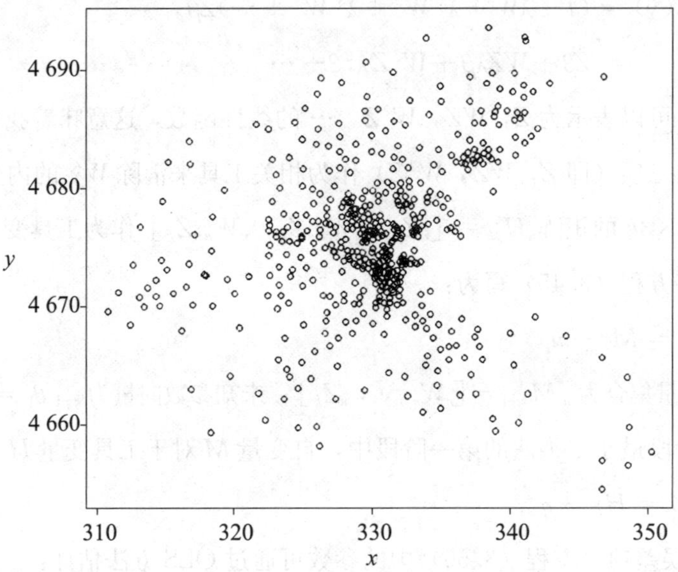

	变量	变量描述
1	*MEDV*	业主自用住宅的价值中位数（千美元）
2	*CRIM*	人均犯罪值
3	*RM*	每栋住宅的房间平均数
4	*INDUS*	每个城镇非零售商业区的比重
5	*NOX*	每个城镇氮氧化物（NOX）的浓度（ppm）
6	*AGE*	1940 年前建成的业主自用住宅的比例
7	*DIS*	5 个波士顿就业中心的加权距离
8	*RAD*	每个城镇到高速公路的可达性指数
9	*PTRATIO*	每个城镇的师生比
10	*B*	黑人比例的变化
11	*LSTAT*	低端人口的比例
12	*TAX*	每个城镇中 1 万美元的全额财产税

我们先用 OLS 计算一个简单的回归模型。我们希望检验房屋价格能否表示为上表中 11 个可能因素的函数。下表展示了简单 OLS 估计的结果以及检验统计量。

参数	估计值	标准误	t 检验	p 值
截距	37.308 337	5.199 690	7.175	2.66e−12***
CRIM	−0.103 402	0.033 339	−3.102	0.002 035**
RM	4.074 379	0.420 639	4.074 379	9.686<2e−16***
INDUS	0.018 212	0.062 015	0.294	0.769 138
NOX	−17.829 176	3.889 690	−4.584	5.79e−06 ***
AGE	−0.002 647	0.013 353	−0.198	0.842 957
DIS	−1.210 182	0.186 123	−6.502	1.94e−10***
RAD	0.304 603	0.066 878	4.555	6.62e−06***
PTRATIO	−1.131 146	0.126 079	−8.972	<2e−16***
B	0.009 853	0.002 735	3.603	0.000 346 ***
LSTAT	−0.525 072	0.051 543	−10.187	<2e−16***
TAX	−0.010 901	0.003 710	−2.939	0.003 452**

显著性标注：0' *** '0.001' ** '0.01' * '0.05'.'0.1''1。

$$F \text{ 检验} = 121(p \text{ 值} = 2.2e-16^{***})$$

$$AIC = 3\ 045.227 \quad BIC = 3\ 100.172 \quad JB \text{ 检验} = 936.741\ 7$$
$$(p \text{ 值} = 2.2e-16)$$

$$BP \text{ 检验} = 59.213\ 7(p \text{ 值} = 1.297e-08^{***})$$

F 检验高度显著，因而接受该模型设定。此外，除了 *INDUS* 和 *AGE* 以外的所有变量在一般置信水平上都是显著的。特别地，变量 *RM*、*RAD* 和 *B* 显著为正，而变量 *CRIM*、*NOX*、*DIS*、*LSTAT* 和 *TAX* 显著为负。注意，*JB* 检验和 *BP* 检验都是显著的，也就是拒绝正态性和同质性的假设。我们采用一个行标准化的基于距离的权重矩阵，如果在前面的图像中两个地区中心的距离小于 3.99 个单位，则认为它们邻近。

下表总结了对于残差空间相关假设的莫兰 *I* 检验统计量的计算值。

	观测值	期望值	变量	z 检验	p 值
莫兰 *I* 检验	0.078 002 217 0	−0.007 143 865 0	0.000 159 883 1	6.733 8	8.262e−12***

该检验结果表示回归残差中存在正的高度显著的空间相关性，从而需要进

一步分析。由于本案例使用了非常小的区域单位（普查区），因而推测房屋价格在空间中平滑变化是合理的，较高的房价倾向于集中在城市的特定区域及周围，表明正的空间相关。因此，我们可以检验一个空间滞后模型在消除残差相关性后能否更好地拟合数据。

首先，让我们使用极大似然法（见第 3.5.2 节）估计模型，其结果如下：

参数	估计值	标准误	t 检验	p 值
截距	28.378	5.822 5	4.873 9	1.094e−06***
CRIM	−0.097 501	0.032 606	−2.990 2	0.002 787 7***
RM	3.843 2	0.413 51	9.294 1	<2.2e−16***
INDUS	−0.000 715 63	0.060 617	−0.011 8	0.990 580 5
NOX	−13.602	4.053 7	−3.355 5	0.000 792 1***
AGE	0.001 695 3	0.013 242	0.128 0	0.898 125 5
DIS	−1.178 2	0.183 39	−6.424 9	1.320e−10***
RAD	0.292 74	0.065 501	4.469 3	7.848e−06***
PTRATIO	−0.976 10	0.130 42	−7.484 5	7.172e−14***
B	0.009 804 1	0.002 665 9	3.677 6	0.000 235 4***
LSTAT	−0.523 43	0.050 249	−10.416 7	<2.2e−16***
TAX	−0.010 491	0.003 622 3	−2.896 2	0.003 776 9***

显著性标注：0' *** '0.001' ** '0.01' * '0.05'.'0.1''1。

$\lambda = 0.220\ 19$　LR 检验 $= 12.492$　　Wald 统计量 $= 13.16$

（p 值 $= 0.000\ 408\ 64^{***}$）（p 值 $= 0.000\ 286\ 02^{***}$）

$AIC = 3\ 034.7$　　$BIC = 3\ 093.906$　　JB 检验 $= 1\ 144.455$

（p 值 $= 2.2\mathrm{e}-16^{***}$）

残差的 LM 检验 $= 13.341$（p 值 $= 0.000\ 259\ 69^{***}$）

t 检验显示，与 OLS 估计的情况一样，除了 *INDUS* 和 *AGE* 以外的所有变量都是显著的。与变量 *TAX* 对应的回归系数不显著，而似然比检验和 Wald 检验都表明 λ 是高度显著的。

然后，空间滞后设定强调了房价空间相关性质的重要性，但并没有完全清除残差空间自相关的问题。实际上，残差的 *LM* 检验显示，残差仍存在一些正的相关性。

最后，我们使用第 3.5.3 节中的两阶段最小二乘法估计同一个空间滞后模型，其结果如下：

参数	估计值	标准误	t 检验	p 值
λ	0.220 47	0.068 558	3.021 58	0.001 300 8***
截距	28.367	5.839 9	4.857 4	1.189e−06***
CRIM	−0.097 493	0.032 978	−2.956 3	0.003 113 7***
RM	3.842 9	0.042 163	9.114 5	<2.2e−16***
INDUS	−0.000 739 82	0.061 532	−0.012 0	0.990 407 0
NOX	−13.597	4.060 8	−3.348 4	0.000 812 9***
AGE	0.001 700 9	0.013 257	0.128 3	0.897 910 9
DIS	−1.178 2	0.184 09	−6.400 1	1.553e−10***
RAD	0.292 73	0.066 155	4.424 8	9.651e−06***
PTRATIO	−0.975 90	0.133 55	−7.307 3	2.727e−13***
B	0.009 804 1	0.002 700 8	3.630 0	0.000 283 4***
LSTAT	−0.523 43	0.050 909	−10.281 8	<2.2e−16***
TAX	−0.010 490	0.003 666 2	−2.861 4	0.004 217 9***

显著性标注：0' *** '0.001' ** '0.01' * '0.05'.'0.1''1。

$$JB\text{ 检验} = 1\ 144.613(p\text{ 值} = 2.2\text{e}-16^{***})$$

根据变量的显著性和符号，两阶段最小二乘法实际证实了 ML 估计的结论。特别地，它表明每个城镇非零售商业区的比重（*INDUS*）和地区内老建筑的存在（*AGE*）对房价的中位数没有显著的影响。最后，证实了参数 λ 的显著性，而且它的估计值与极大似然的估计值是十分相近的。请注意，与 ML 方法相反，2SLS 方法不需要满足正态性假设，因此这里（给定由 *JB* 检验得到的非正态证据）的 2SLS 方法提供了更可靠的估计。这两个估计方法都不能完全满足要求，由于残差中依旧显著存在正的相关性。如果一个包含空间滞后的空间模型不能完全消除残差中的非对称性，那么包含一些额外的空间成分可能是有必要的。这为下面章节的理论提供了视野。

3.6 一般SARAR（1，1）模型

3.6.1 概　述

首先，考虑方程（3.1）和方程（3.2），假设$\beta=0$，则有

$$y=\lambda Wy+u \qquad |\lambda|<1 \tag{3.61}$$

$$u=\rho Wu+\varepsilon \qquad |\rho|<1 \tag{3.62}$$

由此可知：

$$(I-\lambda W)y=u \qquad y=(I-\lambda W)^{-1}u \tag{3.63}$$

以及

$$(I-\rho W)u=\varepsilon \qquad u=(I-\rho W)^{-1}\varepsilon \tag{3.64}$$

结合方程（3.63）和方程（3.64），我们有

$$y=(I-\lambda W)^{-1}(I-\rho W)^{-1}\varepsilon \tag{3.65}$$

由此可得：

$$\begin{aligned}E(yy^T)&=E[(I-\lambda W)^{-1}(I-\rho W)^{-1}\varepsilon\varepsilon^T(I-\lambda W)^{-T}(I-\rho W)^{-T}]\\&=\sigma_\varepsilon^2(I-\lambda W)^{-1}(I-\rho W)^{-1}(I-\lambda W)^{-T}(I-\rho W)^{-T}\\&=\sigma_\varepsilon^2\Omega\end{aligned} \tag{3.66}$$

因此，Ω的逆现在是：

$$\begin{aligned}\Omega^{-1}&=(I-\lambda W^T)(I-\rho W^T)(I-\rho W)(I-\lambda W)\\&=[I-(\lambda+\rho)W^T+\lambda\rho W^TW^T]\\&\quad\times[I-(\lambda+\rho)W^T+\lambda\rho W^TW^T]^T\end{aligned} \tag{3.67}$$

其中，参数λ和ρ以和以及积的形式存在，因此它们不能被明确识别。在文献中，由于这个事实的存在，因而不建议实践中使用方程（3.61）和方程（3.62）

这种完整模型。然而，Kelejian 和 Prucha（1998）证明：只在 $\beta=0$ 时会发生这种情况，而在 $\beta\neq0$ 时并不会这样，空间计量经济学感兴趣的一般情况通常也是 $\beta\neq0$。此时，我们能定义更为一般的空间模型，这个模型包含第 3.4 节和第 3.5 节讨论的空间滞后模型和空间误差模型。如前所述，这个模型被 Kelejian 和 Prucha（1998）称为 SARAR(1，1）模型，但在文献中又称一般空间模型（Anselin，1988）或者 SAC 模型（LeSage and Kelly，2009）。

如果考虑一般的 SARAR 模型，则有

$$y=Z\beta+\lambda Wy+u \qquad |\lambda|<1 \tag{3.68}$$

$$u=\rho Wu+\varepsilon \qquad |\rho|<1 \tag{3.69}$$

式中，$\varepsilon|X\sim \text{i.i.d.}\ N(0,\ \sigma^2_{\varepsilon n}I_n)$。

模型（3.68）和模型（3.69）存在两个主要的估计问题。首先，与此前章节中检验的 *SLM* 情况类似，由于滞后项 Wy 的存在，我们有内生性的问题。其次，由于方程（3.69）中的随机扰动项存在自回归，除非 ρ 值已知，否则不能直接使用 GLS 估计。此时，可利用下面的替代估计方法：

（1）极大似然法。

（2）两阶段最小二乘法的空间形式（GS2SLS)。

（3）Lee 工具变量估计（LIV)。

极大似然法是可行的，但它存在局限，没有正式的证明显示估计量表现出一般大样本的最优性质。GS2SLS 估计并不是完全有效的。LIV 估计比 GS2SLS 估计更有效，尽管其得到的有效性是有限的。三种替代的估计法将在后面依次讨论。

3.6.2 极大似然估计

我们再一次考虑方程（3.1）和方程（3.2）中的完整模型：

$$y=Z\beta+\lambda Wy+u \qquad |\lambda|<1 \tag{3.70}$$

$$u=\rho Wu+\varepsilon \qquad |\rho|<1 \tag{3.71}$$

根据方程（3.70），我们有

$$E(y)=(I-\lambda W)^{-1}Z\beta \tag{3.72}$$

同时

$$\begin{aligned}E(yy^T)&=E[(I-\lambda W)^{-1}(I-\rho W)^{-1}\varepsilon\varepsilon^T(I-\lambda W)^{-T}(I-\rho W)^{-T}]\\&=\sigma_\varepsilon^2(I-\lambda W)^{-1}(I-\rho W)^{-1}(I-\lambda W)^{-T}(I-\rho W)^{-T}\\&=\sigma_\varepsilon^2\Omega\end{aligned} \tag{3.73}$$

因此，要保持扰动项正态性的假设，我们有

$$y\sim N[(I-\lambda W)^{-1}X\beta;\ \sigma_\varepsilon^2\Omega] \tag{3.74}$$

现在，回忆方程（3.50）中行列式 $|\sigma_\varepsilon^2\Omega|$ 的简化，似然函数很容易推导出来：

$$\begin{aligned}L(\sigma^2,\rho,\lambda,\beta;y)=&\operatorname{const}(\sigma_\varepsilon^2)^{-\frac{n}{2}}|I-\lambda W||I-\rho W|\\&\times\exp\{-\frac{1}{2\sigma_\varepsilon^2}[y-(I-\rho W)^{-1}Z\beta]^T\\&\times\Omega^{-1}[y-(I-\rho W)^{-1}Z\beta]\}\end{aligned}$$

同时，对数似然函数为：

$$\begin{aligned}l(\sigma^2,\rho,\lambda,\beta;y)=&\operatorname{const}-\frac{n}{2}\ln(\sigma_\varepsilon^2)+\ln|I-\lambda W|+\ln|I-\rho W|\\&-\frac{1}{2\sigma_\varepsilon^2}[y-(I-\lambda W)^{-1}Z\beta]^T(I-\lambda W)^T\\&\times(I-\rho W)^T(I-\rho W)(I-\lambda W)\\&\times[y-(I-\lambda W)^{-1}Z\beta]\end{aligned} \tag{3.75}$$

此外，因为 $(I-\lambda W)[y-(I-\lambda W)^{-1}Z\beta]=(I-\lambda W)y-Z\beta$，我们最终得到：

$$\begin{aligned}l(\sigma^2,\rho,\lambda,\beta;y)=&\operatorname{const}-\frac{n}{2}\ln(\sigma_\varepsilon^2)+\ln|I-\lambda W|+\ln|I-\rho W|\\&-\frac{1}{2\sigma_\varepsilon^2}[(I-\rho W)(y-Z\beta-\lambda Wy)]^T\\&\times[(I-\rho W)(y-Z\beta-\lambda Wy)]\end{aligned} \tag{3.76}$$

一般来说，这个方程只能通过数值上的最大化来推导未知参数的估计量。

通过下述变换，此前的表达式可以改写成另一种方式，这个变换在文献中称作空间 Cochrane-Orcutt 转换：

$$y^{*} = (I-\rho W)y$$

和

$$Z^{*} = (I-\rho W)Z$$

通过这种变换，对数似然函数变为：

$$l(\sigma^2, \rho, \lambda, \beta; y) = \text{const} - \frac{n}{2}\ln(\sigma_\varepsilon^2) + \ln|I-\lambda W| + \ln|I-\rho W| - \frac{1}{2\sigma_\varepsilon^2}[y^{*} - Z^{*}\beta - \lambda W y^{*}]^T \times [y^{*} - Z^{*}\beta - \lambda W y^{*}] \tag{3.77}$$

如前所述，目前还没有能够正式证明上述 ML 估计量也具有一般大样本 ML 估计量的最优性质。由于这个原因（同时，为了克服大样本中对数行列式的计算问题），文献建议使用空间形式的两阶段最小二乘法，我们将在下一节讨论这个方法。

3.6.3　广义空间两阶段最小二乘法（GS2SLS）

广义空间两阶段最小二乘法由 Kelejian 和 Prucha（1998）提出，并且同时考虑了 Wy 的内生性问题和随机扰动项的空间相关性问题。它是第 3.5.3 节中用于处理空间滞后模型的 2SLS 方法的拓展，但它结合了第 3.4.3 节中的 GMM 估计量来处理扰动项中的空间相关结构。

GS2SLS 估计可以由下述步骤得到：

第一步：首先得到参数 β 和 λ 的一致估计，记为 $\tilde{\beta}$ 和 $\tilde{\lambda}$。

第二步：使用这些估计量得到方程（3.70）中 u 的估计，记为 $\hat{u}$ 。

第三步：使用 $\hat{u}$ 估计方程（3.71）中的 ρ，记为 $\hat{\rho}$ 。

第四步：使用 $\hat{\rho}$ 把模型转换为：

$$(I-\hat{\rho}W)y = (I-\hat{\rho}W)Z\beta + \varepsilon$$

第五步：最后，使用 2SLS 估计这个转换模型的参数。其中，转换变量 $Z^* = (I-\hat{\rho}W)Z$；$WZ^* = W(I-\hat{\rho}W)Z$ 和 $W^2Z^* = W^2(I-\hat{\rho}W)Z$ 被作为工具变量。

接下来，详细论述上述几个步骤。

第一步：将 Z 和 WZ 作为工具变量，通过 2SLS 来估计方程（3.70）中的参数可能导致内生性的问题。选择这两个工具变量的理由与第 3.4.3 节中描述的一样。让我们把得到的估计量记为 $\tilde{\beta}$ 和 $\tilde{\lambda}$。

第二步：从方程（3.68）可推导出：

$$\hat{u} = y - Z\tilde{\beta} - \tilde{\lambda}WY \tag{3.78}$$

因此，我们定义：

$$\hat{\hat{u}} = W\hat{u} \tag{3.79}$$

$$\bar{u} = W^2\hat{u} \tag{3.80}$$

第三步：通过第 3.5.3 节中介绍的广义矩方法以及使用方程（3.38）中包含的矩条件，使用方程（3.78）～方程（3.80）中的表达式得到 ρ 的一致估计。我们把得到的 ρ 的一致估计量记为 $\hat{\rho}$。

第四步：使用第三步得到的 $\hat{\rho}$ 的估计将原模型转化为：

$$(I-\hat{\rho}W)y = (I-\hat{\rho}W)(Z\beta - \lambda Wy) + \varepsilon \tag{3.81}$$

第五步：最后，使用 2SLS 估计方程（3.81）中的 β 和 λ，其中的 $H=[X, WX, W^2X]$ 是作为工具变量。这样，我们得到：

$$\tilde{\delta}_{GS2SLS} = [\hat{Q}^{*T}Q]\hat{Q}^{*T}y^* \tag{3.82}$$

式中，$\delta \equiv [\beta, \lambda]$，$Q=[Z, Wy]$，$Q^* = (I-\hat{\rho}W)Q$ 以及 $\hat{Q}^* = H(H^TH)^{-1}H^TQ^*$。Kelejian 和 Prucha（1998）表明，在该模型的假定下，GS2SLS 估计量是一致的并且其渐进方差等于：

$$\sigma_\varepsilon^2[\hat{Q}^{*T}\hat{Q}^*]^{-1} \tag{3.83}$$

3.6.4 完全有效的 Lee 估计

尽管 GS2SLS 估计量是一致的，但已经证明它不是渐进完全有效的。为了解决这个问题，Lee（2003）提出了一个渐进有效的替代估计量，文献中将其简称为最可行 GS2SLS 或者 BFGS2SLS。

在建议的步骤中，最优工具矩阵的定义如下：

$$\bar{Q}^* = (I - \tilde{\rho}W)[Z, W(I - \tilde{\lambda}W)^{-1}Z\tilde{\beta}] \quad (3.84)$$

在第 3.6.3 节的符号规则下，BFGS2SLS 估计可定义为：

$$\tilde{\delta}_{BFGS2SLS} = [\bar{Q}^{*T}Q^*]^{-1}\bar{Q}^{*T}y^* \quad (3.85)$$

这个估计量在理论上达到了大样本中方差的下界。方程（3.84）中对工具变量的计算在大样本中的操作具有挑战性，然而，尽管 Lee（2003）自行推导出一个数值算法，但他同样建议使用一个替代的、计算更为简单的估计量。Kelejian 等(2004) 表明在小样本的仿真研究中，BFGS2SLS 以及它的简化形式与 GS2SLS 在有效性上没有实质区别。

例 3.4　波士顿房价的决定因素（续）

在例 3.3 中，我们使用空间滞后模型来解释波士顿 506 个普查区房屋价格的空间变化。该估计并不能令人完全满意，无论是使用 ML 方法还是 2SLS 方法，回归残差中都显著存在正的空间相关性。让我们重新估计同一模型，并将其设定为 SARAR（1，1）。

首先，与往常一样，我们使用极大似然方法（第 3.6.2 节）估计模型。其结果见下表：

参数	估计值	标准误	t 检验	p 值
λ	0.072 404	0.093 996	0.770 29	0.441 13
ρ	0.526 12	0.114 1	4.611	4.006 8e−06***
Intercept	38.247 260 6	6.053 917 0	6.317 8	2.654e−10***
CRIM	−0.116 453 9	0.032 536 4	−3.579 2	0.000 344 7***
RM	3.836 395 8	0.407 482 0	9.414 9	<2.2e−16***
INDUS	−0.006 942 2	0.061 786 7	−0.112 4	0.910 539 6
NOX	−19.458 967 2	4.141 700 0	−4.698 3	2.623e−06***
AGE	−0.017 712 9	0.014 040 7	−1.261 5	0.207 114 6
DIS	−1.463 750 6	0.260 941 3	−5.609 5	2.029e−08***
RAD	0.321 687 2	0.072 669 6	4.426 7	9.568e−06***

续前表

参数	估计值	标准误	t 检验	p 值
PTRATIO	−1.025 180 7	0.137 980 9	−7.429 9	1.088e−13***
B	0.009 878 6	0.002 644 0	3.736 2	0.000 186 8***
LSTAT	−0.516 281 2	0.049 670 7	−10.394 1	<2.2e−16***
TAX	−0.011 229 2	0.003 852 8	−2.914 5	0.003 562 2***

显著性标注：0' *** '0.001' ** '0.01' * '0.05'.'0.1''1。

$\rho = 0.526\ 12$ $\quad$ LR 检验 $= 26.375$ $\quad$ JB 检验 $= 1\ 085.642$

(p 值 $= 1.873\ 4e-06^{***}$)(p 值 $= 2.2e-16^{***}$)

$AIC = 3\ 022.9$ $\quad$ $BIC = 3\ 086.249$

从变量的显著性和符号来看，上述结果与例 3.3 的估计结果具有可比性。与残差空间自相关有关的参数 ρ 为正且显著不为零，而参数 λ 同样为正，但并非显著不为零。让我们进一步考虑同一模型的结果，但使用第 3.6.3 节中的广义空间两阶段最小二乘法。其结果见下表：

参数	估计值	标准误	t 检验	p 值
λ	0.168 587 2	0.082 470 6	2.044 2	0.040 932 8**
Intercept	33.871 139 6	5.981 241 3	5.662 9	1.488e−08***
CRIM	−0.109 676 7	0.032 924 2	−3.331 2	0.000 864 8***
RM	3.818 755 2	0.415 582 4	9.188 9	<2.2e−16***
INDUS	−0.006 438 2	0.062 458 9	−0.103 1	0.917 900 0
NOX	−17.188 568 7	4.139 903 3	−4.151 9	3.297e−05***
AGE	−0.011 243 8	0.013 879 5	−0.810 1	0.417 882 7
DIS	−1.397 578 7	0.228 252 5	−6.122 9	9.186e−10***
RAD	0.315 658 7	0.071 301 9	4.427 1	9.552e−06***
PTRATIO	−1.000 255 2	0.138 472 6	−7.223 5	5.067e−13***
B	0.009 812 7	0.002 684 9	3.654 8	0.000 257 4***
LSTAT	−0.519 583 8	0.050 531 2	−10.282 4	<2.2e−16***
TAX	−0.011 059 6	0.003 840 2	−2.880 0	0.003 977 2***

显著性标注：0' *** '0.001' ** '0.01' * '0.05'.'0.1''1。

$\rho = 0.358\ 68$

JB 检验 $= 1\ 129.996$(p 值 $= 2.2e-16^{***}$)

基于两阶段最小二乘法的估计实际上从变量的符号和显著性方面证实了 ML 估计的结论。特别地，它验证了每个城镇非零售商业区的比重（*INDUS*）和地区内老建筑的存在（*AGE*）对房价的中位数没有显著影响。最后，参数 ρ

的显著性也得到了验证。非正态性残差的存在表明我们需要使用 GSTSLS 方法，这个方法不需要满足正态性假设。使用替代的估计方法可以看到，在 ML 估计中不显著的参数 λ 同样是显著不为零的。

3.7 在明确的备择假设下检验残差中的空间自相关

第 2.3.4 节讨论了检验 OLS 回归残差中不存在空间相关性假设的莫兰 I 统计量（Moran，1950）。这个检验统计量的一个缺陷是没有与原假设对立的明确备择假设形式。本章将介绍一些经典线性回归模型的替代构建方法，这些替代方法基于在处理空间样本中可能观察到空间相关性的各种方法。这些模型可以在检验步骤中设置一个对不相关性的明确备择假设。因此，这个问题现在可以更系统地解决。

当我们在空间滞后或者空间误差形式下都可以做出明确的备择假设，并且在随后的估计中使用极大似然方法时，就可以采用拉格朗日乘数检验（见第 1.1 节）。此外，对于这一节中处理的所有空间模型，可以考虑一个修正的莫兰 I 统计量。这两个替代方法将在第 3.7.1 节和第 3.7.2 节中介绍。

3.7.1 使用 SEM 或者 SLM 作为备择假设检验残差中的空间自相关

首先，我们考虑拉格朗日乘数检验的一般形式［见方程（1.35）］：

$$LM = s(\theta_0)^T I(\theta_0)^{-1} s(\theta_0) \tag{3.86}$$

式中，θ_0 为参数向量；$s(\theta_0)=\dfrac{\partial L(\theta)}{\partial \theta}$ 为得分函数，并且 $I(\theta_0)=E\left[\dfrac{\partial^2 L(\theta)}{\partial\theta\partial\theta^T}\right]$ 是与没有空间相关性原假设下的似然函数 $L(\theta)$ 对应的费雪信息矩阵。

当设定备择假设为空间误差模型时，此对数似然函数假定该表达式可由方程（3.23）推导出来。那么，此时方程（3.86）设定了明确的表达式：

$$LM_{\text{SEM}} = \frac{n^2}{\operatorname{tr}(W^T W + WW)} \left[\frac{\hat{\varepsilon}^T W \hat{\varepsilon}}{\hat{\varepsilon}^T \hat{\varepsilon}} \right]^2 \tag{3.87}$$

正如 Burridge（1980）所演示的，这就是莫兰 I 检验的简单平方。因此，使用莫兰 I 检验或者 LM 检验会得到相同的推断结果。

相应地，当备择假设设定为空间滞后模型的形式时，对数似然函数假定该表达式可由方程（3.52）推导出来，并且方程（3.86）变为：

$$LM_{\text{LAG}} = \frac{n^2}{Q} \left[\frac{\hat{\varepsilon}^T W y}{\hat{\varepsilon}^T \hat{\varepsilon}} \right]^2 \tag{3.88}$$

式中，$Q = (WX\hat{\beta})^T (I - M_x) \frac{WX\hat{\beta}}{\hat{\sigma}_\varepsilon^2} + T$，$M_x = X(X^T X)X^T$，$T = \operatorname{tr}(W^T W + WW)$，并且 $\hat{\beta}$ 和 $\hat{\sigma}_\varepsilon^2$ 代表方程（3.45）中对应参数的极大似然估计量。有时，我们会考虑误差的空间自回归和移动平均结构作为备择假设。不过，这里不做详细介绍。LM_{SEM} 和 LM_{LAG} 都有渐进分布，在原假设下，渐进分布服从自由度为 1 的卡方分布。然而，这两个检验统计量不是互相独立的，因此，其中只有一个检验统计量能检验误差项服从 SEM 模型并假定不存在空间滞后形式的备择假设，反之亦然。因此，Anselin 等(1996）提出了两个检验的稳健形式：

$$RLM_{\text{SEM}} = \frac{1}{T(1 - TQ)} \left[\frac{n\hat{\varepsilon}^T W \hat{\varepsilon}}{\hat{\varepsilon}^T \hat{\varepsilon}} - TQ^{-1} \frac{n\hat{\varepsilon}^T W y}{\hat{\varepsilon}^T \hat{\varepsilon}} \right]^2 \tag{3.89}$$

它使用空间误差模型作为备择假设并且相应的

$$RLM_{\text{LAG}} = \frac{1}{Q - T} \left[\frac{n\hat{\varepsilon}^T W \hat{\varepsilon}}{\hat{\varepsilon}^T \hat{\varepsilon}} - \frac{n\hat{\varepsilon}^T W y}{\hat{\varepsilon}^T \hat{\varepsilon}} \right]^2 \tag{3.90}$$

使用空间滞后模型作为备择假设。

3.7.2 使用空间模型作为备择假设检验残差的空间自相关：修正的莫兰 I 检验

在第 2.2 节中，我们考虑了由 Moran（1950）引入的、由 Cliff 和 Ord（1972）深入研究的统计量来检验回归残差中没有空间相关性的假设。为了方便读者，我们再次写出这个统计量：

$$I = \frac{n\hat{\varepsilon}^T W \hat{\varepsilon}}{\hat{\varepsilon}^T \hat{\varepsilon}\left[\sum_i \sum_j w_{ij}\right]} \tag{3.91}$$

式中，$\hat{\varepsilon}$ 为模型的残差。最近，Kelejian 和 Prucha（2001）批判了这个方法，他们认为：从理论上说，Cliff 和 Ord（1972）使用的标准化因子在没有空间相关性的原假设下推导期望和方差并不合乎情理。实际上，方程（3.91）的分母代表分子中出现的二次方形式标准差的估计，并且可以证明是不一致的。因此，他们提出了一个不同的标准化因子，消除了这个不一致性并且使得方差标准化为 1。一般来说，替代的莫兰检验假定下面的表达式［见 Kelejian and Prucha (2001)］：

$$\bar{I} = \frac{\hat{\varepsilon}^T W \hat{\varepsilon}}{\tilde{\sigma}^2} \tag{3.92}$$

式中，$\tilde{\sigma}^2$ 为标准化因子，取决于备择假设选择的特定模型。特别地，如果备择假设是由空间误差模型构建的，则标准化因子假定为：

$$\tilde{\sigma}^2 = \frac{\hat{\varepsilon}^T \hat{\varepsilon}\ \{\mathrm{tr}[(W^T + W)W]\}^{-\frac{1}{2}}}{n} \tag{3.93}$$

式中，tr(A) 代表矩阵 A 的迹，也就是主对角线元素之和。因此，检验统计量可定义为：

$$\bar{I} = \frac{n\hat{\varepsilon}^T W \hat{\varepsilon}}{\hat{\varepsilon}^T \hat{\varepsilon}\ \{\mathrm{tr}[(W^T + W)W]\}^{-\frac{1}{2}}} \tag{3.94}$$

如果权重矩阵是二元变量（0 和 1），此时 $w_{ij} = w_{ij}^2$，也就是 $\sum_i \sum_j w_{ij} = \{\mathrm{tr}[(W^T + W)W]\}^{-\frac{1}{2}}$，那么方程（3.91）和方程（3.94）这两个表达式是一致的。

相反，在 SARAR（1，1）模型中，标准化因子可以用下面的方法推导。再次考虑 SARAR 模型的两个方程；

$$y = \lambda W y + X\beta_{(1)} + WX\beta_{(2)} + u = Q\delta + u \qquad |\lambda| < 1 \tag{3.95}$$

$$u = \rho W u + \varepsilon \qquad |\rho| < 1 \tag{3.96}$$

与往常一样，我们现在设 $Q=[Z, Wy]$；$Z=[X, WX]$，$\delta^T=[\beta^T, \rho^T]$ 以及 $\beta^T=[\beta^T_{(1)}, \beta^T_{(2)}]$，同时我们再一次假定第 3.4.3 节中描述的 GMM 方法的前提条件成立。进一步考虑方程（3.82）所推导出的一般空间两阶段最小二乘估计：

$$\tilde{\delta}_{GS2SLS}=[\hat{Q}^{*T}Q]\hat{Q}^{*T}y^* \tag{3.97}$$

式中，$\hat{Q}^*=H(H^TH)^{-1}H^TQ^*$，并且工具矩阵 $H=[X, WX, W^2X]$，同时我们进一步指出 GS2SLS 的残差 $\hat{\varepsilon}=y-Q\tilde{\delta}$。为了检验残差不存在空间自相关的原假设（也就是 $\rho=0$）和对应的备择假设 $\rho\neq 0$，Kelejian 和 Prucha（2001）推导出下述标准化因子：

$$\tilde{\sigma}^2=n^{-2}(\hat{\varepsilon}^T\hat{\varepsilon})^2\{\mathrm{tr}[(W^T+W)W]+(n^{-1}\hat{\varepsilon}^T\hat{\varepsilon})\hat{c}^T\hat{c}\}^{-\frac{1}{2}} \tag{3.98}$$

把它代入方程（3.92），得到下述修正的莫兰 I 检验统计量：

$$\bar{I}=\frac{\hat{\varepsilon}^TW\hat{\varepsilon}}{n^{-2}(\hat{\varepsilon}^T\hat{\varepsilon})^2\{\mathrm{tr}[(W^T+W)W]+(n^{-1}\hat{\varepsilon}^T\hat{\varepsilon})\hat{c}^T\hat{c}\}^{-\frac{1}{2}}} \tag{3.99}$$

在此，除了此前介绍的符号外，我们定义 $\hat{c}=-H\hat{P}\hat{a}$，$\hat{P}=\left(\frac{H^TH}{n}\right)^{-1}\frac{H^T\hat{Q}^*}{n}\left(\frac{\hat{Q}^{*T}\hat{Q}^*}{n}\right)^{-1}$ 以及 $\hat{a}=\frac{\hat{Q}^{*T}(W+W^T)\hat{\varepsilon}}{n}$。Kelejian 和 Prucha（2001）证明了修正的莫兰 I 检验收敛于标准正态分布，即使是在不满足误差项正态的先验假定时也是这样。尽管在大样本下，$\bar{I}\sim N(0, 1)$，在小样本下，它的期望值和方差可能是不同的。它们的正式表达式推导见 Kelejian 和 Prucha（2001）。

例 3.5　菲利普斯曲线（续）

我们再次考虑例 2.4 中讨论的 20 个意大利地区菲利普斯曲线的估计。OLS 估计得到模型 $\Delta unempl=-9.827+8.746\Delta prices$，并且回归残差（使用基于邻近的权重矩阵）的莫兰 I 检验（0.321 260 7）认为以 94%的概率不显著为零。我们知道，莫兰 I 检验没有明确的备择假设。现在，我们检验残差没有空间相关性的假设，并使用空间滞后和空间误差作为不存在空间相关性的明确备择假设。其结果见下表：

检验统计量	检验值	p 值
LM_{ERR}	2.863 3	0.090 623 5
LM_{LAG}	12.772 2	0.000 351 8***
RLM_{ERR}	1.717 0	0.190 078 5
RLM_{LAG}	11.626 0	9.000 650 4***

该表明确显示，如果与空间误差模型相比［与 Burridge（1980）预期并演示的一致］，LM 检验验证了莫兰 I 检验的发现，残差中没有显著的空间相关性。然而，如果与空间滞后模型相比，误差的空间独立假设不被接受。这两个检验的稳健形式实际上证明了这些发现。

3.8 空间计量模型中的参数解释

在标准的线性回归模型中，回归参数都很容易解释，它们代表被解释变量 y 和相应解释变量的偏导数：

$$\beta_i = \frac{\partial y_i}{\partial X_i} \tag{3.100}$$

因此，它们能被直接解释为单一解释变量 X_i 增加一个单位所导致的变量 y 的变化。

然而，在本章的空间计量模型中，参数不能这样直接解释并且需要一些说明。实际上，在地区 i 观测到的变量 X 的变化不仅对同一地区的变量 y 的取值有影响，而且对其他地区的变量 y 的取值有影响。例如，考虑例 2.3 中的奥肯定律模型。该模型预期 GDP 水平的提高会导致失业率的下降。同时，考虑一个简单的空间滞后模型。该模型可以表示为：

$$\Delta unempl_i = \beta_0 + \beta_1 \Delta \text{GDP}_i + \lambda \sum_{j=1}^{n} w_{ij} \Delta unempl_i \tag{3.101}$$

此时，地区 i 的 GDP 增加立刻引起当地失业率的下降。此外，在该框架下给定空间的自回归机制，则地区 i 失业率水平的变化通常会导致其他相邻地区失业率水平的变化，因此必须同时评价所有的影响。在文献中，Kelejian 等(2006) 以及 LeSage 和 Pace (2009) 探讨了这个话题。这个问题正式的解决方案由每个模型求偏导数 [见方程 (3.100)] 组成。例如，在空间滞后模型的情况下：

$$y = \lambda W y + X\beta + u \qquad |\lambda| < 1 \tag{3.102}$$

同样可以写为简化的形式：

$$y = (I - \lambda W)^{-1} X\beta + (I - \lambda W)^{-1} u \tag{3.103}$$

则有

$$E(y) = (I - \lambda W)^{-1} X\beta \tag{3.104}$$

每个变量 X 对 y 的影响可以通过偏导数 $\frac{\partial E(y)}{\partial X}$ 描述，这个偏导数可以表示为下述矩阵：

$$\frac{\partial E(y)}{\partial X} = S = \begin{bmatrix} \frac{\partial E(y_1)}{\partial X_1} & \cdots & \frac{\partial E(y_i)}{\partial X_n} \\ \vdots & & \vdots \\ \frac{\partial E(y_n)}{\partial X_1} & \cdots & \frac{\partial E(y_n)}{\partial X_n} \end{bmatrix} \tag{3.105}$$

它的单一元素可定义为：

$$s_{ij} = \frac{\partial E(y_i)}{\partial X_j} \tag{3.106}$$

在此基础上，LeSage 和 Pace (2009) 提出了下述衡量影响的方法，这个计算方法包括模型中的每个自变量 X_i：

1. 一个综合衡量，称为平均直接影响。这种衡量是指每个观测单位的 X_i 对 y_i 的平均总影响；简单来说，就是矩阵 S 对角线上元素的平均值：

$$ADI = n^{-1} \mathrm{tr}(S) = n^{-1} \sum_{i=1}^{n} \frac{\partial E(y_i)}{\partial X_i} \tag{3.107}$$

2. 衡量所有其他观测单位对单个观测单位的影响，称为一个观测单位的平均总影响。对于每个观测单位，计算矩阵 S 第 i 行的元素和：

$$ATIT_j = n^{-1}\sum_{i=1}^{n} s_{ij} = n^{-1}\sum_{i=1}^{n}\frac{\partial E(y_i)}{\partial X_j} \tag{3.108}$$

3. 衡量一个观测单位对所有其他观测单位的影响，称为来自一个观测单位的平均总影响。对于每个观测单位，计算矩阵 S 第 j 列的元素和：

$$ATIF_i = n^{-1}\sum_{j=1}^{n} s_{ij} = n^{-1}\sum_{j=1}^{n}\frac{\partial E(y_i)}{\partial X_j} \tag{3.109}$$

4. 从前两个衡量指标得到一个平均影响的全面衡量：

$$ATI = n^{-1}i^{T}S_i = n^{-1}\sum_{j=1}^{n} ATIT_i = n^{-1}\sum_{j=1}^{n} ATIF_j \tag{3.110}$$

简单来说，就是矩阵 S 所有元素的平均值。

5. 由 ATI 和 ADI 的差得到平均直接影响的衡量：

$$AII = ATI - ADI \tag{3.111}$$

也就是矩阵 S 所有非对角线元素的平均值。

通过把方程（3.103）中的表达式替代为合理的简化形式，可以很容易地得到相应 SARAR 模型的影响评测。

例 3.6　意大利的奥肯定律（续）

为了演示上面描述的衡量冲击的方法，我们再次考虑第二章中例 2.3 描述的 20 个意大利地区的奥肯定律。在这个例子中，我们忽略了空间效应，而是直接用简单的 OLS 方法估计这个模型，但我们观测到了明显的残差相关性。现在，基于例 2.3 用于计算莫兰 I 统计量的同样的 W 矩阵（也就是一个行标准化的 W 矩阵，它基于修正了孤岛的邻近准则），我们以空间滞后形式重新估计该模型并且计算了第 3.8 节描述的各种影响，其结果见下表。为了比较，我们给出了 OLS 估计结果。

	OLS	空间滞后模型
截距	10.971***	3.122 75***
GDP	−3.326***	−1.135 32***
λ	—	0.747 6***
ADI	—	−1.542 448
AII	—	−2.955 71
ATI	—	−4.498 159

在 OLS 的框架下，对参数的解释是十分直接的：如果我们观测到一个地区 GDP 一个单位的增长，我们预期这个地区的失业会降低 3.326 个单位。在空间滞后的框架下以同样的方法解释回归斜率是不对的。GDP 一个单位的增长并不“直接”导致失业降低 1.135 32 个单位，而是 1.542 448 个单位（见表中的 *ADI*）。此外，给定一个地区 GDP 增长对所有其他地区的外溢的“直接”影响（与空间滞后机制是一个性质），一个地区 GDP 增长一个单位导致的“总”影响，平均来说，使得失业降低 4.498 159 个单位（*ATI*）。因此，如果我们考虑一个空间滞后模型，而不是考虑一个传统的空间模型，由于前者包含地区传导机制，因此实际上这个影响应该更大。

3.9 R 代码：线性空间模型的估计

本节中所有与程序相关的 R 命令都包含在 spdep 程序包中，所有的命令与第 1.4 节中介绍的回归命令都十分相似并且可以直接应用。在所有的情况下，我们都假定估计一个基本模型 $y=\beta_0+\beta_1 x+\beta_2 z+\varepsilon$（带有相关的空间滞后或空间误差，或者两者都有），使用第 2.3 节介绍的程序生成权重矩阵 W。与此同时，我们假定变量 y、x、z 的观测数据被存储在名为 filename 的文件中。如果数据被存在动态的 R 会话中，则所有的设定都可以省略。一旦模型（记为 model）被估计出来，我们就可以得到估计的概要输出，与往常一样，输入：

```
> summary(model)
```

首先，如果我们想估计纯自回归模型的参数，相应的命令为：

```
> model0<-spautolm(x~1, data=filename, listw=W)
```

它提供了这个估计问题的 ML 解。

如果我们想使用极大似然准则(见第 3.4.2 节)估计空间误差模型，可使用命令：

```
> model1<-errorsarlm(formula=y~x+z, data=filename, listw=W)
```

相应地，使用可行广义最小二乘法（见第 3.4.3 节）估计空间误差模型，可使用下面的命令

```
> model2<-GMerrorsar (formula=y~x+z, data=filename, listw=W)
```

在处理空间滞后模型时，如果我们希望使用 ML 方法（见第 3.5.2 节），可使用命令：

```
> model3<-lagsarlm(formula=y~x+z, data=filename, listw=W)
```

如果我们要加入选项，可使用命令：

```
> model3<-lagsarlm(formula=y~x+z, data=filename, listw=W, type="mixed")
```

它表示我们考虑加入所有解释变量的空间滞后项的空间滞后模型。

相反，如果我们希望通过两阶段最小二乘法估计空间滞后模型，可使用命令：

```
> model4<-stsls (formula=y~x+z, data=filename, listw=W)
```

最后，使用 ML 方法（见第 3.6.2 节）估计 SARAR 模型的参数，可使用命令：

```
> model5<-sacsarlm(formula=y~x+z, data=filename, listw=W)
```

此外，使用广义空间两阶段最小二乘法估计同一模型，可输入命令：

```
> model6 <-gstsls(Y~x+z, listw=w)
```

在特定备择假设下计算回归残差的自相关检验，可使用命令：

```
>lm.LMtests(Model1, listw=W, test="all")
```

通过这个命令，我们使用空间误差或者空间滞后模型作为备择假设（见第 3.7 节中的 LM_{SEM} 和 LM_{LAG}）以及使用它们的稳健形式（RLM_{SEM} 和 RLM_{LAG}）或修正的莫兰 I 检验（I_n）计算 LM 检验。

请注意，如果我们估计了一个空间滞后模型并且想检验残差中是否仍存在空间自相关，通过 lagsarlm 程序不加参数的默认输出可得到一个 LM 检验方法。

最后，对于第3.8节描述的影响测评的计算，spdep库包含一个有关空间滞后模型的命令。如果这个模型被估计出来了（记为model3），并且我们能得到用于估计的 W 矩阵，我们就可以通过输入下述命令得到影响评估：

```
> impact <- impacts(model3, listw = W)
```

核心术语与概念

空间自相关

纯空间自回归

空间误差模型

空间滞后模型

带有自回归误差模型的空间自回归

滞后解释变量模型

空间误差模型估计的极大似然解

Ord分解

空间误差模型估计的可行广义最小二乘解

广义矩估计

空间滞后模型估计的极大似然解

空间滞后模型估计的两阶段最小二乘解

SARAR模型估计的极大似然解

SARAR模型估计的广义空间两阶段最小二乘解

Lee工具变量估计

Cochrane-Orcutt转换

最适可行广义空间两阶段最小二乘估计

带有空间滞后变量回归残差的Rao得分检验（拉格朗日乘数）

稳健的拉格朗日乘数检验

修正的莫兰 I 检验

影响测评

问　题

1. 使用莫兰 I 统计量检验回归残差没有空间自相关性的主要制约是什么？如何处理这个

制约？可用来替代的检验有哪些？

2. 在估计 SARAR 模型时，极大似然法和广义最小二乘法相应的优势及缺点是什么？

3. 在什么情况下第 3.4.3 节描述的方法是“可行”的？

4. 为什么在可行 GLS 中需要考虑矩方法？

5. 如何在空间中定义 Cochrane-Orcutt 转换？这个转换如何帮助模型的估计？

6. Ord 分解的目的是什么

7. 为什么我们使用莫兰 I 检验和拉格朗日乘数检验来检验空间相关性都能得到同样的推断结果？

8. 为什么需要考虑空间相关性拉格朗日乘数检验的稳健形式？

练　习

练习 3.1　下面的地图显示了 2012 年 7 月欧盟 27 个成员国的边界。

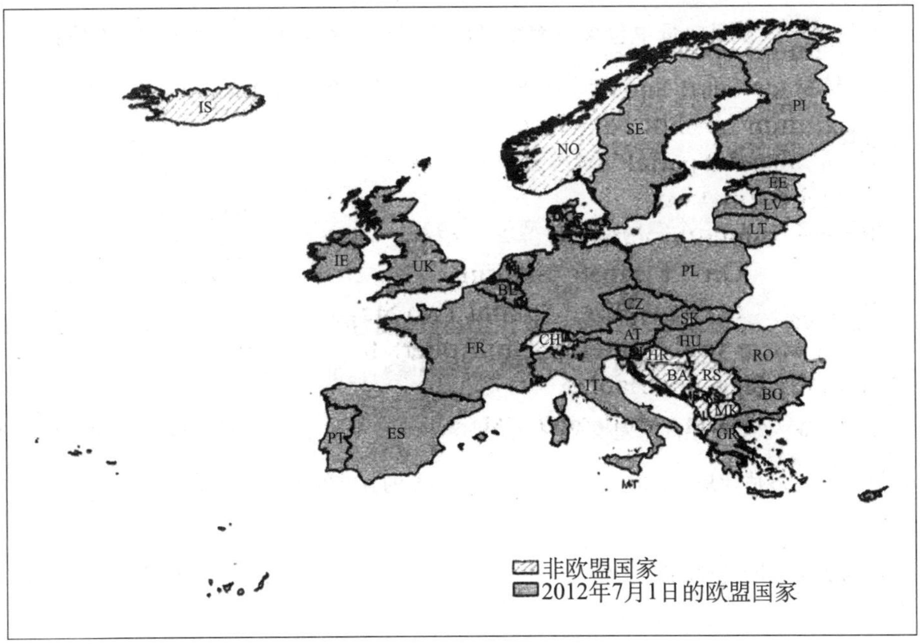

使用第 2.3.2 节演示的程序准备一个 .GAL 文件，并且在邻近准则下建立行标准化的 W 矩阵（与岛屿邻近的国家，即爱尔兰和英国、英国和法国、马耳他和意大利、塞浦路斯和希腊、芬兰与爱沙尼亚、丹麦与瑞典邻近）。下表显示了各国 2010—2011 年人均国内生产总值的增长以及 2009 年教育支出占 GDP 的比例。

国家代码	国家	2009 年教育支出占比（%）	2010—2011 年的增长	国家代码	国家	2009 年教育支出占比（%）	2010—2011 年的增长
BE	比利时	42	1.046 931 408	AT	奥地利	23.5	1.057 823
BG	保加利亚	27.9	1.058 252 427	PL	波兰	32.8	0.992 958
CZ	捷克共和国	17.5	1.041 237 113	PT	葡萄牙	21.1	1.037 234
DK	丹麦	40.7	1.072 131 793	RO	罗马尼亚	16.8	1.054 054
DE	德国	29.4	1.074 074 074	SI	斯洛文尼亚	31.6	1.118 227
EE	爱沙尼亚	35.9	1.170 068 027	SK	斯洛伐克	17.6	1.058 48
IE	爱尔兰	48.9	1.09	FI	芬兰	45.9	1.107 807
ES	西班牙	39.4	1.070 247 934	SE	瑞典	43.9	1.099 291
FR	法国	43.2	1.042 968 75	UK	英国	41.5	1.084 615
IT	意大利	19	1.069 672 131	EL	希腊	26.5	1.045 249
CY	塞浦路斯	44.7	1.059 574 468	LU	卢森堡	46.6	1.098 333
LT	立陶宛	40.6	1.191 176 471	LV	拉脱维亚	30.1	1.149 606
HU	匈牙利	23.9	1.045 751 634	MT	马耳他	21	1.020 202
NL	荷兰	40.5	1.083 870 968				

要检验教育促进了增长的假设，我们可以推测教育支出表现出一些空间形式。在理论上，我们也可以在回归量中包含教育变量的滞后值。使用极大似然法，首先估计一个 SARAR 模型，而后基于得到的结果，在空间滞后模型、空间误差模型以及完全 SARAR 模型中选择最好的模型。

练习 3.2 说明一个空间误差模型 $y_i = \beta X_i + u_i$；$u_i = \rho \frac{\sum_{j=1}^{n} w_{ij} u_j}{\sum_{j=1}^{n} w_{ij}} + \varepsilon_i$；$|\rho| < 1$；$\varepsilon_i \sim \text{i.i.d.}\ N(0, \sigma_\varepsilon^2)$ 能表示为带有额外空间滞后解释变量的空间误差模型。请解释，为何即使误差项 ε 具有良好性质，OLS 方法也不能为未知参数提供可靠的估计。

练习 3.3 说明在空间误差模型中，如果空间相关参数 ρ 和误差的方差 σ_ε^2 都已知，β 的 ML 估计与 GLS 估计是一致的。推导 GLS 解和误差的方差的明确表达式。

练习 3.4 说明空间滞后模型 $y_i = \lambda \frac{\sum_{j=1}^{n} w_{ij} y_i}{\sum_{j=1}^{n} w_{ij}} + \beta X_i + u_i$；$|\lambda| < 1$；$u_i | X \sim \text{i.i.d.}\ N(0,$

$\sigma_{un}^2 I_n$）能表示为一个纯自回归模型，其中的误差项（非零均值）和解释变量 y 合并作为（非随机）解释变量。

练习 3.5 考虑 SARAR 模型：

$$y_i = \lambda \frac{\sum_{j=1}^{n} w_{ij} y_i}{\sum_{j=1}^{n} w_{ij}} + u_i \qquad |\lambda| < 1$$

$$u_i = \rho \frac{\sum_{j=1}^{n} w_{ij} u_j}{\sum_{j=1}^{n} w_{ij}} + \varepsilon_i \qquad |\rho| < 1$$

式中，$u_i \mid X \sim \text{i. i. d.}\ N(0, \sigma_{un}^2 I_n)$，并且考虑 $\lambda = -\rho$ 的情况。说明在这种情况下，该模型可以简化为一个空间滞后模型的特定形式，讨论参数空间和 W 矩阵的形式。随后，推导 y 的方差—协方差矩阵以及相关的似然函数。

练习 3.6 再次考虑例 3.3 讨论的数据集和例 3.4 中相应的 506 个波士顿普查区房价中位数的决定因素。下载数据集：

```
>data(boston)
```

估计例 3.3 和例 3.4 中使用的模型，但将空间项设定为空间误差形式。使用极大似然法和可行 GLS 法。将获得的结果与例 3.3 和例 3.4 的结果进行比较。

本章参考文献

Anselin, L. (1988) *Spatial Econometric: Methods and Models*, Dordrecht: Kluwer Academic Publishers.

Anselin, L., Bera, A., Florax, R. and Yoon, M. (1996) "Simple Diagnostic Tests for Spatial Dependence", *Regional Science and Urban Economics*, 26: 77-104.

Arbia, G. (2006) *Spatial Econometrics: Statistical Foundations and Applications to Regional Economic Growth*, Heidelberg: Springer-Verlag.

Burridge, P. (1980) "On the Cliff-Ord Test for Spatial Autocorrelation", *Journal of the Royal Statistical Society, Series B*, 42: 107-108.

Cliff, A. D. and Ord, J. K. (1972) *Spatial Autocorrelation*, London: Pion.

Gerschgorin, S. (1931) "Über die Abgrenzung der Eigenwerte einer Matrixi", *Izv. Akad. Nauk. USSR Otd. Fiz. -Mat.*, 7: 749-754.

Gilley, O. W. and Pace, R. K. (1996) "On the Harrison and Rubinfeld Data", *Journal of Environmental Economics and Management*, 31: 403-405.

Harrison, D. and Rubinfeld, D. L. (1978) "Hedonic Housing Prices and the Demand for Clean Air", *Journal of Environmental Economics and Management*, 5: 81-102.

Kelejian, H. H. and Prucha, I. (1997) "Estimation of the Spatial Autoregressive Parameter by Two Stage Least Squares Procedure: A Serious Problem", *International Regional Science Review*, 20: 103-111.

Kelejian, H. H. and Prucha, I. (1998) "A Generalized Spatial Two-Stage Least Squares Procedure for Estimating a Spatial Autoregressive Model with Autoregressive Disturbances", *Journal of Real Estate Finance and Economics*, 17: 99-121.

Kelejian, H. H. and Prucha, I. (2001) "On the Asymptotic Distribution of the Moran I Test Statistics with Applications", *Journal of Econometrics*, 104: 219-257.

Kelejian, H. H., Prucha, I. and Yuzefovich, E. (2004) "Instrumental Variable Estimation of a Spatial Autoregressive Model with Autoregressive Disturbance: Large and Small Sample Results", in J. LeSage and K. Pace (eds),

Advances in Econometrics: Spatial and Spatiotemporal Econometrics, New York: Elsevier, pp. 163-198.

Kelejian, H. H., Tavlas, G. S. and Hondronyiannis, G. (2006) "A Spatial Modeling Approach to Contagion Among Emerging Economies", *Open Economies Review*, 17: 4-5, 423-442.

Lee, L. F. (2003) "Best Spatial Two-Stage Least Squares Estimators for a Spatial Autoregressive Model with Autoregressive Disturbances", *Econometric Reviews*, 22: 307-335.

Lee, L. F. (2004) "Asymptotic Distribution of Maximum Likelihood Estimators for Spatial Autoregressive Models", *Econometrica*, 72: 1899-1925.

LeSage, J. and Pace, R. K. (2009) *Introduction to Spatial Econometrics*, Boca Raton, FL: Chapman & Hall/CRC Press.

Moran, P. A. P. (1950) "Notes on Continuous Stochastic Phenomena", *Biometrika*, 37 (1): 17-23.

Ord, J. K. (1975) "Estimation Methods for Models of Spatial Interaction", *Journal of the American Statistical Association*, 70: 120-126.

Whittle, P. (1954) "On Stationary Processes in the Plane", *Biometrika*, 41: 434-449.

第四章 空间计量经济学的深入探究

本章讨论最近空间计量经济学文献中引入的一些前沿话题。主要目的是让读者熟知一系列方法，这些方法由第三章介绍的方法演化而来，并且是目前空间计量经济学家必须掌握的基本方法。在许多科研领域，这些方法都能对现实世界中的问题分析造成巨大的影响。特别地，第 4.1 节讨论非常数残差方差(异质性模型)。第 4.2 节涉及被解释变量为离散型（特别是二次型）的情况，第 4.3 节讨论在面板数据下估计一些历时空间计量经济学模型的建模方法，第 4.4 节讨论在地理空间中不平稳的回归模型。在介绍这些方法的性质后，我们将分析这些方法，但不会再像本书其他部分那样详细，感兴趣的读者可以阅读相关文献来了解详细的内容。

4.1 异质性的残差

4.1.1 概　述

迄今为止，本书所有的模型考虑的残差形式都是 $\varepsilon | X \sim \text{i.i.d. } N(0, \sigma_{\varepsilon n}^2 I_n)$，

也就是假定常数方差（同质性）。然而，正如在第 1.2 节讨论的那样，在空间数据的处理中，有许多原因会导致这个假设不成立。实际上，与其他类型的数据（如时间序列数据）相比，空间数据是以观测单位为基础的，也就是空间数据由于观测单位大小和形状的差别是有差异的。这个性质是所有基于不规则单位观测到的空间数据所特有的，可能会导致残差的异质性，较大的地区往往有较大的方差。此外，尽管我们可以假定在给定的空间集合（比如地区级）下是同质的，但由于各地理区域的大小不同，我们在较高级的空间集合（比如州级）下收集的数据往往会使这个性质不再成立［证明见 Arbia（1989）］。

最近，一部分文献通过引入经典 SARAR 的异质性空间计量模型来考虑这个问题（Kelejian and Prucha，2007，2010）。本节将讨论这一问题的一些进展。特别地，我们将区别两种主要的估计方法。第一种方法是通过参数化估计异质性残差的方差—协方差矩阵来实现（见第 4.1.2 节）。第二种方法是非参数方法，其中的估计程序对于残差过程可能的误设都是稳健的，并且对于观测数据的方差—协方差矩阵的结构是非参数推断（见第 4.1.3 节）。

4.1.2 异质性扰动项下的 SARAR 模型

我们再次考虑第 3.6 节介绍的 SARAR（1，1）模型。为了方便起见，我们将其展示如下：

$$y = Z\beta + \lambda Wy + u \qquad |\lambda| < 1 \tag{4.1}$$

$$u = \rho Wu + \varepsilon \qquad |\rho| < 1 \tag{4.2}$$

但现在，我们不再考虑通常的假设 $\varepsilon | X \sim \text{i.i.d. } N(0, \sigma_{\varepsilon n}^2 I_n)$，我们假定 $E(\varepsilon_i^2) = \sigma_i^2$。显然，使用第 3.5 节的结论将会产生内生性问题，Wy 项与残差项是相关的。这促使我们使用两阶段方法。此外，异质性残差将导致无效的问题，因此需要考虑一个加权的步骤。

我们在这里展示的步骤是由 Kelejian 和 Prucha（2010）提出，并且使用了类似第 3.6 节介绍的同质性残差项下一般 SARAR（1，1）模型的空间两阶段最小二乘法的方法，它们有着重要的不同之处。接下来，我们将尝试给出该方法背后的创新，而不是讨论所有的数学推导，感兴趣的读者可以参考这篇论文，从而更深入地了解这个问题。特别地，这里有两个值得注意的直觉知识，第一个直觉知识是当使用可行 GLS 方法时，在第 3.4.3 节展示的第三步，我们可由三个矩条件得到 GMM 估计，第一个条件是方差［见方程（3.35)］。然而，在现在的假定下，由于同质性假设的放松以及异质性没有以特定的形式表示出来，我们不再有单独的参数 σ_{ε}^2。因此，现在需要考虑误差的方差 σ_i^2 这个麻烦参数，并且我们不再使用三个矩条件估计整个参数向量 $\varphi^T=[\rho^2, \rho, \sigma_{\varepsilon}^2]$［见方程(3.41)］，我们将仅仅使用两个矩条件并且估计简化的参数向量 $\varphi^T=[\rho^2, \rho]$。所以，这里的估计聚焦于我们感兴趣的参数 ρ。第二个直觉知识是，在降低同质性假设后（由第 1.2 节的讨论类推)，模型参数 ρ 的 GMM 估计仍是一致估计量，但方差不再是最小的。因此，与 OLS 在第 1.2 节中的校正方法类似，我们也需要用一个加权步骤校正 GMM 估计。

这个估计非常复杂，要按不同的步骤循序进行，同时使用矩条件和工具变量。此时，我们可以通过下述步骤得到一个修正的 GS2SLS 估计：

第一步：首先，获得参数 β 和参数 λ 的一致估计，记为 $\tilde{\beta}$ 和 $\tilde{\lambda}$。

第二步：使用第一步得到的估计量获得方程（4.1）中 u 的初始估计，记为 $\tilde{u}$。

第三步：使用矩条件和 $\tilde{u}$ 得到方程（4.2）中自回归参数 ρ 的初始估计，记为 $\tilde{\rho}$，这个估计量是一致的，但由于方差不固定，从而是无效的。

第四步：通过加权 GMM 方法得到参数 ρ 的有效估计，记为 $\hat{\rho}$，它是一个有效估计量。

第五步：使用有效估计量 $\hat{\rho}$ 把模型（4.1）转换为：

$$(I-\hat{\rho}W)y=(I-\hat{\rho}W)Z\beta+\varepsilon$$

第六步：使用 2SLS 方法估计这个转换模型的参数，其中要使用转换变量

$Z^{*}=(I-\hat{\rho}W)Z$、$WZ^{*}=W(I-\hat{\rho}W)Z$、$W^{2}Z^{*}=W^{2}(I-\hat{\rho}W)Z$ 作为工具变量。这可称为可行广义空间两阶段最小二乘估计（FGS2SLS）。

第七步：定义新的 GS2SLS 的残差。

第八步：最后，基于第六步 FGS2SLS 方法得到的残差获得 ρ 的有效 GMM 估计。

下面详细讨论这些步骤：

第一步：估计方程（4.1）中的参数，选择 Z 和 WZ 作为工具变量，利用 2SLS 方法来处理内生性问题。选择这个方法的理由与前面的章节是一致的。我们把得到的估计量记为 $\tilde{\beta}$ 和 $\tilde{\lambda}$ 。

第二步：从方程（4.1）推导得到：

$$\tilde{u}=y-Z\tilde{\beta}-\tilde{\lambda}WY$$

第三步：类似于第 3.6.3 节通过未加权的 GMM 方法结合方程（4.2）得到 ρ 的初始估计，但仅使用两个矩条件，因为现在不能从参数 σ^2 推导出任何条件。也就是说，因为异质性没有表示为特定的形式，GMM 方法只能关注未知参数 ρ 的估计，我们把得到的初始估计量记为 $\breve{\rho}$。Kelejian 和 Prucha（2010）建议这个估计量可以解释为未加权的非线性最小二乘估计（Greene，2011）。在我们的假设下，这个估计量是一致的，但它是无效的，原因在于残差方差的异质性。

第四步：从第三步所得到的结果开始，参数 ρ 的有效的 GMM 估计可以定义为上面讨论的非线性最小二乘估计的加权，其中的权重是一个矩阵（我们用 Ψ 表示）的元素，这个矩阵是正态样本矩有限分布的方差—协方差矩阵的估计。考虑到矩阵 Ψ 在估计中所扮演的重要角色，我们首先定义它的表达式：

$$_{2}\Psi_{2}=n^{-1}\,{}_{2}H_{n}^{T}\,{}_{n}\Sigma_{nn}H_{2} \tag{4.3}$$

式中，n 为样本容量；$_{n}H_{2}=[Z,\ WZ]$ 为工具变量的 $n\times2$ 矩阵；$\Sigma=E(uu^{T})$ 为残差的方差—协方差矩阵，它的一般元素 $\sigma_{ij}\in\Sigma$。进而，我们将矩阵 Ψ 的一

般元素记为ψ_{rs}，r，$s=1$，2。需要注意的是，工具矩阵H的维数是$n\times2$，因为我们只有两个矩条件。

在 Kelejian 和 Prucha（2010）的研究中，一般元素ψ_{rs}的参数估计如下

$$\tilde{\psi}_{rs}=(2n)^{-1}\mathrm{tr}[(A_r+A_r^T)\tilde{\Sigma}(A_s+A_s^T)\tilde{\Sigma}]+n^{-1}\tilde{a}_r^T\tilde{\Sigma}\tilde{a}_s \quad r，s=1，2 \tag{4.4}$$

我们需要明确上面这个表达式中各个元素的意义。首先，我们定义i_{*j}为单位矩阵的第j个元素、w_{*j}为权重矩阵W的第j个元素。其次，我们定义转换的残差为$\tilde{\varepsilon}=(I-\tilde{\rho}W)\tilde{u}$，那么残差项方差—协方差矩阵的对角线元素估计为$\tilde{\Sigma}=diag_{i=1}^{n}(\tilde{\varepsilon}_i^2)$。

给定这些定义后，我们现在就能定义方程（4.4）中其余的元素如下：

$$A_1=W^TW-\sum_{j=1}^{n}i_{*j}w_{*j}^Tw_{*j}i_{*j}^T$$

$$A_2=W$$

$$\tilde{a}_r=(I-\tilde{\rho}W)^{-1}H\tilde{P}\tilde{a}_r$$

式中，$\tilde{a}_r=-n^{-1}[Q^T(I-\tilde{\rho}W)(A_r+A_r^T)\tilde{\Sigma}(I-\tilde{\rho}W)\tilde{u}]$；$Q=[Z，Wy]$；$\tilde{P}=(n^{-1}H^TH)^{-1}(n^{-1}H^TQ)[(n^{-1}Q^TH)(n^{-1}H^TH)^{-1}(n^{-1}H^TQ)]$。

上面所描述的加权 GMM 方法得到的结果是参数ρ的一个新估计量。Kelejian 和 Prucha（2010）已经证明这个估计量是一致的并且是有效的。我们把这个新的估计量记为$\tilde{\rho}$。

第五步：使用第四步得到的估计量$\tilde{\rho}$，通过在方程（4.1）两边左乘$(I-\tilde{\rho}W)$，把原模型转换为一般形式：

$$(I-\tilde{\rho}W)y=(I-\tilde{\rho}W)(Z\beta-\lambda Wy)+\varepsilon \tag{4.5}$$

第六步：估计方程（4.1）中的β和λ，使用广义空间 2SLS 方法，其中H被作为工具变量，可得：

$$\hat{\delta}_{GS2SLS}=[\hat{Q}^{*T}Q]\hat{Q}^{*T}y^{*} \tag{4.6}$$

其中，与此前一样，$Q=[Z, Wy]$，$Q^*=(I-\tilde{\rho}W)Q$，$\hat{Q}^*=H(H^TH)^{-1}H^TQ^*$。

第七步：定义新的 GS2SLS 残差：

$$\hat{u}=y-Q\hat{\delta}_{GS2SLS}$$

第八步：基于第七步 GS2SLS 的残差得到 ρ 最后的有效 GMM 估计。这个有效估计是由加权 GMM 方法得到的，其中以矩阵 Ψ 的元素作为权重。

4.1.3 空间 HAC 估计

我们已经看到，在上一节展示的方法中，一个关键的元素是正态样本矩有限分布的方差—协方差矩阵（即 Ψ）。在 Kelejian 和 Prucha（2010）中，他们提出了这个矩阵元素的参数估计，也就是第 4.1.2 节讨论的内容。在另一篇论文（Kelejian and Prucha，2007）中，他们提出了矩阵 Ψ 的非参数估计方法，即使用一个异质且自相关（HAC）的一致估计量。HAC 估计量在计量经济学中的应用更为广泛，并且已经被研究了数年，特别是在 Grenander 和 Rosenblatt（1957）以及 Newey 和 West（1987）做出重大贡献之后的时间序列文献中。在空间情况下，最早从空间相关样本中估计非参数的方差—协方差矩阵的尝试可以追溯到 Conley（1999）、Driscoll 和 Kraay（1998）以及 Pinkse 等（2002）的研究，其中第一篇论文考虑的是连续空间，后两篇论文考虑的是离散空间。下面将简单总结这个估计方法，它可用于第 4.1.2 节描述的第四步和第八步。

我们不再像第 4.1.2 节 Kelejian 和 Prucha（2007）所建议的那样，通过参数化估计矩阵 Ψ 的元素，而是在一系列假定下使用非参数方法得到一致且有效的估计。首先，回顾方程（4.3），真实的方差—协方差矩阵可定义为 $\Psi=n^{-1}H^T\Sigma H$，因此它的单个元素 ψ_{rs}，r，$s=1$，2 的代数表达式如下：

$$\psi_{rs}=n^{-1}\sum_{i=1}^{n}\sum_{j=1}^{n}h_{ir}h_{is}\sigma_{ij} \tag{4.7}$$

式中，h_{ir} 和 h_{is} 分别为第 r 个和第 s 个工具向量的第 i 个元素。

类似地，矩阵 Ψ 中一般元素的空间 HAC 估计可以表示为：

$$\psi_{rs} = n^{-1}\sum_{i=1}^{n}\sum_{j=1}^{n} h_{ir}\, h_{is}\hat{u}_i\hat{u}_j K(d_{ij}^{*}/d) \tag{4.8}$$

在上面的表达式中，$\hat{u}$ 是扰动项 u 的一个估计，$K(*)$ 代表核函数，d_{ij} 代表第 i 个和第 j 个空间单位的距离（这个距离是可测的），$d_{ij}^{*}=d_{ij}+v_{ij}$ 代表包含可能测量误差 v_{ij} 的距离，它与扰动项 ε 相互独立并且 $0<|v_{ij}|<\infty$。最后一项 d 代表一个适当选择的标准距离，使得 $n\rightarrow\infty$，$d\uparrow\infty$。

至于核函数 $K(*)$，它包含许多平滑函数的方法以及函数的设定形式。一些常用的函数设定如下：

1. 均匀核

$$K(v)=\begin{cases}0.5 & |v|\leqslant 1\\ 0 & |v|>1\end{cases}$$

2. 巴特利特核（三角）

$$K(v)=\begin{cases}1-|v| & |v|\leqslant 1\\ 0 & |v|>1\end{cases}$$

3. 叶帕涅奇尼科夫核（二次）

$$K(v)=\begin{cases}\frac{3}{4}(1-v^2) & |v|\leqslant 1\\ 0 & |v|>1\end{cases}$$

4. 二次核（双权）

$$K(v)=\begin{cases}\frac{15}{16}(1-v^2)^2 & |v|\leqslant 1\\ 0 & |v|>1\end{cases}$$

5. 二次核（三权）

$$K(v)=\begin{cases}\frac{35}{32}(1-v^2)^3 & |v|\leqslant 1\\ 0 & |v|>1\end{cases}$$

6. 高斯核

$$K(v)=\frac{1}{(2\pi)^{1/2}}\exp\left(\frac{1}{2}v^2\right)$$

7. 图基-汉宁核

$$K(v)=\begin{cases}\frac{1}{2}[1+\cos(\pi v)] & |v|\leqslant 1\\ 0 & |v|>1\end{cases}$$

8. 余弦核

$$K(v)=\begin{cases}\frac{\pi}{4}\left[\cos\left(\frac{\pi}{2}v\right)\right] & |v|\leqslant 1\\ 0 & |v|>1\end{cases}$$

9. 帕尔森核

$$K(v)=\begin{cases}1-6v^2+6|v|^3 & |v|\leqslant \frac{q}{2}\\ 2(1-|v|)^3 & \frac{q}{2}|v|\leqslant q\end{cases}$$

10. QS 核

$$K(v)=\frac{25}{12\pi^2v^2}\left[\frac{\sin(6\pi v)}{6\pi v}-\frac{\cos(6\pi v)}{5}\right]$$

Kelejian 和 Prucha（2007）证明了方程（4.8）中估计量的一致性，并推导了它们的渐进分布。

例 4.1 城市研究：哥伦布市（俄亥俄州）的犯罪决定因素

关于哥伦布市（俄亥俄州）犯罪决定因素的城市研究是空间计量经济学中一个非常经典的数据集。这个数据集首先由 Anselin（1988）收集和研究，并在随后的文献中被多次用于检验新方法。地理分析所必需的数据和地图都可以在 R 软件中获得。在 R 软件中输入 data（columbus）和 data（coldis）即可。下图展示了哥伦布市（俄亥俄州）49 个普查区相应的邻近关系以及各个区的中心分布。

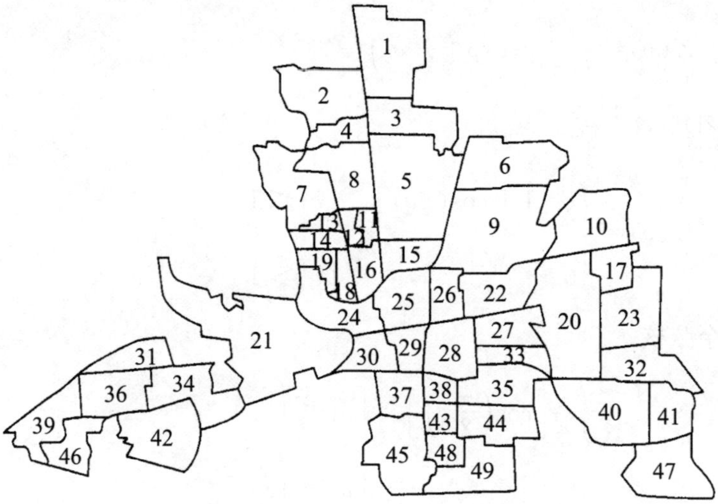

(a) 哥伦布市（俄亥俄州）49个地区邻近关系图

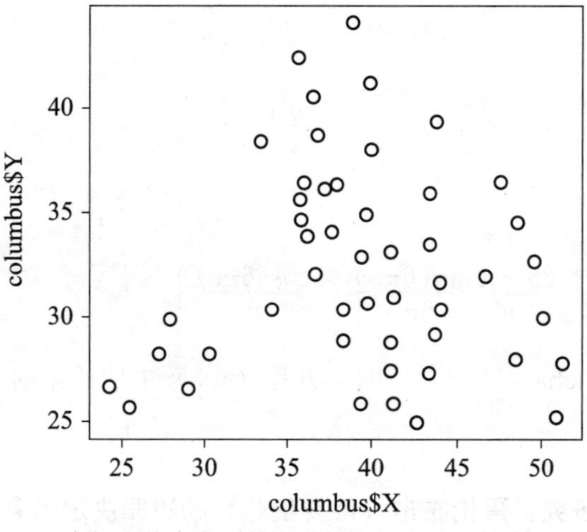

(b) 哥伦布市（俄亥俄州）49个地区的中心图

此外，下表展示了 49 个地区观察到的犯罪数据（被解释变量“犯罪”，记为 y，定义为每一千住户中入室行窃和车辆盗窃发生的总数）以及两个解释变量“收入”（记为变量 X）和“房屋价值”（记为变量 Z）的数据。

地区	犯罪	房屋价值	收入
1	15.726	80.467	19.531
2	18.802	44.567	21.232
3	30.626	26.350	15.956
4	32.387	33.200	4.477
5	50.731	23.225	11.252
6	26.066	28.750	16.029
7	0.178	75.000	8.438
8	38.425	37.125	11.337
9	30.515	52.600	17.586
10	34.000	96.400	13.598
11	62.275	19.700	7.467
12	56.705	19.900	10.048
13	46.716	41.700	9.549
14	57.066	42.900	9.963
15	48.585	18.000	9.873
16	54.838	18.800	7.625
17	36.868	41.750	9.798
18	43.962	60.000	13.185
19	54.521	30.600	11.618
20	0.224	81.267	31.070
21	40.074	19.975	10.655
22	33.705	30.450	11.709
23	20.048	47.733	21.155
24	38.297	53.200	14.236
25	61.299	17.900	8.461
26	40.969	20.300	8.085
27	52.794	34.100	10.822
28	56.919	22.850	7.856
29	60.750	32.500	8.681
30	68.892	22.500	13.906
31	17.677	31.800	16.940
32	19.145	40.300	18.942
33	41.968	23.600	9.918
34	23.974	28.450	14.948
35	39.175	27.000	12.814
36	14.305	36.300	18.739
37	42.445	43.300	17.017
38	53.710	22.700	11.107
39	19.100	39.600	18.477

续前表

地区	犯罪	房屋价值	收入
40	16.241	61.950	29.833
41	18.905	42.100	22.207
42	16.491	44.333	25.873
43	36.663	25.700	13.380
44	25.962	33.500	16.961
45	29.028	27.733	14.135
46	16.530	76.100	18.324
47	27.822	42.500	18.950
48	26.645	26.800	11.813
49	22.541	35.800	18.796

下面开始估计，为了方便比较，同质性 SARAR 模型被定义为 $y=\beta_0+\beta_1X+\beta_2Z+\lambda Wy+u$；$u=\rho Wu+\varepsilon$，具有常数误差方差 $E(\varepsilon_i)=\sigma^2$，$\forall i$，以及基于 3.5 的门槛距离的行标准化的权重矩阵 W。我们使用第 3.6.3 节中的广义空间两阶段最小二乘法估计该模型，得到的结果如下：

参数		标准误	t 检验	p 值
β_0	40.285 663	8.912 493	4.520 1	6.18e−06***
β_1	−0.860 819	0.324 179	−2.655 4	0.007 921 8**
β_2	−0.286 200	0.085 272	−3.356 3	0.000 789 9***
λ	0.492 052	0.167 476	2.938 1	0.003 302 8**
ρ	0.270 48			
σ^2	85.65			

显著性标注：0' *** '0.001' ** '0.01' * '0.05'. '0.1''1。

所有系数都是显著不为零的，包括空间效应 λ，这表明一个普查区的犯罪数量和邻近地区的犯罪数量是显著相关的。

然而，从地图中可以明显看到各个地区在面积上是不相同的，因此常数误差方差的假设是不符合实际的。实际上，我们可以认为不同地区的方差是不同的，并且较大的地区具有较大的方差。因此，我们希望重新估计前面的 SARAR 模型 $y=\beta_0+\beta_1X+\beta_2Z+\lambda Wy+u$；$u=\rho Wu+\varepsilon$，但现在要考虑空间变动的误差方差 $E(\varepsilon_i)=\sigma_i^2$。下面先考虑用第 4.1.2 节展示的修正的广义空间两阶段最小二乘法得到的参数估计。估计结果见下表。

参数		标准误	t 检验	p 值
β_0	40.221 32	6.419 24	6.265 7	3.710e−10***
β_1	−0.857 34	0.431 97	−1.984 7	0.047 18*
β_2	−0.286 57	0.143 16	−2.001 7	0.045 31
λ	0.492 57	0.115 78	4.254 3	2.097e−05***
ρ	0.278 81	0.207 54	1.343 4	0.179 14

显著性标注：0'***'0.001'**'0.01'*'0.05'.'0.1''1。

$\rho=0$ 和 $\lambda=0$ 的 Wald 检验

	观测值	p 值
Wald 检验	15.697	7.434 8e−05

估计结果表明，变量“犯罪”和变量“收入”之间仍有很强的联系，但我们考虑了异质性效应之后，变量“犯罪”与变量“房屋价值”之间的联系（参数 β_2）不再显著，犯罪的传导效应（$\lambda \neq 0$）在新的设定中也是显著的，而且在残差中没有明显的相关性（$\rho = 0$）。Wald 检验拒绝了所有参数为 0 的假设。需要注意的是，在异质性 SARAR 模型中，我们不估计单独的方差参数 σ^2，这与第 4.1.2 节中的阐述一样。

最后，我们使用 SARAR 模型的空间异方差自相关一致性方法中讨论的方差—协方差矩阵的非参数估计再次估计这个模型（见第 4.1.3 节）。特别地，为了估计方程（4.8）中介绍的非参数方差—协方差矩阵，我们使用三角核函数。

参数		标准误	t 检验	p 值
β_0	41.799 10	7.142 54	5.852 1	4.853e−09***
β_1	−0.944 49	0.465 96	−2.027 0	0.042 665*
β_2	−0.277 56	0.153 75	−1.805 3	0.071 031
λ	0.478 02	0.125 23	3.817 2	0.000 135***

显著性标注：0'***'0.001'**'0.01'*'0.05'.'0.1''1。

该结果与参数估计的结果是相似的，尽管其标准差更大。需要注意的是，在新的设定中没有出现误差相关参数的估计，这是因为现在整个误差相关矩阵（不是单一的参数 ρ）是用非参数估计方法估计的。

4.2 二元响应变量的空间模型

4.2.1 介 绍

在本书前面的章节中（第三章和第 4.1 节），我们考虑了连续被解释变量的空间回归；然而，在许多情况下，回归模型的被解释变量也许会被设定为可能结果的离散值。例如，我们可能对一种特定科技在某个地区出现或者不出现感兴趣，并将其作为一种包含若干解释变量的函数。在解释消费者对不同购物中心的选择、计数数据的建模、空间交互作用的研究、选举行为的建模或健康经济学中病人的选择、犯罪行为的解释以及许多其他情况中都会出现相似的情况。所有这些情况都可以归入著名的离散选择模型［见 Greene (2011)］。当被解释变量是离散变量而不是连续变量的时候，我们当前讨论的模型不再适用，并且需要对这些模型进行调整以契合它们的统计属性。由于本书是介绍性的，我们只考虑一些二元选择情况，并且本书仅讨论一些可能的模型设定。尽管应用领域对这些模型十分感兴趣，但它们在文献中的受关注度与第三章以及第 4.1 节的连续被解释变量模型相比是较低的。部分原因是对这个模型的分析十分复杂，需要更复杂的估计方法，而且当样本规模从中型到大型时遇到的计算障碍将不断提升。感兴趣的读者可以阅读 LeSage 和 Pace (2009) 从贝叶斯的角度处理这个问题的图书，同时可以回顾 Beron 和 Vijverberg (2004)、Fleming (2004) 以及 Smirnov (2010)。空间离散选择模型的各种设定遵循处理空间离散模型文献中的一般准则，第三章讨论的空间滞后和空间误差的基本范式现在对读者来说应该相当熟悉了，因此在考虑空间相关性时应用这两个范式也是适用的。下一节将开始展示一些空间二元选择模型，这些模型将形成本章后面所讨论模型的设定基础。

4.2.2 空间 Logit 模型与 Probit 模型

我们先从下述线性回归模型开始讨论：

$$y^* = X\beta + \varepsilon \tag{4.9}$$

式中，y^* 为连续变量，我们定义了一个与 y^* 相关的二元变量 $y = I(y^* > 0)$，其中的 $I(.)$ 为指标函数，$I(a > 0) = \begin{cases} 1 & a > 0 \\ 0 & a \leqslant 0 \end{cases}$。方程（4.9）实际代表了第1.1节介绍的基本回归模型，y^* 无法观测（因而被称为潜变量），而唯一的观测变量 y 可以设定为1（如存在）或0（如不存在）。在方程（4.9）中，非观测变量 y^* 可以被考虑为效用：当效用为正时，经济活动出现（如消费者选择购买）。在新的设定中，方程（4.9）被称为潜变量回归，$X\beta$ 被称为指示函数。根据上述假定和方程（4.9），可得：

$$\begin{aligned} P(y_i = 1 \mid X) &= P(y_i^* > 0 \mid X) = P(X_i\beta > \varepsilon \mid X) \\ &= P(\varepsilon < X_i\beta \mid X) = F(X_i\beta) = \int_{-\infty}^{\mu_i} f(\mu)\mathrm{d}\mu \end{aligned} \tag{4.10}$$

类似地，有

$$\begin{aligned} P(y_i = 0 \mid X) &= P(y_i^* < 0 \mid X) = P(X_i\beta < \varepsilon \mid X) \\ &= P(\varepsilon > X_i\beta \mid X) = 1 - F(X_i\beta) = 1 - \int_{-\infty}^{\mu_i} f(\mu)\mathrm{d}\mu \end{aligned} \tag{4.11}$$

在此前的表达式中，F 为扰动项的累积概率分布函数，相应的密度函数为 $f = f(X\beta)$，而 $f = \dfrac{\partial F}{\partial X_i\beta}$ 和 $\mu = X\beta$ 是该模型的组成部分。在前述表达式中，可以通过设定不同的累积概率分布函数来定义不同的模型。特别地，在计量经济学文献中，有两类设定很常见，并由此产生了两种不同的二元选择模型：①标准 Logistic 分布，其均值为0、方差为 $\dfrac{\pi^2}{3}$；②标准正态分布。由于二元变

量 y 的值仅取决于 y^* 的符号，而非其绝对值，因此其不受 y^* 方差大小的影响，也没有必要把方差标准化为 1。如果我们假定扰动项服从 Logistic 分布（累积概率分布函数用 Λ 表示），那么方程（4.10）与方程（4.11）就定义了 Logit 模型。相反，如果我们认为扰动项服从正态分布（累积分布函数用 Φ 表示），那么方程（4.10）与方程（4.11）就定义了 Probit 模型。

尽管其他模型也得到了推荐，但 Logit 模型和 Probit 模型是计量经济学中最常用的框架（Greene，2011）。

模型（4.10）与模型（4.11）最常用的估计方法是极大似然法，下面进行简要介绍。首先，考虑到被解释变量是二元的，我们通过以下思路建立似然函数，即从一个伯努利分布中提取样本量为 n 的随机样本的概率：

$$\begin{aligned} L(\beta) &= P(Y_1 = y_1, \cdots, Y_n = y_n \mid X) \\ &= P(Y_1 = y_1 \mid X) \cdots P(Y_n = y_n \mid X) \end{aligned} \tag{4.12}$$

根据独立性以及方程（4.10）和方程（4.11）给出的定义，可得：

$$L(\beta) = \prod_{y_i=1} F(X_i\beta) \prod_{y_i=0} [1 - F(X_i\beta)] \tag{4.13}$$

式中，$\prod_{y_i=1}$ 为所有 y 值($y_i = 1$) 的乘积，类似于 $\prod_{y_i=0}$。方程（4.13）可以改写成：

$$L(\beta \mid X) = \prod_{i=1}^{n} F(X_i\beta)^{y_i} \prod_{y_i=0} [1 - F(X_i\beta)]^{y_i - 1} \tag{4.14}$$

因此对数似然函数为：

$$l(\beta) = \ln[L(\beta)] = \sum_{i=1}^{n} y_i \{\ln F(X_i\beta) + (1 - y_i)\ln[1 - F(X_i\beta)]\} \tag{4.15}$$

除了实际上不相关的案例，方程（4.15）是非线性的，而且不能进行最大化分析，因此需要采用数值方法。为了获得最大化似然解，我们考虑如下得分函数：

$$\frac{\partial\, l(\beta)}{\partial\, \beta} = \sum_{i=1}^{n} \left[\frac{y_i f_i}{F_i} + (1 - y_i) \frac{-f_i}{1 - F_i} \right] x_i = 0 \tag{4.16}$$

特别地，如果我们假设扰动项服从 Logistic 分布，那么得分函数应该为

［见 Greene（2011)］：

$$\frac{\partial l(\beta)}{\partial \beta}=\sum_{i=1}^{n}(y_i-\Lambda_i)X_i=0 \tag{4.17}$$

式中，$\Lambda_i=\Lambda(X_i\beta)$ 。此时，二阶偏导数为：

$$\frac{\partial^2 l(\beta)}{\partial \beta^2}=\sum_{i=1}^{n}\Lambda_i(1-\Lambda_i)X_iX_i^T=0 \tag{4.18}$$

该表达式可用于置信区间估计和假设检验。

相反，在正态分布假设下，得分函数为：

$$\frac{\partial l(\beta)}{\partial \beta}=\sum_{y_i=0}\frac{-\phi_i}{1-\Phi_i}X_i+\sum_{y_i=1}\frac{\phi_i}{\Phi_i}X_i=0 \tag{4.19}$$

式中，$\phi_i=\phi\ (X_i\beta)$，标准正态分布密度函数 $\phi=\frac{\partial \Phi\ (t)}{\partial t}$。此时，二阶偏导数为：

$$\frac{\partial^2 l(\beta)}{\partial \beta^2}=\sum_{i=1}^{n}-\kappa_i(\kappa_i+X_i\beta)X_iX_i^T \tag{4.20}$$

式中，$\kappa_i=\frac{(2y_i-1)\phi[(2y_i-1)X_i^T\beta]}{\Phi[(2y_i-1)X_i^T\beta]}$。需要注意的是，在 Logit 模型和 Probit 模型中，对模型参数的解释不像一般线性空间模型那么简单。实际上，解释变量的单位增长对二元被解释变量的边际效应并不是简单的回归系数 β。假定其边际效应为：

$$\frac{\partial E(y\mid X)}{\partial X}=f(X\beta)\beta \tag{4.21}$$

因此，对 Logit 模型而言，边际效应为：

$$\frac{\partial E(y\mid X)}{\partial X}=\Lambda(X\beta)[1-\Lambda(X\beta)]\beta \tag{4.22}$$

而 Probit 模型的边际效应为：

$$\frac{\partial E(y\mid X)}{\partial X}=\phi(X\beta)\beta \tag{4.23}$$

为了判断参数估计的显著性，在线性回归框架下讨论的许多工具在这里仍是适用的。特别地，在检验单个参数估计的显著性时可以使用 t 检验［应用从信息矩阵（4.18）或者信息矩阵（4.20）得出的标准误差］或者 z 评分的近似值，运用 ML 估计渐进正态分布的性质。进一步，第 1.1 节讨论的所有基于似然函数的检验（如似然比检验、Wald 检验以及拉格朗日乘数检验）都可以使用。最后，为了考察模型与观测数据的拟合程度，R^2 标准显然不适合［基于变量 y（目前为二元变量）的方差分解］，我们仍可以使用 AIC 标准以及 BIC 标准［见方程（1.27）和方程（1.28）］。

例 4.2　解释巴尔的摩的高房价

为了举例说明本节描述的离散选择模型，我们使用巴尔的摩 211 个地区所观测到的房价数据以及一系列与房价相关的变量［这些数据最早由 Dubin（1922）提供，而后由 Anselin 整理］。我们在第 2.3.5 节介绍过，该数据集可以在 R 软件中使用命令 data（baltimore）下载，并包括这些房屋的 X、Y 坐标。这些房屋的位置如下图所示。

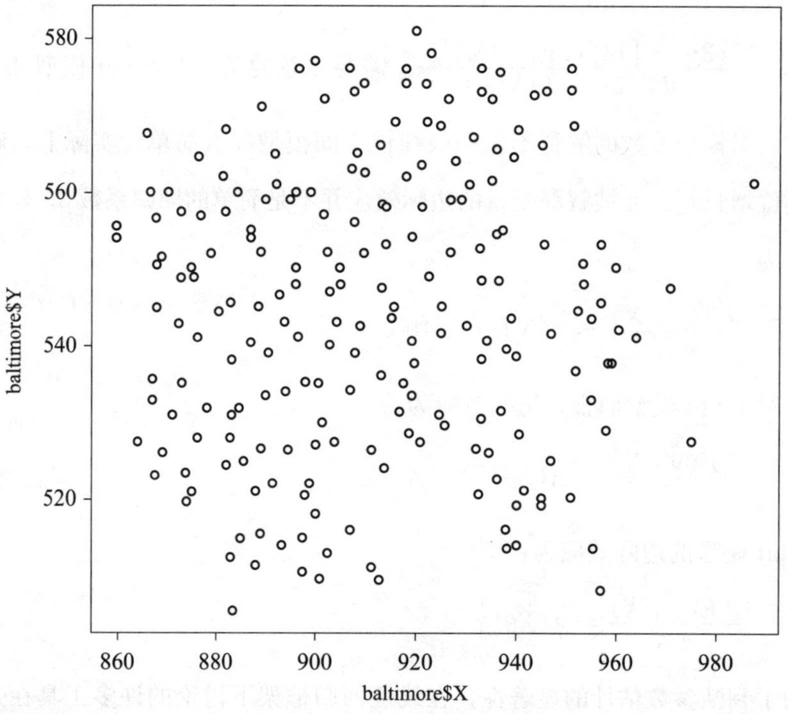

该数据集中包括下述变量：房屋价格（$PRICE$）、房间数量（$NROOM$）、

卫生间数量（*NBATH*）、建筑年龄（*AGE*）、平方英尺（*SQFT*）以及其他与房屋重要性质相关的量化变量（如壁炉、天井、通风设施、车库等）。为了研究的目的，我们将变量房屋价格转换为二元变量，如果房屋价格超过 40 000 美元，将其归为“昂贵”。我们建立模型的目的在于检验变量 *NROOM*、*NBATH*、*AGE* 以及 *SQFT* 是否对房屋价格被划分到“昂贵”这一分类构成显著影响。换言之，我们希望检验购买一所昂贵房屋的效用能否由以上特征解释。在该模型中，我们会同时考虑 Logit 模型和 Probit 模型。ML 估计的结果如下所示。

	Logit 模型	Probit 模型
截距	−3.787 82（0.000 201***）	−2.162 195（0.000 136***）
NROOM	0.526 24（0.023 392*）	0.252 867（0.048 217*）
NBATH	0.567 35（0.106 308）	0.365 626（0.072 704）
AGE	−0.051 83（1.97e−05***）	−0.021 129（0.000 775***）
SQFT	0.107 25（0.002 539**）	0.057 961（0.003 452**）
AIC	226.63	232.45

显著性标注：0' *** '0.001' ** '0.01' * '0.05'.'0.1''1。

这两个模型对各参数的估计值显然不同，但其推断结果非常相似：变量建筑年龄（*AGE*）以及房屋的大小（*SQFT*）在解释昂贵房屋分类时是最显著的因素，其次为房间数量（*NROOM*），而卫生间数量（*NBATH*）与此并无显著关联。尽管在绝对值上存在差异，但在这两个模型的设定中，变量符号是一致的，而且符合预期。而就 *AIC* 值而言，两者也较为相近，其中 Probit 模型的判定值比 Logit 模型略大。

4.2.3 空间 Probit 模型

4.2.3.1 概　论

在观测空间数据时，上一节讨论的二元模型需要进行调整，以考虑空间相关性。在空间计量经济学文献中，Probit 模型的设定比 Logit 模型更受青睐，这是因为 Anselin（2002）做出的一个苛刻标准。Anselin（2002）注意到在空间 Logit 模型中，误差项很难分析。另外，Smirnov（2010）发现，空间 Probit 模型存在局限性，其变量无法轻易扩展到两个以上［多元 Probit 模型参见 Greene（2011）］。在空间计量经济学文献中，空间滞后 Probit 模型特别受欢迎，它可以由下式表示：

$$y^* = \lambda W y^* + Z\beta + u \tag{4.24}$$

式中，$y = I\ (y^* > 0)$；$u \mid X \sim \text{i.i.d.}\ N\ (0, {}_n I_n)$；$W$ 为空间权重矩阵（前面已定义）；y^* 为 $n\times 1$ 维向量，表示无法观测的连续变量；λ 为空间自回归系数；y 为已观测的二元变量；Z 为回归变量矩阵，包含当期以及滞后期变量（$Z=[X, WX]$）。正如前面章节所述，误差的方差 σ_u^2 已被标准化为 1，以规避无法识别的问题，同时又不失一般性。在本例中，与第 3.5 节中描述的连续被解释变量的空间滞后模型类似，方程（4.24）同样存在内生性问题，即空间滞后项 y^* 与随机误差项相关。然而，这并非估计中存在的唯一问题。实际上，对空间被解释观测值进行估计时，由于空间相关减弱了异方差，因而标准 ML 的估计值并不一致（Case，1992；Pinkse and Slade，1998）。进一步，我们还注意到，由于我们忽略了非球面方差—协方差矩阵非对角线元素所包含的信息，使得估计结果存在低效性（Fleming，2004）。模型（4.24）可用所谓的结构式来表达（Fleming，2004），在一般假设下，W 的对角线元素全为 0，同时 $\lambda < 1$，其简化式如下所示：

$$\begin{aligned} y^* &= (I-\lambda W)^{-1}(Z\beta + u) \\ &= (I-\lambda W)^{-1}Z\beta + (I-\lambda W)^{-1}u \\ &= Z^*\beta + \varepsilon \end{aligned} \tag{4.25}$$

式中，$\varepsilon = (I-\lambda W)^{-1}u$；$\varepsilon \sim MVN\ (0, \Omega)$；$Z^* = (I-\lambda W)^{-1}Z$。由于 ε 被表示为一个空间自回归过程，根据第 3.5.2 节的说明，有

$$E(\varepsilon\varepsilon^T) = \Omega = [(I-\lambda W)^T(I-\lambda W)]^{-1} \tag{4.26}$$

在空间 Probit 模型中，我们根据 $P\ (y_i = 1) = F\ (Z_i\beta) = \int_{-\infty}^{\mu_i} f(\mu)\mathrm{d}\mu$，$\mu = (I-\lambda W)\ y^* - Z_i\beta$ 来定义概率 $P\ (y_i = 1)$。$P\ (y_i = 0)$ 的定义与此类似［参考

方程（4.10）与方程（4.11）]，并且这些表达式定义了单一观测数据的似然函数。类似地，在空间 Probit 模型中，我们可以将单一观测数据的似然函数定义为：

$$
\begin{aligned}
P(y_i=1) &= P(y_i^* > 0 \mid Z_i^*, w_{ij}y_i^*) \\
&= P(Z_i^*\beta + \varepsilon_i > 0 \mid Z_i^*, w_{ij}y_i^*) \\
&= P(-\varepsilon_i \leqslant Z_i^*\beta \mid Z_i^*, w_{ij}y_i^*) \cong \Phi(Z_i^*\beta)
\end{aligned}
\quad (4.27)
$$

$P(y_i=0)$ 也可以得到一个类似的表达式，它是上述表达式的近似，这是因为我们需要恰当地考虑出现的异方差。实际上，将我们得到的空间 Probit 模型的结果一般化，可得：

$$
P(y_i=1 \mid z_i^*, w_{ij}y_i^*) = \Phi\left(\frac{z_i^*\beta}{\Omega_{ii}}\right) \quad (4.28)
$$

式中，Ω_{ii} 为方程（4.26）中方差—协方差矩阵的第 i 个对角线元素。因此，即使误差项 u 是同方差的，其转换形式 ε 也是异方差的。

在空间 Probit 模型中，利用独立性，在似然函数（4.13）中令边际概率相乘。然而，在空间计量模型的设定下，这种近似并不可行，为了构建似然函数，我们需要同时计算每一观测单位的联合概率函数：

$$
P(y_1=1, y_2=1, \cdots, y_n=1) \qquad y_i=\{0; 1\} \quad (4.29)
$$

从原则上说，这一概率应由以下 n 维积分得到：

$$
P(y_1=1, y_2=1, \cdots, y_n=1) = \int_{-\infty}^{\mu_1}\int_{-\infty}^{\mu_2}\cdots\int_{-\infty}^{\mu_n}\varphi(\mu)\mathrm{d}\mu \quad (4.30)
$$

式中，$\phi(\mu)$ 为 n 维多变量正态分布的密度函数，其表达式如下：

$$
\phi(\mu) = (2\pi)^{-\frac{n}{2}} \mid \Omega \mid \exp\left[-\frac{1}{2}(\mu^T\Omega\mu)\right] \quad (4.31)
$$

然而，对于单变量的正态分布概率函数而言没有解析解，而且这个问题在多变量的情况下显得更为突出。因为方程（4.30）中的多个积分无法得到解析解，我们只能通过数值逼近法得到。

由于空间相关性的存在，使得我们在解释第 i 个观测数据的边际效应时，同样会遇到问题：

$$\frac{\partial E(y \mid X, w_{ij}y_j^*)}{\partial X_i} = \phi\left(\frac{Z_i^* \beta_i}{\varepsilon_{\varepsilon,ii}}\right)\frac{\beta_i^*}{\Omega_{ii}}$$

在这里，根据以上符号，我们设定 $\beta_i^* = [(I-\lambda W)^{-1}]_{ii}\beta_i$。

如前所述，在设定最优的估计策略时，我们会遇到两个主要问题：内生性问题以及方差—协方差矩阵的非球面问题（在自相关形式下和异方差形式下都会出现）。众多计量经济学文献提出过使用各种似然函数以及矩估计的方法来解决上述问题，最早是 McMillen (1992)，还有 Pinkse 和 Slade (1998) 以及 Klier 和 McMillen (2008)。特别地，我们在此将讨论下述估计策略：

(1) 极大似然估计 (ML)。

(2) 广义矩估计 (GMM)。

(3) 线性广义矩估计 (LGMM)。

极大似然估计法无法得到解析解，使用数值逼近法对计算的要求相当高。GMM 方法降低了计算的复杂性，但在处理大数据集时仍然无法完全消除这一问题。LGMM 方法在精确性和计算效率方面存在权衡取舍。

4.2.3.2　极大似然估计

在标准的空间 Probit 模型中，对方程 (4.15) 求最大值可以得到极大似然函数估计值，这一过程由于估计参数的高度非线性，需要使用数值优化方法。然而，在我们处理空间数据的时候，因为错误地假设误差存在独立性，故最大化似然函数得到的估计值仍是一致的，但不是有效的，因为它忽略了方差—协方差矩阵中非对角线元素所包含的信息。根据方程 (4.15)，假设误差项服从正态分布，同时根据方程 (4.24) 空间滞后模型的设定，n 维样本数据的空间 Probit 模型的对数似然函数表达式为：

$$l(\beta, \lambda \mid Z, Wy^*) = \sum_{i=1}^{n} y_i \ln\Phi\left(\frac{\lambda\sum_{i=1}^{n} w_{ij}y_j^* + Z_i^T\beta}{\Omega_{ii}}\right) + \sum_{i=1}^{n}(1-y_i)\ln\Phi\left(1-\frac{\lambda\sum_{i=1}^{n} w_{ij}y_j^* + Z_i^T\beta}{\Omega_{ii}}\right) \quad (4.32)$$

式中，y^* 项无法观测。为了推导出可计算的似然函数，我们需要利用模型的简化式。使用方程（4.25），对数似然函数可以改写为：

$$l(\beta, \lambda \mid Z, Wy^*) = \sum_{i=1}^{n} y_i \ln\Phi\left(\frac{Z_i^{*T}\beta}{\Omega_{ii}}\right) + \sum_{i=1}^{n}(1-y_i)\ln\Phi\left(1-\frac{Z_i^{*T}\beta}{\Omega_{ii}}\right) \quad (4.33)$$

方程（4.33）的结构较为复杂，在数值最大化的时候会产生计算问题。为了对该表达式进行最大化计算，McMillen（1992）提倡使用 EM 算法。EM 算法［最早由 Dempster 等（1977）提出］本质是一个迭代过程，由两个步骤组成：E-步骤（期望）和 M-步骤（最大化）。E-步骤是根据未知参数的一个初始值计算似然函数的期望；M-步骤是根据第一步得到的期望值对似然函数进行最大化。这两个步骤不断迭代，直至参数收敛至一个稳定值。我们可以证明，用该方法计算出来的参数值与原似然函数用 ML 方法计算出来的参数值是一致的。McMillen（1992）提出将 EM 算法一般化，通过使用潜变量的期望值来代替二元变量，把这个人为设定变量当作真实的潜变量进行处理，并对对数似然函数的期望值进行最大化，以便将此方法扩展到空间分析的应用中。特别地，在空间滞后 Probit 模型（4.25）的情形中，其期望值为：

$$E(y_i^* \mid y_i = 1) = Z_i\beta + E(\varepsilon_i \mid \varepsilon_i > -Z_i^*\beta) + \sigma_i \frac{\phi\left(\frac{Z_i^*\beta}{\Omega_{ii}}\right)}{\Phi\left(\frac{Z_i^*\beta}{\Omega_{ii}}\right)} \quad (4.34)$$

由此得到的 y_i^* 的期望值可用于 M-步骤，M-步骤可以最大化下述对数似然函数：

$$l = \cos t - \frac{1}{2}\ln|\Omega| - \frac{1}{2}(\mu^T\mu) \quad (4.35)$$

式中，$\Omega=(I-\lambda W)^{-1}(I-\lambda W)^{-T}$；$\mu=(I-\lambda W)\hat{y}^*-Z_i\beta$；$\hat{y}^*$ 是根据 E-步骤得到的潜变量的预测值向量。

使用 EM 算法将会出现两大问题。首先，方程（4.35）中的方差—协方差矩阵 Ω 是未知的，需要进行合理的估计。对于这一点，McMillen（1992）建议将 Probit 模型视为以空间参数为条件的非线性权重最小二乘模型（Amemiya，1985），然而这个方法会导致估计的结果存在偏误（Fleming，2004）。其次，估计的计算过程会很慢，因为这个方法需要在每一次 M-步骤迭代时计算矩阵 Ω 的行列式，直至估计值收敛。这一过程不仅计算量非常大，而且矩阵行列式使用的是近似值，当迭代次数和空间权重矩阵 W 很大（包含大量的非零元素）时，计算结果可能并不是很精确。

4.2.3.3 广义矩估计

对二元空间计量模型的另一种估计方法为广义矩估计方法，该方法最先是由 Pinkse 和 Slade（1998）在使用 GMM 方法处理 Probit 模型中空间误差项的异方差问题时提出的。

考虑下列由潜变量表示的模型：

$$y^* = Z\beta + u \tag{4.36}$$

$$u = \rho W u + \varepsilon \tag{4.37}$$

式中，$\varepsilon \mid Z \sim \text{i.i.d. } N(0, \sigma_\varepsilon^2 I)$。与模型（4.24）相似，方程（4.36）与方程（4.37）的简化形式可以写成：

$$y^* = Z\beta + (I - \rho W)^{-1}\varepsilon \tag{4.38}$$

式中，$u = MVN(0, \Omega)$（参考第 3.4 节），$\Omega = (I - \rho W)^{-1}(I - \rho W^T)^{-1}$［见方程（3.15）］。根据方程（4.15），空间误差 Probit 模型可以得到如下对数似然函数：

$$l(\beta, \rho) = \ln \mid L(\beta, \rho) \mid = \sum_{i=1}^{n} y_i \{\ln F(X_i\beta) + (1 - y_i)\ln[1 - F(X_i\beta)]\} \tag{4.39}$$

在正态分布下（Probit 模型），根据方程（4.28），上式可以改写成：

$$l(\beta, \rho \mid Z, Wy^*) = \sum_{i=1}^{n} y_i \ln\varphi\left(\frac{Z_i^T\beta}{\Omega_{ii}}\right) + \sum_{i=1}^{n}(1 - y_i)\ln\Phi\left(1 - \frac{Z_i^T\beta}{\Omega_{ii}}\right) \tag{4.40}$$

鉴于对误差项的传统假设在本例中不再适用，现在引入广义误差项这一概念。在 Probit 模型中，它的表达式如下：

$$\tilde{u}_i(\theta) = \left[y_i - \Phi\left(\frac{Z_i^T\beta}{\sigma_i}\right)\right]\frac{\phi\left(\frac{Z_i^T\beta}{\sigma_i}\right)}{\Phi\left(\frac{Z_i^T\beta}{\sigma_i}\right)\left\{1 - \Phi\left(\frac{Z_i^T\beta}{\sigma_i}\right)\right\}} \tag{4.41}$$

我们进一步考虑一个由 k 个工具变量的观测值组成的 $n\times k$ 阶矩阵 H。根据定义，工具变量为外生变量，那么对应的矩条件为：

$$E(H^T\tilde{u}) = 0 \tag{4.42}$$

或者，对第 i 个元素的矩条件为：

$$E\left[h_i \frac{\left\{y_i - \Phi\left(\frac{Z_i^T\beta}{\sigma_i}\right)\right\}\phi\left(\frac{Z_i^T\beta}{\sigma_i}\right)}{\Phi\left(\frac{Z_i^T\beta}{\sigma_i}\right)\left\{1-\Phi\left(\frac{Z_i^T\beta}{\sigma_i}\right)\right\}}\right] = 0 \tag{4.43}$$

式中，h_i 为 H 矩阵的第 i 行。最后，根据方程（4.43），我们可以得到如下条件：

$$m(\beta, \rho) = \frac{1}{n}\sum_{i=1}^{n} h_i \frac{\left\{y_i - \Phi\left(\frac{Z_i^T\beta}{\sigma_i}\right)\right\}\phi\left(\frac{Z_i^T\beta}{\sigma_i}\right)}{\Phi\left(\frac{Z_i^T\beta}{\sigma_i}\right)\left\{1-\Phi\left(\frac{Z_i^T\beta}{\sigma_i}\right)\right\}} \tag{4.44}$$

在 GMM 估计中，矩条件的个数应大于待估参数的个数，因此估计值为方程最小化问题的解：

$$m(\beta, \rho)^T M^{-1} m(\beta, \rho) = \min \tag{4.45}$$

M 为定义了各样本矩 $m(\beta, \rho)$ 权重的正定矩阵。Pinkse 和 Slade（1998）在 Newey 和 West（1987）的研究框架基础上，得到了待估参数的方差—协方差矩阵，并证明 GMM 估计结果是一致的而且服从渐进正态分布。

与第 4.2.3.2 节介绍的极大似然估计法相比，GMM 算法主要有两大优点。首先，它不需要依赖误差项服从正态分布的假设；其次，它不需要计算 $n\times n$ 阶矩阵的行列式以及逆矩阵。然而，方程（4.45）无法得到解析解，因此 GMM 估计只能通过最小化问题的数值解得到。这要求不断计算每一个参数 ρ 的候选值对应的方差—协方差矩阵 Ω，鉴于矩阵 Ω 的结构非常复杂，这一算法也加大了计算难度。

4.2.3.4 线性广义矩估计

为了解决极大似然估计和广义矩估计中遇到的计算问题，近期 Klier 和 McMillen（2008）建议使用线性广义矩估计来回避对 $n\times n$ 阶矩阵求逆的问题。他们在论文中应用了估计空间 Logit 模型的方法，而非 Pinkse 和 Slade（1998）考虑的空间 Probit 模型。他们首先考虑通过逼近法得到空间模型的解，这是因为扰动项之间的相关结构通常是未知的。因此，他们建议使估计值明确化，并在一个合理的点上对模型进行展开，使得模型线性化。现在对这一过程进行讨论。

首先，从空间滞后 Logit 模型开始讨论：

$$y^* = \lambda W y^* + Z\beta + u \tag{4.46}$$

式中，$u \mid X \sim$ i. i. d. Logistic $(0, \sigma_{un}^2 I_n)$，其简化式如下：

$$\begin{aligned} y^* &= (I-\lambda W)^{-1}(Z\beta + u) \\ &= (I-\lambda W)^{-1} Z\beta + (I-\lambda W)^{-1} u \\ &= Z^* \beta + \varepsilon \end{aligned} \tag{4.47}$$

在方程（4.47）中，转换后的误差项不再是同方差的，因此 $\mathrm{Var}(\varepsilon_i) = \sigma_i^2$，或者以矩阵的形式表示为 $\mathrm{Var}(\varepsilon) = \hat{\Sigma}^T\hat{\Sigma}$，其中对角线矩阵 $\hat{\Sigma}$ 的表达式如下：

$$\hat{\Sigma} = \begin{bmatrix} \sigma_1 & 0 & \cdots & 0 \\ 0 & \sigma_2 & \cdots & 0 \\ \vdots & \vdots & & \vdots \\ 0 & 0 & \cdots & \sigma_n \end{bmatrix} \tag{4.48}$$

我们将概率定义为：

$$P_i = P(y_i = 1) = \frac{\exp(Z_i^{**}\beta)}{1 + \exp(Z_i^{**}\beta)} \tag{4.49}$$

根据假设，误差项服从 Logistic 分布，Z^{**} 为变量 Z 的转换形式，类似方程（4.25）［即 $Z^* = (I-\lambda W)^{-1}Z$］，而且标准化为异方差变量，如 $Z^{**} = Z^* \hat{\Sigma}^{-1}$。

在这一新设定下，广义 Logit 残差项可以简单定义为：

$$\tilde{u}_i = y_i - P_i \tag{4.50}$$

Klier 和 McMillen（2008）建议采用如下 GMM 方法进行估计：

步骤 1：对参数向量设定一个初始值，如 $\delta=(\beta, \lambda)$，并将其定义为 $\delta_0 = (\beta_0, \lambda_0)$。

步骤 2：将方程（4.49）中的初始值代入方程（4.50）得到广义残差，将之定义为 $\tilde{u}_i^0 = y_i - P_{i0}$。

步骤 3：计算梯度项，其定义为：

$$G_{\delta_0} = \frac{\partial P_{i0}}{\partial \delta_0}$$

步骤 4：根据 G_{δ_0} 的值对工具变量 H 进行回归，H 的定义为：

$$H = (I - \lambda W)^{-1} WZ^{**}$$

我们将得到的 $\hat{G}_{\delta_0}$ 定义为梯度的估计值。

步骤 5：根据新的表达式对参数进行再次估计：

$$\delta_1 = \delta_0 + (\hat{G}_0^T \hat{G}_0)^{-1} \hat{G}_0^T \tilde{u}^0$$

Kliert 和 McMillen（2008）的贡献是推导出了明确的参数 β 和 λ 的梯度表达式：

$$G_{\beta_i} = P_i(1 - P_i)Z_i^{**} \tag{4.51}$$

和

$$G_{\lambda_i} = P_i(1 - P_i)\left[H_i\beta - \frac{Z_i^{**}\beta}{\sigma_i^2}\right]\Xi_{ii} \tag{4.52}$$

式中，Ξ_{ii} 为矩阵 Ξ 的第 i 个对角线元素，且 $\Xi = (I - \lambda W)^{-1}W\ (I - \lambda W)^{-1}(I - \lambda W)^{-1}$。

上面介绍的 GMM 方法的计算量仍然很大，这是因为每一次迭代都需要计算矩阵 $(I - \lambda W)^{-1}$ 的逆矩阵。由于这个原因，Klier 和 McMillen（2008）做了进一步讨论，提出基于起始点 $\lambda_0 = 0$ 对该模型进行线性化。在这个起始点上，实际上不需要对任何矩阵进行求逆运算，这是因为 $(I - \lambda W)^{-1} = I$。根据这一假设，梯度项得到了实质性简化。在初始估计 $\delta_0 = (\beta_0, \lambda_0)$ 附近，对广义误差项进行扩展，并在扩展式的第一个线性项上停止扩展，可得：

$$\tilde{u}_i \cong \tilde{u}_i^0 + G(\delta - \delta_0) \tag{4.53}$$

现在将广义误差项的变换形式被定义为：

$$v_i = \tilde{u}_i^0 + G\,\delta_0 - G\delta \tag{4.54}$$

令 $M = (H^TH)^{-1}$，最小化问题的目标函数变成：

$$v^T H(H^T H)H^T v \tag{4.55}$$

通过这种方式，不需要再对矩阵进行求逆运算，而且该估计程序简化为针对空间 Logit 估计的两阶段最小二乘法。

如果模型（4.46）和模型（4.47）为模型的真实结构，Klier 和 McMillen（2008）指出，只要参数 λ 的值较小，那么线性化得到的估计结果就是准确的。实际上，当 $\lambda < 0.5$ 时，估计结果不存在偏误；当 $\lambda > 0.5$ 时，存在上行偏误。一般来说，尽管为了提高计算性能而损失了部分效率，但通过线性化模型得到的估计结果是对未知参数的良好近似。

4.2.3.5 其他计算方法

在二元选择模型中，尽管使用了现代能力强大的计算机（见第五章），但对有效计算方法的需求仍是一个重要问题。为了降低运算量，LeSage 和 Pace（2009）建议使用贝叶斯技术，在蒙特卡罗-马尔可夫链（MCMC）的条件下对概率进行近似估计。当他们使用吉布斯抽样法估计仅包含两个解释变量的空间 Probit 模型时，运算量仍然很大。在模拟实验中，LeSage 和 Pace（2009）表明，当样本量 $n=400$、MCMC 抽样次数为 1 200 次时（在一个步骤为 m 的吉布斯抽样中，每一步骤重复 m 次），$m=10$ 需要的计算时间为 20 分钟，$m=2$ 需要的计算时间为 5 分钟。计算时间的增加与 n 成正比。因此，当样本量 $n=10\,000$ 时，计算时间为 8 小时 49 分钟。进一步，他们同时指出，计算时间的增加比例小于 m 的增加比例，那么即使减少步骤数 m，比如 $m=1$（代价是牺牲估计精确性），计算时间仍需要 1 小时 21 分钟，减少的计算时间是微不足道的。因此，这个方法仅适用于小样本，因为它并未消除 $n \times n$ 阶矩阵的求逆问题。Beron 和 Vijverberg（2004）进一步建议根据 GHK 模拟来求 n 维积分，但这一方法也没有在实质上降低计算量。Wang 等（2013）建议使用局部二元变量似然函数，我们将在第 5.4 节详细讨论这一方法。

4.2.3.6 其他空间离散选择模型

除了本章介绍的简单二元离散选择模型，在计量经济学文献中，我们会遇到不同的离散选择模型设定，包括双元和多元 Probit 模型及 Logit 模型以及有序选择、截断、删截、样本选择及计数和久期等模型［见 Greene（2011）］。上述部分模型的空间形式已被讨论［例如，Wang and Kockelman（2009）］，然而绝大多数领域亟待研究。

例 4.3　解释巴尔的摩的高房价（续）

现在回顾案例 4.2 的数据集，同时检验空间效应是否对“昂贵”房屋的分类构成显著影响。在下表中，我们给出了用此前讨论的三种估计方法（ML、GMM、线性 GMM）得到的空间 Probit 模型的估计结果。在这三种情形中，我们使用了行标准化的空间权重矩阵，相邻单位的最小门槛值为 22，小于该值定义为邻近。为了便于比较，我们还给出了空间 Probit 模型的估计结果，已在案例 4.2 中给出。需要注意的是，空间模型中现在包含的附加参数 λ 反映了潜变量中空间相关性的影响。

	空间 Probit 模型	空间 Probit 模型（ML）	空间 Probit 模型（GMM）	空间 Probit 模型（LGMM）
截距	−2.162 195 (0.000 136***)	−1.026 186 85 (0.093 068 8)	−0.997 590 55 (0.044 17*)	−1.730 88 (0.001 63***)
NROOM	0.252 867 (0.048 217*)	0.219 582 92 (0.218 696 3)	0.182 582 71 (0.171 285 4)	0.224 32 (0.049 27*)
NBATH	0.365 626 (0.072 704)	−0.069 450 85 (0.776 610 0)	0.015 899 53 (0.936 398 8)	0.216 95 (0.278 98)
AGE	−0.021 129 (0.000 775***)	−0.023 648 09 (0.000***)	−0.020 403 84 (0.014 613 87*)	−0.014 37 (0.032 06*)
SQFT	0.057 961 (0.003 452**)	0.044 634 16 (0.084 504 17)	0.040 386 05 (0.027 476 69*)	0.041 02 (0.049 98*)
λ		0.816 402 65 (0.000***)	0.783 963 76 (0.000 001 4***)	1.042 95 (0.000 02***)

显著性标注：0' *** '0.001' ** '0.01' * '0.05'.'0.1''1。

首先，不论采用什么估计方法，空间参数 λ 总是非常显著。通过比较上述四个模型，变量 *AGE* 的解释能力最强，这使它成了一个解释因素，然而变量 *NROOM* 和变量 *SQFT* 在空间模型中的解释能力下降。这一结果是因为绝大部分的空间效应已由潜变量中的空间参数解释了。

4.3 空间面板数据模型（由 Giovanni Millo 撰写）

4.3.1 概 论

空间面板是面板的特殊形式，其数据由两个观测维度构成：空间单位间的数据和随时间改变的数据。随着个体层面数据的可获取性增强，面板数据模型开始得到广泛使用，比如国家层面发布的连续官方数据、国家调研数据以及不同时期以不同口径测量的某些经济数据等。我们从下述空间面板数据模型开始讨论：

$$y_{it}=\alpha+\beta^{T}X_{it}+\varepsilon_{it} \tag{4.56}$$

在方程（4.56）中，指数 $i=1$，…，n 表示个体（群组、国家、地区等），指数 $t=1$，…，T 为时间指数，X_{it} 为解释变量单个个体 i 和时间 t 上的观测值构成的非随机向量，ε_{it} 为误差项 $[\varepsilon\mid X\sim \text{i.i.d. } N(0,\sigma_{\varepsilon}^{2}{}_{n}I_{n})]$，$\alpha$ 和 β 为待估参数。相对于第一章介绍的横截面模型，在面板模型中，我们对常数项 α 使用一个不同的符号来表示，这一做法在后面会有说明。面板数据集可以包含在几个时刻观察到的大量横截面单位（短面板，典型的微观数据）、有限数量的相对较长的时间序列（长面板或者混合时间序列，典型的金融或者宏观经济数据），或者是双维度的平衡行为。典型的空间面板倾向于具有较大空间维度的短时间序列，它通常是由空间参考数据所形成的大量横截面的重复观测值构成。比如世界各国、一个国家内的区域或地理区域。在以上所有情形中，双维度的面板数据相对于单一的横截面数据或者时间序列数据，丰富了建模的可能性。特别地，面板数据模型可用来控制个体层面无法观测的异质性、非时变特征等（这些很难观察，甚至不可能观察），但如果忽略了这些方面，有可能导致我们感兴趣的参数估计存在偏误或者无效。下一节将讨论这个问题。

4.3.2 无法观测的异质性与个体效应

为了对个体异质性进行建模，通常假设误差项由两部分构成。其中，一部分是个体特定的，而且不随时间发生改变。该模型可被称为非观测效应模型，其表达式如下：

$$y_{it}=\alpha_i+\beta^T X_{it}+u_i=\alpha_i+\beta^T X_{it}+(\mu_i+\varepsilon_{it}) \tag{4.57}$$

此前的全部（或综合）误差 u_{it} 被我们分解成两项：第一项 μ_i 为个体误差项（通常与观测点 i 相关）；第二项 ε_{it} 为特异性误差项（通常假设其与解释变量以及个体误差独立）。对方程（4.57）的合理估计方法完全取决于两个误差项的性质。个体误差项要么与解释变量相关，要么与解释变量相互独立。如果它们相关，那么 OLS 估计的 β 可能不一致，通常将 μ_i 视为 n 个待估参数的集合，正如在一般模型中有 n 个不同的截距项一样，比如 $\alpha_{it}=\alpha_t$ 相对于 t 而言是固定不变的。在这种情形下，误差项 μ_i 通常被认为包含了截距项 α_i。该模型在计量经济学文献中被称为固定效应（或者内部变量或最小二乘虚拟变量）模型，通常使用 OLS 方法对经过转换的数据进行估计，这是能对 β 进行一致估计的方法［见 Baltagi（2008）］。相反，如果 μ_i 与回归量不相关，我们通常将之称为随机效应。在这种情形下，整体误差项 u_{it} 与解释变量也不相关，因而 OLS 准则的估计结果是一致的。然而，个体的共同误差部分会减少综合误差项之间的相关性，这会使 OLS 的估计结果无效，因此我们必须根据两个误差项的方差估计值采用某种形式的可行 GLS 估计方法。最后，如果个体误差项缺失，则对参数 β 而言，混合 OLS 估计是最有效的方法，我们通常称之为混合模型。然而，该误差项与误差和合理估计方法的性质更相关，而与模型自身的相关性不强。有关面板的文献近年来研究了在固定效应和随机效应设定下的空间滞后被解释变量模型或存在空间自相关干扰的面板回归模型（Lee and Yu，2011）。下面几节将介绍几种最常见的模型设定以及相关的估计方法。

例 4.4 关于公共资本生产效率的芒内尔模型

Munnell（1990）的公共资本生产效率模型反映了美国 48 个州（除去“孤

岛”阿拉斯加、夏威夷以及哥伦比亚特区，合计 48 个州；参见案例 3.2 中的地图）1970—1986 年观察到的 GDP 水平，生产函数中的解释变量包括公共资本禀赋情况（道路、水利设施以及其他公用设施，用变量 *pcap* 表示）、私有资本（*pc*）以及就业情况（*emp*）。方程中加入了失业率（*unemp*）作为经济周期的替代变量。该模型的表达式如下：

$$\log(\mathrm{GDP})_{it} = \alpha + \beta_1 \log(pcap_{it}) + \beta_2 \log(pc_{it}) + \beta_3 \log(emp_{it}) + \beta_4 unemp_{it} + \varepsilon_{it}$$

在这个例子中，我们考虑了原始数据中仅包含 1970—1974 年观测值的一个子样本。为了简洁，该数据集在此不展示。Munnell（1990）推荐的原模型使用的是 OLS 估计方法，在不存在个体误差项的假定下，将所有的观测单位混合在一起进行估计。其估计结果如下：

参数		标准误	t 检验	p 值
截距	1.205 416 2	0.115 132 2	10.469 8	<2.2e−16***
log(*pcap*)	0.214 044 7	0.035 513 3	6.027 2	6.405e−09***
log(*pc*)	0.342 146 5	0.021 293 2	16.068 4	<2.2e−16***
log(*emp*)	0.511 373 1	0.026 159 3	19.548 4	<2.2e−16***
失业率	0.011 865 1	0.004 705 6	2.521 5	0.012 35*

显著性标注：0' *** '0.001' ** '0.01' * '0.05'. '0.1'' 1。

在此，该模型中的截距项和所有变量都是显著的。然而，Baltagi 和 Pinnoi（1995）指出，如果误差是随机的，那么 OLS 方法是无效的，此时随机效应估计方法提供的估计结果更为可靠。随机效应模型对相同数据的估计结果如下：

参数		标准误	t 检验	p 值
截距	1.679 484 1	0.196 139 2	8.562 7	<2.2e−16***
log(*pcap*)	0.094 685 3	0.052 585 8	1.800 6	0.071 767 8
log(*pc*)	0.341 107 7	0.042 421 3	8.040 9	8.915e−16***
log(*emp*)	0.627 202 8	0.037 744 0	16.617 3	<2.2e−16***
失业率	−0.010 022 8	0.002 680 8	−3.738 8	0.000 184 9***
方差成分	17.596 6	4.246 6	4.143 7	3.418e−05***

显著性标注：0' *** '0.001' ** '0.01' * '0.05'. '0.1'' 1。

估计结果表明，公共资本这一变量不再显著。如果考虑个体误差项，其作用将会消失［参见 Baltagi（2008）中的案例 3］。

4.3.3 空间面板随机效应模型

在随机效应模型的设定中，假设非观察个体效应与模型中其他解释变量不相关，并且非观察个体效应可作为误差项的组成部分［见 Wooldridge（2002）的案例］。在这种情形下，我们可以考虑两种不同的设定方式：空间误差随机效应模型（SEM—RE）以及最初是由作者冠名的 KKP 模型［见 Kapoor 等（2007）］。下面讨论这两种设定：

4.3.3.1 空间误差随机效应模型

首先假设个体误差项 $\mu_i \sim$ i. i. d. $N(0, \sigma_\mu^2)$，异质性误差项 ε 在每一个时刻（$t=1, \cdots, T$）都符合空间误差公式，其表达式如下：

$$\varepsilon_{it} = \rho W \varepsilon_{it} + \eta_i \tag{4.58}$$

因此，如第 3.4 节所述，$\varepsilon_{it} = (I - \rho W)^{-1} \eta_i$。我们现在介绍运算符⊗（矩阵运算中著名的克罗内克积），如果 $A = \begin{bmatrix} a_{11} & a_{12} \\ a_{21} & a_{22} \end{bmatrix}$，$C = \begin{bmatrix} c_{11} & c_{12} \\ c_{21} & c_{22} \end{bmatrix}$，那么 $A \otimes C =$

$$\begin{bmatrix} a_{11}C & a_{12}C \\ a_{21}C & a_{22}C \end{bmatrix} = \begin{bmatrix} a_{11}c_{11} & a_{11}c_{12} & a_{21}c_{11} & a_{21}c_{12} \\ a_{11}c_{21} & a_{11}c_{22} & a_{21}c_{21} & a_{21}c_{22} \\ a_{12}c_{11} & a_{12}c_{12} & a_{22}c_{11} & a_{22}c_{12} \\ a_{12}c_{21} & a_{12}c_{22} & a_{22}c_{21} & a_{22}c_{22} \end{bmatrix}。$$

此外，为了简化符号，现在定义 $B = (I_n - \rho W)$，W 为空间权重矩阵，I_n 为单位矩阵，ρ 为空间误差相关参数。因此，对于整个面板而言，我们可以用简洁的方式将异质性误差项改写为：

$$\varepsilon = (I_T \otimes B^{-1}) \eta \tag{4.59}$$

式中，n 为 $nT \times 1$ 维分布向量，因而扰动项 $\eta \sim$ n. i. d. $N(0, \sigma_\eta^2)$。因此，综合误差项 $u_i = \mu_i + \varepsilon_{it}$ 可以表示为：

$$u = (i_T \otimes I_n) \mu + (I_T \otimes B^{-1}) \eta \tag{4.60}$$

式中，i_T 为 T 维元素为 1 的向量；I_T 为 $T\times T$ 阶单位矩阵。现在，我们定义 $J_T=i_T i_T^T$ 为 $T\times T$ 阶元素全为 1 的矩阵。进行简单代数运算后，综合误差项的方差—协方差矩阵可以表示为：

$$_{nT}\Omega_{nT,u}=\sigma_\mu^2(J_T\otimes I_n)+\sigma_\eta^2(I_T\otimes B_n^TB_n)^{-1} \tag{4.61}$$

从上式中，我们可以得到待估参数的似然函数以及假设检验式（见第 4.3.5.1 节）。

4.3.3.2 KKP 设定

关于误差项的另一设定是 KKP 设定，最早由 Kapoor 等（2007）提出。在论文中，作者假设空间相关结构适用于个体误差以及其他误差。尽管这两大数据生成过程比较类似，但他们强调：不同的空间溢出机制受不同的方差—协方差矩阵结构支配。在这种情况下，综合误差项 $u=(i_T\otimes I_n)\mu+\varepsilon$ 遵循一阶空间自回归过程，即

$$u=\rho(I_T\otimes W)u+\eta \tag{4.62}$$

其中，所有符号的定义如前所述。综合误差项 u 的方差—协方差矩阵可以表示为：

$$_{nT}\Omega_{nT,u}=(I_T\otimes B^{-1})\Omega_\varepsilon(I_T\otimes B^{-T}) \tag{4.63}$$

式中，$\Omega_\varepsilon=\sigma_\mu^2J_T+\sigma_\eta^2I_T\otimes I_n$ 是单向综合误差模型的典型方差—协方差矩阵。Baltagi 等（2013）指出，SEM—RE 模型和 KKP 模型的经济学解释差异很大。在第一个模型中，只有时变变量服从空间分布，而在第二个模型中，空间溢出效应为固定成分。

4.3.4 空间面板固定效应模型

正如第 4.3.2 节所述，如果个体效应与解释变量无关，它们可以被视为误差项的一部分，并且可用 GLS 方法估计。相反，如果我们放松这一假设，那么估计结果将是不一致的，在这种情况下，我们需要使用固定效应模型：我们需要估计个体效应，或者常用的做法是使用一阶差分消除个体效应，这一做法被

称为除时间均值法（Wooldridge，2002）。从统计抽样的角度来说，随机效应假设符合从潜在的无限总体中进行个体抽样的性质。这使得 Elhorse（2009）放弃了其在空间计量经济学中的实际效用，而是按常规从固定的国家和地区进行抽样。然而，现代计量经济学在这个问题上［可以回溯到 Mundlak（1978），其他人（Wooldridge，2002）进行了总结］主要关注个体效应的统计性质，而非术语本身，因而通常被视为随机变量，两者的主要区别是误差项与回归量之间能否设为不相关。因此，固定效应和随机效应更应被视为经验问题。Hausman 检验就是用来评价非相关假设，进而判断是否使用随机效应模型的标准检验。在空间计量经济学设定下，Lee 和 Yu（2012）对该问题进行了广泛的讨论。

4.3.5 估　计

空间面板模型，不论是固定效应模型还是随机效应模型，都可以使用 ML 方法或者 GMM 方法估计。一般来说，ML 方法是最有效的，其假设条件最符合实际，但计算量也是最大的，GMM 方法的计算量要小得多。与 ML 方法相比，GMM 估计同样放松了正态分布假设（后面会讨论一个特例），而且其估计结果更为稳健。第 4.3.3 节和第 4.3.4 节讨论的所有模型设定均可使用上述两种方法估计。方程（4.60）中的设定是一个特例，个体效应在观测单位之间是相互独立的。实际上，唯一的随机效应设定是 KKP 模型中的 GMM 估计值。在接下来的第 4.3.5.1 节将讨论极大似然估计，在第 4.3.5.2 节将讨论广义矩估计。

4.3.5.1 极大似然估计

Elhorst（2003）给出了空间滞后面板模型和空间误差面板模型使用极大似然估计的标准步骤。他的估计方法建立在类似于标准面板数据的除时间均值技术的基础上，并采用了 Anselin 的极大似然框架。数据通过除时间均值处理，减掉各观测单元的时间均值，目的是消除空间个体效应。在进行除时间均值处理后，标准空间滞后估计或标准空间误差估计均可用于转换数据，以便一阶条件可用于 OLS 估计。在空间滞后的情况下，还会对 y 进行空间滤波。下面举例说明固定效应和随机效应两种不同情形。

固定效应模型

从计算角度而言，根据 Elhorst（2003）给出的框架，空间面板模型的固定效应估计是根据除时间均值数据进行混合估计的。下面以第 3.5 节介绍的空间滞后面板模型进行讨论。在该模型中，我们首先需要使用滤波器 $I_T \otimes A$ 加入空间滤波，进而对混合模型的似然函数进行修正，其中 $A=(I_n-\lambda W)$，λ 为空间滞后参数。同样，我们需要考察空间滤波矩阵 $|I_T \otimes A|$ 行列式的明确表达式。在这种情况下，其值为 $|A|$ 的 T 次方。Elhorst（2003）的估计方法之所以有效，核心在于对每一矩阵 Σ 都能满足 $\Sigma(I_n \otimes A)y=(I_n \otimes A)\Sigma y$，因此使得对空间滞后数据进行除均值处理等价于对除均值数据进行滞后处理（Mutl and Pfaffermayr，2011；Kapoor et al.，2007）。

有效的两步迭代运算的估计步骤如下。首先，我们将 X 和 Y 的除均值向量定义为：

$$\tilde{y}_{it}=y_{it}-\bar{y}_i \tag{4.64}$$

式中，$\bar{y}_i=\frac{\sum_{t=1}^{T} y_{it}}{T}$ 为 $t=i$ 时的时间均值；对变量 X 而言，其处理相同。这一步骤的作用是从回归方程中剔除了常数项。其次，考虑从除时间均值模型（对 y 进行空间滤波）中得到的残差：

$$\tilde{\eta}=(I_T \otimes A)\tilde{y}-\overline{X}\beta \tag{4.65}$$

再次，我们可以得到关于参数 β 和 σ_η^2 的似然函数：

$$l=\text{const}-\frac{nT}{2}\ln(\sigma_\varepsilon^2)+T\ln|A|-\frac{nT}{2}\ln(\tilde{\eta}^T\tilde{\eta}) \tag{4.66}$$

这个方程可以根据参数 λ 进行最大化。由此得到的 λ 值可以代入 GLS 估计，得到如下一阶条件：

$$\hat{\beta}=(\widetilde{X}^T\widetilde{X})^{-1}\widetilde{X}(I_T \otimes A)\tilde{y} \tag{4.67}$$

及

$$\sigma_\eta^2 = \frac{\tilde{\eta}^T \tilde{\eta}}{nT} \tag{4.68}$$

通过这种方式，我们得到了误差项的一个新表达式，然后代入方程（4.65）中。不断重复这一步骤，直至收敛。

Elhorst（2003）的方法可以经简单调整后用到空间误差模型的设定中。同理，有效的两步运算过程根据 β 和 σ_n^2 得到的似然函数如下：

$$l = \text{const} - \frac{nT}{2}\ln(\sigma_\varepsilon^2) + T\ln|B| - \frac{nT}{2}\ln(\tilde{\eta}^T\tilde{\eta}) \tag{4.69}$$

从除时间均值模型得到的残差进行如下滤波处理：

$$\tilde{\eta} = (I_T \otimes B)\tilde{y} - \tilde{X}\beta \tag{4.70}$$

式中，$B = (I - \rho W)$。方程（4.69）可以根据参数 ρ 进行最大化。如前所述，将由方程（4.69）最大化得到的 ρ 值用于 GLS 估计，可得下述一阶条件：

$$\hat{\beta} = (\tilde{X}^T\tilde{X})^{-1}\tilde{X}\tilde{y} \tag{4.71}$$

及

$$\sigma_\eta^2 = \frac{\tilde{\eta}^T \tilde{\eta}}{nT} \tag{4.72}$$

将得到的误差项的新表达式代入方程（4.70），并迭代至收敛。

尽管 Elhorst（2003）没有明确指出，但其方法同样可以简单扩展到 SARAR 模型中［相关应用见 Millo 和 Pasini（2010）］。

尽管 Elhorst（2003）的方法被视为计算机软件和实证方面的标准做法，但 Anselin 等（2008）仍对该方法提出了部分建议，因为除时间均值处理改变了误差项的联合分布性质，将产生序列相关问题。Lee 和 Yu（2010b）对该问题进行了讨论，而 Millo 和 Piras（2012）使用蒙特卡罗模拟对该方法的实用意义进行了评估。为了解决这一问题，Lee 和 Yu（2010a）建议对数据进行与此不同的正交变换。

随机效应

Elhorst（2003）给出了估计空间滞后面板随机效应模型和空间误差面板随机效应模型的标准步骤。他的估计方法基于 Anselin 的极大似然估计框架，采用了局部除时间均值数据处理方法：一旦为了消除随机效应结构而对数据进行了准除时间均值处理，则标准空间滞后或空间误差模型估计就可用于变换后的数据，使其一阶条件简化成 OLS 估计的一阶条件，但要在空间滞后模型中对 y 加上一个空间滤波（Millo，2013）。在此，我们不考虑未经变换的数据，而且我们将任何类型的随机效应设定为误差的协方差特征。空间滞后面板随机效应模型的一般似然函数以及其误差的协方差结构 Σ 表示了方程（3.49）的面板数据：

$$l=\text{const}-\frac{nT}{2}\ln(\sigma_\eta^2)+\frac{1}{2}\ln\mid\Sigma\mid+T\ln\mid A\mid$$
$$-\frac{1}{2\sigma_\eta^2}\frac{\mid(I_T\otimes A)y-X\beta\mid^T\Sigma^{-1}\mid(I_T\otimes A)y-X\beta\mid}{nT} \tag{4.73}$$

式中，Σ 为综合误差的方差—协方差矩阵，我们可以使用迭代（$\grave{a}$ la Dberhofer and Kmenta，1974）来得到待估参数的极大似然函数估计结果。首先，给空间滞后参数 λ 以及误差的协方差参数设定一个初始值，我们可以从一阶条件估计 $\hat{\beta}$ 和 σ_η^2：

$$\hat{\beta}=(X^T\Sigma^{-1}X)^{-1}X^T\Sigma^{-1}(I_T\otimes A)y \tag{4.74}$$

和

$$\sigma_\eta^2=\frac{[(I_T\otimes A)y-X\beta]^T\Sigma^{-1}[(I_T\otimes A)y-X\beta]}{nT} \tag{4.75}$$

方程（4.73）中的似然函数可以根据 A 和 Σ 中的参数进行集中和最大化。这些估计值可用来更新 Σ^{-1} 的表达式，不断重复上述步骤直至参数收敛。也就是说，对于特定的 Σ 可以在 GLS（对参数 β 和 σ_η^2）和集中似然函数（其他参数）之间进行两步迭代，直至收敛。这个整体思路可以运用到随机效应的估计中。例如，空间滞后面板随机效应模型（SLM—RE）可以表示为被解释变量 y 的空间过滤

和各种分布随机效应残差结构的结合，我们有

$$(I_T \otimes A)y = X\beta + u \tag{4.76}$$

和

$$u = (i_T \otimes \mu) + \eta \tag{4.77}$$

式中，方差—协方差矩阵被定义为 $\Sigma_{SLM-RE} = \varphi(J_T \otimes I_n) + I_{nT}$，其中：

$$\varphi = \frac{\sigma_\mu^2}{\sigma_\eta^2} \tag{4.78}$$

它表示个体效应的方差与特异性误差的方差的比率。

正如第 4.3.3 节所述，空间误差面板随机效应模型有两种可能的设定方式，取决于空间自回归效应与个体误差成分之间的相互作用。

在第一种设定下（SEM—RE），只有特异性误差存在空间相关。其模型可以由下列三个式子表示：

$$y = X\beta + u \tag{4.79}$$

$$u = (i_T \otimes \mu) + \varepsilon \tag{4.80}$$

和

$$\varepsilon = \rho(i_T \otimes \mu)\varepsilon + \eta \tag{4.81}$$

扩展后的误差的协方差可表示为：

$$\Sigma_{SEM-RE} = J_T \otimes [T_\varphi I_n + (B^T B)^{-1}] + E_T \otimes (B^T B)^{-1} \tag{4.82}$$

式中，$\bar{J}_T = \frac{J_T}{T}$，$E_T = I_T - J_T$。

在第二种设定（KKP）下，同一空间模型可用于个体误差与特异性误差，并可由下列方程表示：

$$y = X\beta + u \tag{4.83}$$

$$u = (i_T \otimes \mu) + \varepsilon \tag{4.84}$$

和

$$u = \rho(I_T \otimes W)u + \varepsilon \tag{4.85}$$

将扩展后的误差的协方差代入下列似然函数，可得：

$$\Sigma_{KKP} = (\varphi J_T + I_T) \otimes (B^T B)^{-1} \tag{4.86}$$

4.3.5.2 广义矩估计

空间面板模型的广义矩估计方法是基于交替进行空间 Cochrane-Orcutt 转换以消除标准 GLS（用于 RE）估计中的空间相关性，或者类似于面板数据中的除时间均值处理。空间 Cochrane-Orcutt 转换反过来也依赖于空间参数估计的一致性。类似于 Kapoor 等（2007）以及 Millo 和 Piras（2012）提出的方法，出于简化目的，我们仅考虑空间误差模型。如果读者有兴趣了解全部模型，可以阅读 Mutl 和 Pfaffermayr（2011）以及 Piras（2011）的研究。

随机效应

Kapoor 等（2007）对［Kelejian 和 Prucha（1999）提出的］广义矩估计进行了拓展，以便将其横截面模型的空间参数（见第 3.4.3 节）扩展为面板模型的空间参数。他们给出了空间误差项自回归参数 ρ、扰动过程的两个方差成分（即 $\sigma_1^2=\sigma_\mu^2+\sigma_\eta^2$ 和 σ_η^2）的估计步骤。GMM 的 3 个待估参数值可由下述矩条件定义：

$$E\begin{bmatrix} \frac{1}{n(T-1)}\varepsilon^T Q_0 \varepsilon \\ \frac{1}{n(T-1)}\bar{\varepsilon}^T Q_0 \bar{\varepsilon} \\ \frac{1}{n(T-1)}\bar{\varepsilon}^T Q_0 \varepsilon \\ \frac{1}{n(T-1)}\varepsilon^T \varepsilon \\ \frac{1}{n(T-1)}\bar{\varepsilon}^T \bar{\varepsilon} \\ \frac{1}{n(T-1)}\bar{\varepsilon}^T \varepsilon \end{bmatrix} = \begin{bmatrix} \sigma_\eta^2 \\ \sigma_\eta^2 \frac{1}{n}\mathrm{tr}(W^T W) \\ 0 \\ \sigma_1^2 \\ \sigma_1^2 \frac{1}{n}\mathrm{tr}(W^T W) \\ 0 \end{bmatrix} \tag{4.87}$$

式中，$Q_0 = \frac{I_T - J_T}{T}$，$I_N$ 为除时间均值矩阵，因此 $Q_0 y = \tilde{y}$（参考前面的章节）。进一步，类似于第 3.4.3 节，我们定义 $\varepsilon = u - \rho\bar{u}$，$\bar{\varepsilon} = \bar{u} - \rho\bar{\bar{u}}$，$\bar{u} = (I_T \otimes W_n)u$，$\bar{\bar{u}} = (I_T \otimes W_n)\bar{u}$。

根据方程（4.87）得到的估计量基于这么一个事实，即在被解释变量不包含空间滞后的随机效应模型中，与使用 OLS 方法对 β 的估计是一致的。OLS 估计的残差可以代入 GMM 的估计步骤。

第一组 GMM 估计值是根据前面三个方程得到的，并为它们设定了相同的权重。第二组 GMM 估计值使用了所有矩条件以及最优权重值来估计：在正态分布假设下，样本矩真实参数值的方差—协方差的逆矩阵［由 Kapoor 等（2007）提出，他们在非正态的情况下也讨论了它的适用性］。最后，第三组 GMM 估计值使用了所有的矩条件以及简化的权重值，并且在计算样本矩的渐进方差—协方差矩阵遇到困难的情况下，可以证明它是有用的。

使用上述某一组估计值，我们可以得到空间参数以及方差的估计值。第一组估计值可用于进行空间 Cochrane-Orcutt 类型的转换，而且为了消除个体效应，可以将该数据左乘 $I_{nT}-\left(\frac{1-\sigma_v}{\sigma_1}\right)Q_0$，就像标准面板数据文献中所述。在这种情况下，可行 GLS 估计对该模型进行两次转换后，将这一问题简化为 OLS 估计。最后，我们可以根据参数的方差—协方差表达式进行小样本统计性质推断：

$$\Gamma=(X^{*T}\Omega_{\varepsilon}^{-1}X^{*})^{-1} \tag{4.88}$$

式中，变量 X^* 为原模型的空间 Cochrane-Orcutt 转换形式（参见第三章），X^* 和 $\Omega_{\varepsilon}^{-1}$ 均取决于参数 ρ、σ_{μ}^2 和 σ_1^2 的估计值。

固定效应

近年来，有学者提出修改上述模型的估计程序，因为随机效应模型中关于个体效应与回归量不相关的假设很难成立。Mutl 和 Pfaffermayr（2011）指出，在固定效应假设下，回归方程的 OLS 估计得到的回归结果是不一致的。他们提议使用空间两阶段最小二乘法的组内残差来代替 OLS 残差。以空间误差模型为例，一个简单的组内估计值会得到模型参数的一致估计量。Mutl 和 Pfaffermayr（2011）对 Kapoor 等（2007）的三个矩条件以组内残差形式进行了重新定义，然后使用了 Kapoor 等（2007）描述的 GMM 方法，仅以三个矩条件对空间参数 ρ 进行了估计。随后，通过对转换后的变量进行空间 Cochrane-Orcutt 类型的转换后，模型参数可根据 OLS 方法估计得到。

4.3.6 在空间面板数据建模中的其他建模框架

近年来，关于空间面板数据模型的文献增长迅速。根据 Arbia（2012）的调查，2007—2011 年不管是在理论研究还是在实证研究领域，其已成为热门主题。显而易见，本书在此介绍的基础框架采用了一种简洁的方式，其内容仍然需要丰富和改进。在本领域内较为著名的论文有：Baltagi 和 Pesaran（2007）发表在《应用计量经济学》（*Journal of Applied Econometrics*）上对空间面板的介绍，Lee 和 Yu（2010b）的评论性文章以及他们具有重要研究地位的论文。有兴趣的读者可以在近期的文献中对不同的研究主题进行检索。需要注意的是，这些模型都是静态的（尽管使用了时间序列数据），从某种意义上说，它们均未考虑动态效应。就这一点而言，该文献涉及稳定动态面板数据模型以及非稳定面板数据模型，包括空间单位根、空间协整的处理（Lee and Yu，2011）。

例 4.5　关于公共资本生产效率的芒内尔模型（续）

尽管 Munnell（1990）最初的关注点在于社会生产领域中公共资本的显著性，研究者可能更有兴趣研究误差项的空间属性，考察其是不是由 SEM—RE 空间误差模型或者 KKP 模型决定的。本例主要关注第一种模型，利用了行标准化的邻近矩阵，并使用了极大似然估计法和例 4.4 中的原始数据来估计该模型。其估计结果如下所示：

SEM—RE 模型

参数		标准误	t 检验	p 值
截距	1.622 079 8	0.212 747 2	7.624 4	2.451e−14***
log(*pcap*)	0.038 245 7	0.051 250 7	0.746 2	0.455 52
log(*pc*)	0.397 084 1	0.043 349 8	9.160 0	<2.2e−16***
log(*emp*)	0.627 153 7	0.039 501 3	15.876 8	<2.2e−16***

续前表

参数		标准误	t 检验	p 值
$unemp$	−0.006 685 0	0.002 652 9	−2.519 9	0.011 74*
方差成分 φ	25.946 903	6.470 930	4.009 8	6.078e−05***
ρ	0.595 470	0.065 178	9.136 1	<2.2e−16***

显著性标注：0'***'0.001'**'0.01'*'0.05'.'0.1''1。

个体效应的方差比异质性误差的方差大很多，后者显示出了明显的空间相关性：因此对误差使用空间模型的理由更为充分。参数 β 的估计值与例 4.4 中空间随机效应模型的估计值不存在很大差别，但基于上述证明，我们有理由相信后者的估计值更为可靠，因为它将具有统计显著性的成分纳入了模型的考虑范围，而前者并未考虑。

如果读者有兴趣了解一个州的社会生产总值对邻近州的影响，那么空间滞后随机效应模型更为合适。其估计结果如下所示：

SLE—RE 模型

参数		标准误	t 检验	p 值
截距	1.367 151 0	0.197 040 1	6.938 4	3.964e−12***
$\log(pcap)$	0.109 362 9	0.052 609 6	2.078 8	0.037 639 3*
$\log(pc)$	0.606 612 5	0.037 699 3	16.090 8	<2.2e−16***
$\log(emp)$	−0.009 765 8	0.002 651 8	−3.682 7	0.000 230 7***
$unemp$	−0.009 765 8	0.002 651 8	−3.682 7	0.000 230 7***
方差成分 φ	18.704 3	4.682 2	3.994 8	6.475e−05***
λ	0.038 789	0.021 832	1.776 7	0.075 62

显著性标注：0'***'0.001'**'0.01'*'0.05'.'0.1''1。

从结果可以看出，空间自回归系数的估计值较小，而且在 5%的置信度水平上不显著：使用 SLM—RE 模型的理由便不再那么充分。

例 4.6　意大利地区趋同性的空间面板固定效应分析

在本例中，我们再次考虑巴罗和萨拉伊马丁（1992）介绍的地区趋同模型（例 1.1 中已经介绍过），其中对意大利 20 个地区（地理分布图见图 2.3）的面板数据进行了修正。增长方程的面板模型表达式为：

$$\log(y_{i,t+k}) - \log(y_{it}) = \alpha_i + \beta\log(y_{it}) + \varepsilon_{it}$$

在此，正如例 1.1 所述，y_{it} 表示地区 i 第 t 年 的人均 GDP。因此，地区 i 在 k 年内的增长率为地区初始收入水平以及个体截距的函数。从面板数据角度来看这个问题，面板数据提供了比纯截面数据更多的解释，我们可以控制地区层面的时间连续性、个体异质性等特征。此外，将个体效应视为待估参数误差的一部分，固定效应设定允许特异性误差与模型回归量相关。从 1960 年到 1995 年，我们对意大利 20 个地区每 5 年（$k=5$）观测一次人均 GDP 数据（为了简便，数据并未在此展示），我们将实际 GDP 的对数（记为 GDPV）和滞后 5 年的 GDP 对数（记为 l5GDPV）的差对 l5GDPV 进行回归。按照常规，我们先估计空间固定效应模型，其结果如下：

参数		标准误	t 检验	p 值
log(l5GDPV)	−0.199 311	0.014 445	−13.798	<2.2e−16***

显著性标注：0' *** '0.001' ** '0.01' * '0.05'. '0.1''1。

在该模型估计中，参数 β 的系数为负值且显著，表明存在收敛。

为了估计不同的空间模型，我们使用第 2.3.2 节描述的意大利地区的二元邻近矩阵。我们先通过极大似然估计法估计空间滞后固定效应模型，其结果如下：

SLE—FE

参数		标准误	t 检验	p 值
λ	0.680 944	0.053 398	12.752 3	<2.2e−16***
log(l5GDPV)	−0.068 823	0.014 291	−4.815 8	1.466e−06***

显著性标注：0' *** '0.001' ** '0.01' * '0.05'. '0.1''1。

空间滞后效应参数 λ 的估计值很大，而且是显著的。因此，邻近地区的经济增长对本地区存在较强的正效应。收敛系数 β 仍是显著的，而且是符合预期的负值，但其在绝对值上更小了（需要注意的是，它不能与没有包含空间滞后项的模型进行直接比较）。这强调了调整过程中较低的"收敛速度"（见例 1.1）。

接下来，我们考虑空间误差模型。假设来自邻近地区经济增长的冲击能够传导到相邻地区，进而影响其经济增长。空间误差固定效应模型的估计结果如下所示：

SEM—FE

参数		标准误	t 检验	p 值
λ	−0.271 102	0.031 033	−8.736	<2.2e−16***
log(l5GDPV)	0.780 552	0.041 063	19.008	<2.2e−16***

显著性标注：0'***'0.001'**'0.01'*'0.05'.'0.1''1。

误差项空间参数的估计值很大且显著。收敛参数的估计值比非空间模型的估计值要大，而且同样是统计显著的。

4.4 非静态空间计量模型

4.4.1 概 论

迄今为止，在前面讨论的模型中，我们描述的变量之间的关系在各个地理单位间都是静态的。这种设定有如下综合优势：对单一参数，该回归系数综合了模型中被解释变量 y 与相关解释变量的所有复杂关系。然而，这种简化有时显得限制性过强。在很多实证分析中，没有理由认为两个变量之间的关系在整个地理区域都是稳定的，更合乎情理的推测是它在空间上的变化遵循某种有规律的模式。例如，如果我们面对的是庞大地理区域内的大样本（如国家或者大洲），允许变量之间的关系随着空间单位以某种平稳的方式变化，这种复杂的回归机制似乎更为合理。考虑例 3.2 的情形，该例使用的数据是观测到的美国 48 个州的二手车价格以及税收，我们研究了两者之间的关系。在原则上，我们可以认为上述关系在每一个州都是不同的，或者说，它在空间上是非静态的。从多种角度来看，空间关系的异质性应被视为一种规则而非特例：首先，人们的行为习惯以及偏好存在地理差异；其次，模型通常在解释空间差异上缺乏适用性，因为它仅使用了相对较少的一些解释变量，因此模型经常出现误设。许多解释空间差异的相关变量可能由于变量本身难以合理度量或者其函数形式不适当而被排除在模型之外。

本章将介绍另一种建模思路来研究非静态的空间关系。特别地，我们主要讨论地理加权回归模型，又称 GWR 模型。对于该模型的构建，有两个重要的历史前提条件，分别是扫描统计（scan statistics）以及局部加权回归。扫描统计在统计学文献中的历史悠久（Glaz et al.，2001），而且在许多实证领域中被广泛应用，如公共卫生健康领域（研究人员寻找异常病理聚集区的公共起因）、分子生物（DNA 集群意味着可能的病毒复制的最初起因）、通信、质量控制等。在特殊的情况下，与空间计量应用相关，是指二维扫描统计。其核心思想较为简单：我们挑选地理上邻近的单位作为一个子样本，并对它们进行统计计算，而非将全部样本作为研究目标。关于二维扫描统计的第一个例子可以参考罗纳德·费雪爵士（Sir Ronald Fisher）1959 年著作中第三章的例子，他展示了这种方法在天文学领域的运用。Arbia（1990）建议使用扫描统计（参考术语“移动窗口”）来研究随机的一阶和二阶矩的空间非平稳性。Hoh 和 Ott（2012）提供了一个有趣的例子，它们被用于基因组筛选。Paez 等（2008）展示了其在特征价格估计研究中的应用。局部加权回归（LWR）是一种非参数化方法［由 Cleveland 和 Devlin（1988）引入］，可被视为运用扫描统计技术来对关注点以及关注点附近有限数量的训练数据（training data）进行回归。在局部加权回归中，其他点离当前点越近，权重就越大并使用核函数（见第 4.1.3 节）；然后，使用加权点计算回归（McMillen，1996）。因此，局部加权回归的输出是对每个观察单位的一组单独的回归估计，但由于该技术利用内核滤波器，所以它产生平滑变化，使得附近的观察单位倾向于显示类似的系数。最后，地理加权回归（GWR）是 LWR 的一个特例（Brundson et al.，1996；Fotheringham et al.，1998，2002，2007；McMillen and McDonald，1997，2004），它利用地理空间作为一个选择标准。GWR 提供了一组局部估计，可以通过映射来产生在研究区域之间变化的参数曲面。这些映射对于探索空间异质性和理解空间关系起着至关重要的作用。

4.4.2 地理加权回归

对地理单位 i（$i=1,2,\cdots,n$）考虑下述回归模型（Wheeler and Paez, 2010）：

$$y_i = X_i\beta_i + \varepsilon_i \qquad i=1,\cdots,n \tag{4.89}$$

式中，y_i 为被解释变量 y 在第 i 个地理单位的观测值；X_i 代表观测矩阵 ${}_nX_k = \begin{bmatrix} 1 & X_{11} & \cdots & X_{1k-1} \\ 1 & X_{21} & \cdots & X_{2k-1} \\ \vdots & \vdots & & \vdots \\ 1 & X_{n1} & \cdots & X_{nk-1} \end{bmatrix}$ 的第 i 行；β_i 为未知待估参数向量（随着地理位置变化）；ε_i 为随机分布的第 i 个观测值，因而有 $\varepsilon_i \mid X \sim \text{i.i.d. } N(0, \sigma^2_{\varepsilon n} I_n)$。该估计方法是使用下述直观的 GLS 估计量对 n 个特定的模型进行估计：

$$\hat{\beta}_i = [X^T G_i X]^{-1} X^T G_i y \tag{4.90}$$

式中，y 为 $n\times1$ 维向量；$\hat{\beta}_i$ 为 β_i 的 OLS 估计值；$G_i = \begin{bmatrix} g_{i1} & 0 & 0 & \cdots & 0 \\ 0 & g_{i2} & 0 & \cdots & 0 \\ \vdots & \vdots & \vdots & & \vdots \\ 0 & 0 & 0 & \cdots & g_{in} \end{bmatrix}$ 为$n\times n$阶对角矩阵，表示赋予每一观测单位的权重。矩阵 G 的作用与前几章广泛应用的空间权重矩阵 W 类似。实际上，在所有观察值中，矩阵 G 选择了那些与 y 在观测单位 i 上相关的预测值，赋予它们与距离成反比的特定权重。然而，这两个矩阵仍然存在较大区别，即在每一局部回归中包含的观测单位个数（也就是矩阵 G_i 中的非零元素）需要足够大的、保证回归的自由度，从而得到待估参数的可靠估计量。按照惯例，方程（4.90）中系数的估计值可以被理解为解释变量的单位变化对被解释变量的（局部）边际影响。因此，GWR 半参数模型的本质思想（这是所有空间计量模型的基础）是：为了预测某观测单位的变量，最好的预测变量是其邻近单位的变量。此外，将估计限定在邻近观测单位会在很大程度上减少（即使不能完全消除）绝大多数空间相关的负面影响，以及估计参数的异质性。

基于给定的条件，方程（4.90）给出的估计值与分别对各观测单位赋予权重的伪似然函数最大化的结果一致（McMillen and McDonald，2004）。矩阵 G 中的组合加权方案（空间改变）是估计方法的核心，并取决于两大关键要素。首先，核函数的选择。其次，与观测单位 i 中参数估计相关的邻近观测单位的个数。第二个要素已经包含在核函数的参数（带宽参数）选择中。选择合理的带宽是估计步骤中的本质要素。为了识别局部模式，较小的带宽更为适宜，但可能由于样本量过小而得到不可信的估计值。另外，虽然较大的带宽可以确保估计值的可信度，但它会弱化局部异质性。当带宽足够大，并使所有的观测单位都被包含进来（权重相同）时，显然 GWR 的估计值将与标准 OLS 回归的估计值相同。矩阵 G 已经考虑了权重值的简单选择，其与根据没有明确权重的最大距离邻近准则（见第 2.1 节）定义的权重矩阵 W 类似。权重的正式表达式为：

$$g_{ij}=\begin{cases}1 & d_{ij}<d^{*}\\0 & d_{ij}\geqslant d^{*}\end{cases} \tag{4.91}$$

式中，d_{ij} 为 i 与 j 两个观测单位之间的距离；d^{*} 为门槛距离值。

从原则上说，第 4.1.3 节中介绍的核函数都可以使用，但在实际中，一般用于 GWR 的核函数如下：

1. 高斯核函数。第 4.1.3 节已介绍了这种核函数，在本节的条件下，可以表示为：

$$g_{ij}=\exp\left[-\frac{1}{2}\left(\frac{d_{ij}}{\sigma}\right)^{2}\right] \tag{4.92}$$

式中，参数 σ 为带宽。通过参数 σ，我们可以控制包含在每一子样本中的观测单位数量。

2. 二次核函数（广义二次核函数，见第 4.1.3 节）。其表达式如下：

$$g_{ij} = \left(1 - \frac{d_{ij}^2}{\sigma^2}\right)^2 \tag{4.93}$$

3. 三次核函数。其表达式如下：

$$g_{ij} = \left(1 - \frac{d_{ij}^3}{\sigma^3}\right)^3 \tag{4.94}$$

带宽参数 σ 可以使用先验值或者从数据中估计，这一步骤通常被称为校准。就这一方面而言，最常用的校准策略为交叉验证方法，这是一种可以确定带宽的迭代搜索过程（通过不断迭代），它可以最小化预测误差的均方根［其他方法可参见 Paez 等（2002），相关的评论参见 Wheeler 和 Paez（2010）］。一旦选定了核函数，模型的校准就完成了，方程（4.90）全部设定完毕，可用来估计模型参数。下面考虑假设检验，按照常规，该检验统计量可以通过原假设下 β_i 值与备择假设下经其标准误调整后的 β_i 值的差异获得［见方程（1.21）］，即

$$\text{test} = \frac{\hat{\beta}_i}{\sqrt{\text{Var}(\hat{\beta}_i)}} \tag{4.95}$$

式中，使用 GLS 表达式［方程（1.48）］获得分母中的换算系数，在这种情况下，有

$$\text{Var}(\hat{\beta}_i) = \sigma_\varepsilon^2 A_i A_i^T \tag{4.96}$$

式中，$A_i = (X^T G_i X)^{-1} X^T G_i$。方程（4.95）中的检验统计量可用来检验每一观测单位回归假设的有效性。从这个角度看，我们会发现一个解释变量对被解释变量 y 的影响只在所研究区域的某些特定地区显著，但在其他地区不显著，呈现出有趣的空间分布特征。

一旦模型的估计完成，并检验了该模型中每一观测单位解释变量系数的统计显著性，则按照常规，我们将检验模型假设的有效性。需要注意的是，在当前的研究中，我们通常要检验模型的残差是否呈现出某种地理分布规律（比如空间自相关），而这一问题在实施地理加权方法时是无法充分考虑的。对 GWR

模型的残差进行空间自相关检验的理论最早是由 Leung 等（2000）提出的。该方法首先对全局模型的伪残差进行定义，其定义类似于残差计算，是指每一观测单位 i 上 y_i 的观测值与根据（非静态）空间参数得出的估计值之间的差。这些残差并非采用常规方式定义，因为对每一观测单位而言，他们使用了不同的回归模型进行计算。一旦伪残差计算完毕后，他们使用类似于莫兰 I 检验系数的改进方法来研究潜在的空间分布规律。除了 Leung 等（2000）的方法，Paez 等（2002）也提出了类似的理论。

4.4.3 进一步的发展

前面介绍的基准 GWR 模型只是其他复杂建模策略的一个起点。这个领域内的研究文献众多，而且发展迅猛，但从某种程度上说，它们仍停留在研究的起步阶段（Fotheringham et al.，2002；McMillen and McDonald，2004；Pace and LeSage，2004；Wheeler and Paez，2010）。第 4.4.2 节提供了对基准模型进行明显扩展的范例，它使用了属于 SARAR 系列的空间计量模型来替代简单的 OLS 局部回归（Brunsdon et al.，1998；Paez et al.，2002；Pace and LeSage，2004；Mur et al.，2008）。然而，这一扩展在处理大样本时将会遇到严重的计算问题。实际上，同一个模型不仅需要估计 n 次（在处理第三章中的各种模型时，遇到的计算问题将会增多数倍），而且在交叉验证确定最优带宽参数时，涉及对$(n-1)\times(n-1)$阶矩阵进行求行列式的重复运算。对模型进行的第二种有趣扩展，其代表是将贝叶斯方法用于 GWR 模型［由 LeSage（2004）提出］，此举是为了处理标准模型中出现的异常值以及极大的异方差问题。从本质上说，该估计程序会对回归系数施加一个先验分布（取决于一系列超参数）。进一步的扩展涉及本节所述的广义 GWR 框架的应用，用以处理离散选择模型（见第 4.2 节）。例如，McMillen 和 McDonald（2004）得出了估计地理加权概率模型的极大似然法，表明通过这种方法，大多数空间离散选择模型（见第 4.2.3 节）特有的异方差性和自相关性可以被消除，因此减少了对估计量的一致性和效率的负面影响。

例 4.7　佐治亚州教育成就的决定因素

作为一个地理加权回归的范例，我们考虑由佐治亚州 159 个郡构成的数据集［由 Fotheringham 等（2002）提出］。我们可以使用 R 命令 data（Georgia）从 R 软件的数据库 spgwr 下载这个数据集（见第 4.5.4 节）。该数据集中包含如下变量：本科及以上学历人口的比例（*Bach*）、农村人口的比例（*Rural*）、老年人口的比例（*Eld*）、国外出生人口的比例（*FB*）、贫困线以下人口的比例（*Pov*）以及黑人人口的比例（*Black*）。该数据集中同样包含各郡的总人口以及该地区的地理信息等，比如各郡中心区域的经纬度。下面考虑的模型涉及各郡本科及以上学历人口的比例与上述其他变量的函数关系（*Rural*、*Eld*、*FB*、*Pov* 以及 *Black*）。该基准空间模型的 OLS 估计值如下表所示：

参数	估计值	标准误	t 检验	p 值
截距	17.243 73	1.753 29	9.835	<2e−16***
Rural	−0.070 32	0.013 58	−5.179	6.93e−07***
Eld	0.011 45	0.129 53	0.088	0.929 693
FB	1.852 47	0.306 83	6.037	1.14e−08***
Pov	0.255 24	0.072 48	−3.522	0.000 566***
Black	0.049 11	0.026 48	1.854	0.065 602

显著性标注：0'***'0.001'**'0.01'*'0.05'.'0.1''1。

多重 $R^2=0.588\,4$　　修正的 $R^2=0.575$

F 统计量＝43.75 on 5 and 153*DF*　　p 值$<2.2\text{e}-16$

使用高斯核函数以及交叉验证迭代方法确定的最优带宽可以估计地理加权回归模型。对各估计参数的汇总结果如下表所示：

参数	最小值	第一四分位数	中位数	第三四分位数	最大值	全距	全局（OLS）
截距	14.170 000	15.350 000	17.050 000	18.200 000	18.860 000	4.69	17.243 7
Rural	−0.081 350	−0.073 480	−0.064 850	−0.055 110	−0.051 080	0.030 27	−0.070 3
Eld	−0.191 200	−0.094 630	−0.065 330	−0.032 360	0.012 500	0.203 7	0.011 4
FB	0.854 300	1.282 000	2.031 000	2.796 000	3.138 000	2.283 7	1.852 5
Pov	−0.304 800	−0.258 100	−0.196 100	−0.115 100	−0.034 210	0.270 59	−0.255 2
Black	−0.016 900	0.006 347	0.031 610	0.060 620	0.087 210	0.070 31	0.049 1

在上表的最后一列，出于比较的目的，我们仍列出了 OLS 估计结果。该结果表明，局部参数和全局参数呈现出了较大的差异性。需要注意的是，在某些情形下，不同空间单位的参数符号会出现相反的情况（变量 *Eld* 和 *Black*）。因此，在某些研究区域，变量之间的关系是正向的，比如变量 *Bach* 和变量 *Black* 在其他区域为正向关系。例如，图（a）描述了变量 *Black* 回归系数的变化情况（深色表示正值，浅色表示负值）。系数的异质性是显而易见的，并按照从南到西、从北到东递减。因此，在南部以及西部的郡中，变量“黑人人口的比例”对“本科及以上学历人口的比例”有正向影响，而在北部和东部的郡中，这一关系是相反的。需要注意的是，图形变化呈现出的平稳性，是使用核函数的结果，即权重随着地理距离而递减。图（b）表示的是变量 *Black* 估计系数的频率分布，其系数的符号明显有正有负。

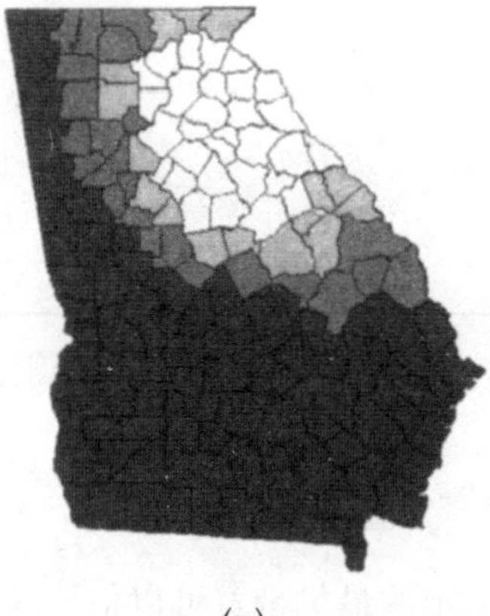

(a)

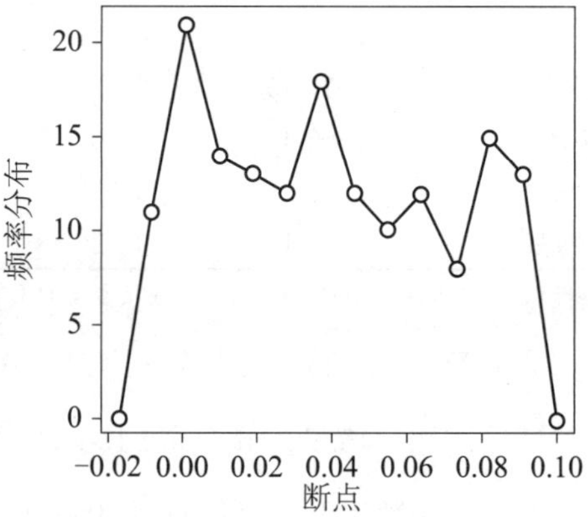

(b)

4.5 R 代码

4.5.1 估计异方差线性空间模型

工具包 sphet 用于估计和检验异方差空间模型。它与资源包 spdep 的运算相互补充且部分功能重合。在第一次使用时，输入命令 install. packages（“sp-het”），然后在每次会话开始前输入 library（sphet）。

假设现在考虑的是异方差 SARAR 模型，其表达式为 $y=\beta_0+\beta_1 X+\beta_2 Z+\lambda Wy+u$；$u=\rho Wu+\varepsilon$，其中 $E(\varepsilon_i)=\sigma_i^2$。我们使用改进后的广义空间两阶段最小二乘法（见第 4.1.2 节）来估计该模型。让我们进一步假设变量 y 的估计值，X 和 Z 的观察值存储在 R 中，并且使用前面章节中描述的步骤生成权重矩阵 W。我们输入如下命令估计该模型：

```
model1< - gstslshet(formula = y~X + Z, date = filename, listw = W)
```

默认的输出结果包含 Wald 检验统计量，两个空间系数 ρ 和 λ 均为零。

如果我们想要估计空间 HAC 模型（见第 4.1.3 节），为了得到方程（4.8）中的方差—协方差矩阵，我们需要两个普通参数的额外数据：①所有空间单位相互间的距离矩阵（即 d_{ij}）；②核函数的类型。我将 D 定义为距离矩阵，考虑使用叶帕涅奇尼科夫核函数，工具包中还有其他核函数可供选择，如三角（巴特利特）核函数、四次（二次或双权）核函数、帕尔逊核函数、TH（图基-汉宁）核函数以及 QS（二次谱）核函数。该设定的命令如下：

```
model2< - stslshac(formula = y~X + Z,listw = w,distance = D,type = "Epanechnikov")
```

在这一表达式中，带宽是可变的。相反，如果希望将带宽参数设成固定值（如 B），我们需要加入一个选项 bandwidth=“B”。此外，这一命令默认 WX 和 W^2X 为工具变量。如果仅希望使用 WX 作为唯一的工具变量，那么我们需要加入命令 W2X=FALSE。

4.5.2 估计空间 Probit/Logit 模型

首先介绍估计基于潜变量模型 $y^*=\beta_0+\beta_1 X+\beta_2 Z+\varepsilon$ 的基准空间 Probit/

Logit 模型的 R 命令。该命令如下：

```
>model0<-glm(y~X+Z, family=binomial(link="probit"))
```

Logit 模型与此类似。

与估计空间 Probit/Logit 模型相关的各种 R 命令包含在 McSpatial 库中。使用命令 install. packages（“McSpatial”）进行安装，并在每次会话开始前输入 library（McSpatial）。就一切情况来说，假定我们需要估计 Probit 模型，其中的潜变量表达式为 $y^{*}=\beta_0+\beta_1 X+\beta_2 Z+\lambda W y^{*}+\varepsilon$，而且变量 y、X、Z 的观测值已经保存在 R 的有效会话中。至于权重矩阵 W，它的生成过程与前面章节所介绍的不一样。在本例中，相邻单位的列表（记作 *contnb*）实际上是由命令 poly2nb 或者 dnearneigh 生成的（见第 2.3.3 节），而非由命令 nb2list 生成的。相关的命令如下：

```
W<-nb2mat(contnb)
```

此命令将相邻单位（*nb*）的列表转换成（2）矩阵（*mat*）。下面考虑空间 Probit 模型的各种估计值。首先，使用 ML 方法（见第 4.2.3.2 节）来估计空间 Probit 模型的参数，输入下述命令：

```
> model1<-spprobitml(y~X+Z,wmat=W,stdprobit=F)
```

如果希望使用 GMM 方法（见第 4.2.3.3 节）估计相同模型，则需要在开始迭代求解前对参数 ρ 进行初始化。在开始估计步骤前，需要输入下述命令，诸如：

```
>rho=rho0
```

*rho*0 为 $|rho0|<1$ 的任意值。在实际操作中，我们还需要检验与不同初始值相关的估计结果的稳健性。因此，现在输入：

```
> model2 <-gmmprobit(y~X+Z,wmat=W,startrho=rho)
```

最后，如果希望使用 LGMM 方法（见第 4.2.3.4 节）估计相同模型，输入下述命令：

```
> model3 <- spprobit(y~X + Z, wmat = W)
```

4.5.3 估计空间面板模型

估计空间面板模型的程序包含在 R 的工具包 splm 中（Millo and Piras，2012），与此前一样，首先输入命令 install. packages（"splm"）进行安装，然后在每次会话前输入 library(splm)。通过这一命令，我们还自动下载了估计非空间面板模型的工具包 plm（Croissant and Millo，2008）。

R 软件的工具包 plm（Croissant and Millo，2008）和 splm 中的面板数据集并没有很正规的形式。该数据集可以存储在常规数据集对象中，只要它包含任何面板必须具有的一对索引（与观测单位和时间有关），可以进行明确识别。满足上述条件后，不需要对数据进行特定的排序。R 软件假定观测单位的索引放在数据集的第一列，时间索引放在第二列。如果数据的排序方式与上述不一致，我们就需要将索引设定为包含了各种变量名的字符串，用来调用估计函数。

工具包 splm 的两个主要函数是 spml 和 spgm。spml 函数使用极大似然估计空间面板模型，而 spgm 函数使用广义矩估计空间面板模型。例 4.4 和例 4.6 使用的芒内尔模型的数据在软件的工具包中，作为内置数据集，该工具包还包括例 3.2 中 48 个美国州的权重矩阵（阿拉斯加州、夏威夷州和哥伦比亚特区除外，见例 3.2 的地图）。我们可以使用下述命令装载该数据集：

```
> data(Produc)
```

首先，为了估计 OLS 模型，将面板数据与时间序列数据混合在一起，我们可以使用 plm 函数（包含在 plm 工具包中），只需增加选项 model= "pooling"。

```
> model0< - plm(y ~ X + Z, model = "pooling")
```

假定该数据是在激活的数据集中。

下面进行随机效用模型估计，首先从没有空间成分的案例开始讨论。在该情形下，ML 估计可以使用命令 spml（它是 Spatial Panel Maximum Likelihood 的首字母缩写）：

```
>model1< - spml(y~X + Z, listw = W, model = "random", spatial.error = "n", lag = FALSE)
```

W 为常用的权重矩阵。为了在设定中加入空间滞后项，我们需要将滞后项参数设为 TRUE：

```
>model2< - spml(y~X + Z, listw = W, model = "random", spatial.error = "n", lag = TRUE)
```

SEM—RE 模型［根据方程（4.79）和方程（4.80）中的空间误差表达式］可以通过不包含空间滞后项并加入空间误差项 *b* 来估计，相应的命令如下：

```
>model3< - spml(y~X + Z, listw = W, model = "random", spatial.error = "b", lag = FALSE)
```

方程（4.83）和方程（4.84）的 KKP 表达式可以通过极大似然来估计，只需设定 spatial. error＝“kkp”：

```
>model4< - spml(y~X + Z, listw = W, model = "random", spatial.error = "kkp", lag = FALSE)
```

或者使用 GMM 估计，相应的命令如下：

```
>model5< - spgm(y~X + Z, listw = W, model = "random", spatial.error = "kkp", lag = FALSE)
```

下面考虑固定效应模型。

首先，简单空间固定效应模型可以使用下述命令估计：

```
>model6< - plm(y~X + Z)
```

如果希望在参数中加入空间滞后项，我们可以使用下述命令估计模型：

```
>model7<-spml(y~X+Z,listw=W,spatial.error="none",lag=TRUE)
```

最后，使用下述命令估计空间误差模型：

```
>model8<-spml(y~X+Z,listw=W,spatial.error="b",lag=FALSE)
```

4.5.4 估计地理加权回归模型

为了估计地理加权回归模型，首先需要下载工具包 spgwr，使用的命令类似于 install. packages（“spgwr”），并在会话开始前输入 library（spgwr）。在开始执行 GWR 估计前，我们需要首先建立坐标系，我们不妨称其为 coords（关于坐标系的生成，参见第 2.3.3 节）。现在考虑下述 GWR 模型 $y_i=\beta_{0i}+X\beta_{1i}+Z\beta_{2i}+\varepsilon_i$。我们使用交叉验证确定带宽参数，命令如下：

```
bw<-gwr.sel(y~X+Z,coords,gweight=gwr.Gauss,adapt=TRUE)
```

高斯核函数为命令中的默认选项，可以省略。如果想要改变默认选项，我们可以用不同的核函数，如 gwr. bisquare 或者 gwr. tricube。最后，使用下述命令估计 GWR 模型：

```
modelgwr<-gwr(y~X+Z,coords,adapt=bw,hatmatrix=TRUE)
```

输入 modelgwr 可以查看回归结果。估计结果存储在 R 软件的对象 Spatial Data Frame（SDF）中。因此，举例说明，我们可以通过 modelgwr. SDFX 来查看每一观测单位 X 变量的不同估计系数。我们也可以使用下述命令将它们可视化：

```
plot(modelgwr.$SDF, col=cols(findInterval(gwr.model$SDF$X, brks, all.inside=TRUE)))
```

最后，使用 Leung 等（2006）中的方法（同时可得到权重矩阵 W）对残差进行莫兰 I 检验，相应的命令如下：

```
gwr.morantest(modelgwr, W)
```

核心术语与概念

可行广义空间两阶段最小二乘法

矩阵估计

HAC 估计量

空间 HAC 方法

无关参数

核估计

核函数

二元变量

离散选择模型

二元模型

潜变量

潜回归

指标函数

标准 Logistic 分布

空间 Probit 和 Logit 模型

Probit 和 Logit 模型中的边际效应

模型的简化式

模型的结构式

空间滞后 Probit 模型

最大期望算法

空间滞后 Probit 模型的极大似然估计量

空间误差 Probit 模型的广义矩估计量

广义 Probit 和 Logit 扰动项

线性广义矩估计

梯度

短面板以及长面板

混合时间序列

个体误差以及特异性误差

非观测异质性

克罗内克积

固定效应

随机效应

随机效应的空间误差模型

KKP 模型

随机效应的空间滞后模型

固定效应的空间误差模型

固定效应的空间滞后模型

除时间平均

组内残差

平稳动态空间面板

非平稳动态空间面板

非平稳空间关系

扫描统计

移动窗口

局部加权回归

地理加权回归

带宽

高斯核、二次核和三次核

校准

交叉验证

贝叶斯 GWR

离散选择 GWR

问　题

1. 为什么误差同质性假设在空间回归的情况下往往是不成立的?

2. 为什么在空间 HAC 估计中，我们需要考虑一个核平滑函数?

3. 为什么在具有异方差扰动的 SARAR 模型的情况下，我们需要将误差的方差考虑为无关参数?

4. Probit 模型和 Logit 模型的二元选择有什么区别?

5. 标准 ML 方法不能用于估计空间数据的 Probit 模型的原因是什么?

6. 为什么将线性化的广义矩估计引入空间 Probit / Logit 估计中?

7. 固定效应与随机效应在面板数据建模中有什么区别? 我们如何在这两种模式之间进行选择?

8. 在面板数据框架中描述两个误差项的特殊性。我们如何解释“个人”和“特异性”误差项?

9. 描述除时间均值操作。在空间面板数据模型中，除时间均值数据的影响是什么?

10. SEM—RE 设定和 KKP 设定有什么区别?

11. 对于传统的回归模型，使用地理加权回归模型的优点是什么?在什么情况下使用它更合适?在什么意义上，它可以替代空间计量模型来解释空间效应?

练　习

练习 4.1　给定一个简单的线性回归模型 $y=\beta_0+\beta_1 x+\varepsilon$，$\varepsilon | X \sim$ i. i. d. $N(0, \sigma_{\varepsilon}^2{}_n I_n)$，该模型是在一定的聚集水平（如区域）下观测得到的。进一步假设数据在更高的水平下（如国家）聚集。在这一水平下，称 $\bar{y}$ 为被解释变量，x 和 ε 与此类似。进一步假设有 m 个国家，每个国家有 n_1，n_2，…，n_m 个地区。现在假定较高聚集水平的模型为 $\bar{y}=\beta_0+\beta_1\bar{x}+\bar{\varepsilon}$。证明，即使该回归模型在较低的聚集水平下是同质的，这个属性通常会在较高的聚集水平下丧失。[提示：运用集合矩阵 ${}_mG_n$，使得 $\bar{y}=Gy$，其他变量与此类似。]

练习 4.2　核函数的一个属性是它们在其定义域集成到 1。证明均匀核、叶帕涅奇尼科夫核和二次（双权）核也具有这个属性。

练习 4.3　再次考虑练习 3.1 使用的数据集，它与 27 个欧洲成员国有关。估计异方差 SARAR 模型，该模型解释了一个国家的增长是同一国家教育费用加上空间滞后项和空间误差项的函数。使用参数化方法（第 4.1.2 节）估计该模型。

练习 4.4　给定下列潜变量回归 $y^* = X\beta+u$[其中，变量 $y=I(y^*>0)$] 以及下列空间误差模型 $u=\rho Wu+\varepsilon$[其中，$\varepsilon | X \sim$ i. i. d. $N(0,1)$]。推导出 n 维样本的空间 Probit 对数似然函数。

练习 4.5　再次考虑练习 3.1 和练习 4.3 中使用的与 27 个欧盟成员国有关的数据。还要考虑一些与高科技出口密集度有关的其他数据（可从网站 http：//epp. eurostat. ec. europa. eu/portal/page/portal/region _ cities/regional _ statistics/data/main _ tables 下载）。特别地，如果高科技出口的百分比大于 18%，我们将每个成员国归为“高密集度”。数据如下表所示。

国家代码	国家	高科技出口的比重(%)	高科技密集度	国家代码	国家	高科技出口的比重(%)	高科技密集度
BE	比利时	8.8	0	AT	奥地利	11.7	0
BG	保加利亚	4.6	0	PL	波兰	5.7	0
CZ	捷克共和国	15.2	0	PT	葡萄牙	3.7	0
DK	丹麦	12.3	0	RO	罗马尼亚	8.2	0
DE	德国	14.0	0	SI	斯洛文尼亚	5.5	0
EE	爱沙尼亚	6.9	0	SK	斯洛伐克	5.9	0
IE	爱尔兰	22.1	1	FI	芬兰	13.9	0
ES	西班牙	4.8	0	SE	瑞典	14.6	0
FR	法国	19.7	1	UK	英国	19.0	1
IT	意大利	6.8	0	EL	希腊	6.6	0
CY	塞浦路斯	20.1	1	LU	卢森堡	41.9	1
LT	立陶宛	5.8	0	LV	拉脱维亚	5.3	0
HU	匈牙利	22.2	1	MT	马耳他	35.2	1
NL	荷兰	18.4	1				

根据练习 3.1 的结果与这些新数据，使用所有的估计量（ML、GMM 和 LGMM）估计一个 Probit 模型，解释空间情况下高科技密集度是教育的一个因素。

练习 4.6 由 $n=3$ 个个体构成的空间面板，我们有 $T=2$ 的实时观察值。给定下列矩阵 W：$W=\begin{bmatrix}0&1&1\\1&0&0\\1&0&0\end{bmatrix}$，同时参数 $\sigma_\mu^2=1$ 以及 $\lambda=0.3$，推导矩阵 $I_T\otimes A$ 以及矩阵 $\sigma_\mu^2(J_T\otimes I_T)$ 的明确形式。

练习 4.7 从 splm 程序包中，下载数据集 Insurance 以及意大利各省（itaww）的二元邻近矩阵。有关详情，参见 Millo（2014）。将邻近矩阵转换成第 2.3.2 节描述的 listw 对象。估计空间误差面板数据模型，使用极大似然法解释可变实际人均保险费用（编码为 ppcd）作为可变实际人均 GDP（rgdp）的函数，以及 SEM—RE 设定和 KKP 设定中的随机效应。讨论相关的结果，特别要注意空间参数估计。

练习 4.8 再次考虑在例 3.3 和练习 3.6 中使用的 R 软件的数据集 Boston，并研究变量“房价中位数”（*MEDV*）与变量“房间数量”（*RM*）之间的关系。使用 OLS 准则估计空间模型，然后使用极大似然法估计空间滞后模型，最后使用高斯核估计地理加权回归模型，并使用交叉验证方法指定带宽。比较各种方法得到的结果。特别地，将用 OLS 和 SLM 获得的估计回归系数与 GWR 系数的中值进行比较。对 GWR 模型的残差，计算莫兰 I 统计量。

本章参考文献

Amemiya, T. (1985) *Advanced Econometrics*. Oxford: Basil Blackwell.

Anselin, L. (1988) *Spatial Econometrics: Methods and Models*, Kluwer Academic Publishers, Dordrecht.

Anselin, L. (1990) "Some Robust Approaches to Testing and Estimation in Spatial Econometrics", *Regional Science and Urban Economics*, 20: 141-163.

Anselin, L. (2002) "Under the Hood: Issues in the Specification and Interpretation of Spatial Regression Models", *Agricultural Economics*, 27 (3): 247-267.

Anselin L., Le Gallo J., Jayet H. (2008) "Spatial Panel Econometrics", in L. Matyas, P. Silvestre (eds), *The Econometrics of Panel Data, Fundamentals and Recent Developments in Theory and Practice*, 3rd edition, Heidelberg: Springer-Verlag, pp. 625-660.

Arbia, G. (1989) *Spatial Data Configuration in the Statistical Analysis of Regional Economic Data and Related Problems*, Dordrecht: Kluwer Academic Press.

Arbia, G. (1990) "On Second Order Non-Stationarity in Two-Dimensional Lattice Processes", *Computational Statistics and Data Analysis*, 9: 147-160.

Arbia, G. (2012) "A Lustrum of SEA: Recent Research Trends Following the Creation of the Spatial Econometrics Association (2007—2011)", *Spatial Economic Analysis*, 6 (4): 377-396.

Baltagi, B. (2008) *Econometric Analysis of Panel Data*, 4th edition, New York: Wiley.

Baltagi B. and Pesaran, H. (2007) "Heterogeneity and Cross-Section Dependence in Spatial Panel Data Models: Theory and Applications Introduction", *Journal of Applied Econometrics*, 22 (2): 229-232.

Baltagi, B. H. and Pinnoi, N. (1995) "Public Capital Stock and State Productivity Growth: Further Evidence from an Error Components Model", *Empirical Economics*, 20 (2): 351-359.

Baltagi, B., Egger, P. and Pfaffermayr, M. (2013) "A Generalized Spatial Panel Data Model with Random Effects", *Econometric Reviews*, 32 (5): 650-685.

Barro, R. J. and Sala-i-Martin, X. (1992) "Convergence", *Journal of Political Economy*, 100 (2): 223-251.

Beron, K. J. and Vijverberg, W. P. (2004) "Probit in a Spatial Context: A Monte Carlo Approach", in L. Anselin, R. Florax and S. Rey (eds) *Advances in Spatial Econometrics*, Heidelberg: Springer-Verlag, pp. 169-195.

Brundson, C., Fotheringham, A. S. and Charlton, M. (1996) "Geographically Weighted Regression: A Method for Exploring Spatial Non-Stationarity", *Geographical Analysis*, 28 (4): 281-298.

Brundson, C., Fotheringham, A. S. and Charlton, M. (1998) "Spatial Non-Stationarity and Autoregressive Models", *Environment and Planning*, *A*, 30 (6): 957-973.

Case, A. (1992) "Spatial Pattern in Household Demand", *Econometrica*, 59 (4): 953-965.

Cleveland, W. and Devlin, S. (1988) "Locally Weighted Regression: An Approach to Regression Analysis by Local Fitting", *Journal of the American Statistical Association*, 82: 596-610.

Conley, T. (1999) "GMM Estimation with Cross-Sectional Dependence", *Journal of Econometrics*, 92: 1-45.

Croissant, Y. and Millo, G. (2008) "Panel Data Econometrics in R: The plm Package", *Journal of Statistical Software*, 27 (2): 1-43.

Dempster, A. P., Laird, N. M. and Rubin, D. B. (1977) "Maximum Likelihood from Incomplete Data via the EM Algorithm", *Journal of the Royal Statistical Society. Series B*, 39 (1): 1-38.

Driscoll J. C. and Kraay, A. C. (1998) "Consistent Covariance Matrix Estimation with Spatially Dependent Panel Data", *The Review of Economics and Statistics*, 80: 549-560.

Dubin, R. A. (1992) "Spatial Autocorrelation and Neighborhood Quality", *Regional Science and Urban Economics*, 22 (3): 433-452.

Elhorst, J. P. (2003) "Specification and Estimation of Spatial Panel Data Models", *International Regional Sciences Review*, 26 (3): 244-268.

Elhorst, J. P. (2009) "Spatial Panel Data Models", in M. M. Fischer and A. Getis (eds), *Handbook of Applied Spatial Analysis*, Heidelberg: Springer-Verlag.

Elhorst, J. P., and Fréret, S. (2009) "Evidence of Political Yardstick Competition in France Using a Two-Regime Spatial Durbin Model with Fixed Effects", *Journal of Regional Science*, 49 (5): 931-951.

Fisher, R. A. (1959) *Statistical Methods and Statistical Inference*, New York: Hafner.

Fleming M. M. (2004) "Techniques for Estimating Spatially Dependent Discrete Choice Models", in L. Anselin, R. Florax and S. Rey (eds), *Advances in Spatial Econometrics*, Heidelberg: Springer-Verlag, pp. 145-168.

Fotheringham, A. S., Brunsdon, C., and Charlton, M. E. (1998) "Geographically Weighted Regression: A Natural Evolution of the Expansion Method of Spatial Data Analysis", *Environment and Planning*, *A*, 30: 1905-1927.

Fotheringham, A. S., Brunsdon, C. and Charlton, M. E. (2002) *Geographically Weighted Regression: The Analysis of Spatially Varying Relationships*, Chichester: Wiley.

Fotheringham, A. S., Brunsdon, C. and Charlton, M. E. (2007) "Geographically Weighted Discriminant Analysis", *Geographical Analysis*, 4: 376-396.

Glaz J., Naus, J. and Wallenstein, S. (2001) *Scan Statistics*, Springer Series in Statistics, Heidelberg: Springer-Verlag.

Greene, W. (2011) *Econometric Analysis*, 7th edition, Upper Saddle River, NJ: Pearson Educational.

Grenander, U. and Rosenblatt, M. (1957) *Statistical Analysis of Stationary Time Series*. Wiley, New York. [2nd ed. (1984), Chelsea, New York.]

Hausman, J. (1978) "Specification Tests in Econometrics", *Econometrica*, 46: 1251-1371.

Hoh, J. and Ott, J. (2012) "Scan Statistics in Human Gene Mapping", *Am J Hum Genet*, 91: 970.

Kapoor, M., Kelejian, H. and Prucha, I. (2007) "Panel Data Model with Spatially Correlated Error Components", *Journal of Econometrics*, 140 (1): 97-130.

Kelejian, H. and Prucha, I. (1999) "A Generalized Moments Estimator for the Autoregressive Parameter in a Spatial Model", *International Economic Review*, 40 (2): 509-533.

Kelejian, H. and Prucha, I. (2007) "HAC Estimation in a Spatial Framework", *Journal of Econometrics*, 140 (1): 131-154.

Kelejian, H. and Prucha, I. (2010) "Specification and Estimation of Spatial

Autoregressive Models with Autoregressive and Heteroskedastic Disturbances", *Journal of Econometrics*, 157 (1): 53-67.

Klier, T. and McMillen, D. P. (2008) "Clustering of Auto Supplier Plants in the United States: Generalized Method of Moments Spatial Logit for Large Samples", *Journal of Business and Economic Statistics*, 26 (4): 460-471.

Lee, L. and Yu, J. (2010a) "Estimation of Spatial Autoregressive Panel Data Models with Fixed Effects", *Journal of Econometrics*, 154 (2): 165-185.

Lee, L. and Yu, J. (2010b) "Some Recent Developments in Spatial Panel Data Models", *Regional Science and Urban Economics*, 40 (5): 255-271.

Lee, L. F. and Yu, J. (2011) "Estimation of Spatial Panels", *Foundation and Trends in Econometrics*, 4 (1/2): 1-164.

Lee, L. F. and Yu, J. (2012) "Spatial Panels: Random Components Versus Fixed Effects", *International Economic Review*, 53 (4): 1369-1412.

LeSage, J. (2004) "A Family of Geographically Weighted Regression Models", in L. Anselin, R. J. Florax, and S. Rey (eds), *Advances in Spatial Econometrics: Methodology, Tools and Applications*, Springer Verlag, Berlin, pp. 241-264.

LeSage, J. and Pace, K. (2009) *Introduction to Spatial Econometrics*, Boca Raton, FL: Chapman & Hall/CRC Press.

Leung, Y., Mei, C. L. and Zhang, W. X. (2000) "Testing for Spatial Autocorrelation Among the Residuals of Geographically Weighted Regression", *Environment and Planning*, A, 32 (5): 871-890.

McMillen, D. P. (1992) "Probit with Spatial Autocorrelation", *Journal of Regional Science*, 32 (3): 335-348.

McMillen, D. (1996) "One Hundred Fifty Years of Land Values in Chicago: A Non-Parametric Approach", *Journal of Urban Economics*, 40: 100-124.

McMillen, D. and McDonald, J. F. (1997) "A Nonparametric Analysis of Employment Density in a Polycentric City", *Journal of Regional Science*, 37: 591-612.

McMillen, D. and McDonald, J. F. (2004) "Locally Weighted Maximum Likelihood Estimation: Monte Carlo Evidence and an Application", in L. Anselin, R. J. G. M. Florax and S. Rey (eds), *Advances in Spatial Econometrics: Methodology, Tools and Applications*, Bcrlin: Springer Verlag, pp. 225-239.

Millo, G. (2014) "Maximum Likelihood Estimation of Spatially and Serially Correlated Panels with Random Effects", *Computational Statistics & Data Analysis*, 71: 914-933.

Millo, G. and Pasini, G. (2010) "Does Social Capital Reduce Moral Hazard? A Network Model for Non-Life Insurance Demand", *Fiscal Studies*, 31 (3): 341-372.

Millo, G. and Piras, G. (2012) "splm: Spatial Panel Data Models in R", *Journal of Statistical Software*, 1-43. URL http: //www. jstatsoft. org/v47/i01/.

Mundlak, Y. (1978) "On the Pooling of Time Series and Cross-Section Data", *Econometrica*, 46: 69-85.

Munnell, A. H. (1990) "Why Has Productivity Growth Declined? Productivity and Public Investment", *New England Economic Review*, 30: 3-22.

Mur, J., Lopez, F. and Angulo, A. (2008) "Symptoms of Instability in Models of Spatial Dependence", *Geographical Analysis*, 40 (2): 189-211.

Mutl, J. and Pfaffermayr, M. (2011) "The Hausman Test in a Cliff and Ord Panel Model", *Econometrics Journal*, 14 (1): 48-76.

Newey, W. and West, K. (1987) "A Simple Positive Semi-Definite Heteroscedasticity and Autocorrelation Consistent Covariance Matrix", *Econometrica*, 55: 703-708.

Oberhofer, W. and Kmenta, J. (1974) "A General Procedure for Obtaining Maximum Likelihood Estimates in Generalized Regression Models", *Econometrica*, 42 (3): 579-590.

Pace K. and LeSage, J. (2004) "Spatial Autoregressive Local Estimation", in A. Getis, J. Mur and H. Zoller (eds), *Recent Advances in Spatial Econometrics*, New York: Palgrave Macmillan, pp. 31-51.

Paez, A., Long, F. and Faber, S. (2008) "Moving Windows Approaches for Hedonic Price Estimation: An Empirical Comparison of Modeling Techniques", *Urban Studies*, 45 (8): 1565-1581.

Paez, A., Uchida, T. and Miyamoto, K. (2002) "A General Framework for Estimation and Inference of Geographically Weighted Regression Models", *Environment and Planning*, *A*, 34 (4): 733-754.

Pinkse, J. and Slade M. E. (1998) "Contacting in Space: An Application of Spatial Statistics to Discrete-Choice Models", *Journal of Econometrics*, 85: 125-154.

Pinkse, J., Slade, M. and Shen, L. (2006) "Dynamic Spatial Probit with Fixed Effects Using One Step GMM: An Application to Mine Operating Decisions", *Spatial Economic Analysis*, 1: 53-99.

Pinkse, J., Slade, M. E. and Brett, C. (2002) "Spatial Price Competition: A Semiparametric Approach", *Econometrics*, 70: 1111-1153.

Piras, G. (2011) "Estimation of Random Effects Spatial Panel Data Models: Some Additional Evidence", *Working Paper*.

Smirnov, O. (2010) "Modelling Spatial Discrete Choice", *Regional Science & Urban Economics*, 40 (5): 292-298.

Wang, H., Iglesias, E. M. and Wooldridge, J. M. (2013) "Partial Maximum Likelihood Estimation of Spatial Probit Models", *Journal of Econometrics*, 172: 77-89.

Wang, X. and Kockelman, K. M. (2009) "Bayesian Inference for Ordered Response Data with a Dynamic Spatial Ordered Probit Model", *Journal of Regional Science*, 49 (5): 877-913.

Wheeler, D. C. and Paez, A. (2010) "Geographically Weighted Regression", in M. Fischer and A. Getis (eds), *Handbook of Applied Spatial Analysis: Software Tools, Methods and Applications*, Berlin: Springer Verlag.

Wooldridge, J. (2002) *Econometric Analysis of Cross-Section and Panel Data*, Cambridge, MA: MIT Press.

第五章 大数据下的替代模型

5.1 引　言

在第三章和第四章，我们提出了一系列评估一般空间计量经济学线性模型的方法，这些方法基本上可以追溯到极大似然估计和广义两阶段最小二乘法。特别地，在讨论极大似然法时，我们指出：由于参数极高的非线性程度，似然函数不能进行最大化分析，所以我们必须使用数值逼近法。然而，似然函数涉及矩阵的行列式计算，其维度取决于样本大小，而且需要在数值搜索中反复计算空间相关参数的每个试验值。如果 n 非常大，正如经常发生在实证研究中的情况，即样本量太大，这种计算的需求将会非常大。Ord（1975）提出的特征值分解在文献中被运用了很多年（见第 3.4.3 节），也有一些局限性。事实上，Kelejian 和 Prucha（1998）表明，一般非对称矩阵计算特征值的标准子程序也是近似的，并且对于 400×400 的矩阵 W 来说，即对于相对较小的样本来说，这可能是非常不精确的。如果权重矩阵是对称的，则精度提高，但遗憾的是，在处理行标准化矩阵时，事实并非如此。许多文献提出了其他的近似方法（Arbia，2006）。这种近似通常是准确的，如果权重矩阵是稀疏的（也就是说，其中有很大比例的元素为 0），而不是非常大的。在这一方面，Bell 和 Bockstael（2000）说明了在决定 2 000×2 000 阶稀疏矩阵特征值时准确性的问题。如果矩阵类似那些经常遇到的非常密集的矩阵，则问题会更严重（也就是说，如果它们包含很大一部分非零项），如在社会交互应用中。

与极大似然估计相关的计算问题在 20 世纪 70 年代是一个热门话题，那时的计算机运算速度低且内存小，但即使是在计算能力得以提升的现在，在计算时间以及所需的计算机内存方面，计算量也会成为难以忍受的负担，因为大型数据库增加的速度越来越快。例如，许多由美国国家健康统计中心提供的健康数据可以达到郡层面了，因而观测值超过 3 000 个，因此在任何空间计量经济学建模过程中都需要一个 3 000×3 000 阶的矩阵 W 的逆矩阵。然而，它和许多与地理相关的其他经济数据还是无法进行比较的。例如，由美国人口普查局追踪业务数据库（LBD）提供的美国机构观测单位涉及大约四百万个公司的地理定位。其他的例子包括用于地表覆盖评估的卫星图像或高分辨率的医学图像，其中空间计量经济学技术必须适应由像素化图像组成的数百万个空间独立观测值。此外，人类基因组图谱使用的数据显示，对于空间依赖关系和所涉及的数以百万计的观测值来说，联合似然方法是完全不可行的。我们只引用少数出现在不同领域的可行案例。很容易预测，未来对大量空间数据的需求将进一步增加，因而需要开发适当的方法来分析这些新数据源。

在空间计算经济学建模过程中各种计算问题的相关性在近年文献中提出的大量近似解决方案中得到了证实［例如，Smirnov and Anselin（2001）、Griffith（2000，2004）、Pace and LeSage（2004）］。在第三章和第四章已经介绍了这些加快计算过程的贡献，但最近的一些文献集中在与具体目标的常规空间自回归类别相反的替代模型的规范上，旨在减少计算障碍。这些贡献有一些共同特征：它们在理论上是非常简单的，它们能产生用于 ML 估计的近似解答形式，以及它们可以显著提高数值性能。

本章将回顾上述替代公式。特别地，第 5.2 节将考虑矩阵指数空间公式(MESS)，第 5.3 节致力于空间模型的单边逼近值；最后，第 5.4 节将介绍二元编码技术和联合二元边际极大似然估计。

5.2 MESS 设定

5.2.1 MESS 空间滞后设定

为了介绍 MESS 设定，让我们再次考虑第 3.5 节中定义的空间滞后模型：

$$y=\lambda Wy+Z\beta+u \qquad |\lambda<1| \tag{5.1}$$

式中，$u|X\sim \text{i.i.d.}\, N(0,\sigma^2_{\varepsilon n}I_n)$；$W$ 为非随机的，并且在实证运用中通常（虽然并不必要）是行标准化的。我们改写方程（5.1）为下述形式：

$$(I-\lambda W)y=Z\beta+u \tag{5.2}$$

如前所述，在分析非常大的数据库时出现的计算问题主要来自模型 $(I-\lambda W)^{-1}$方差—协方差矩阵的逆［见方程（3.47）］。现在，让我们将方程（5.2）一般化，并设定一个新的广义空间滞后模型为：

$$Sy=Z\beta+u \tag{5.3}$$

式中，S 为正定矩阵。矩阵 S 的不同范式对方差—协方差矩阵有影响，因而其结果是产生不同的空间经济模型。根据 Chiu 等（1996）、LeSage 和 Pace（2007）推荐的方法，建议用下面的方程作为矩阵 S 的指数矩阵：

$$S=e^{aW} \tag{5.4}$$

在回顾该方程的计算优势前，让我们利用以下幂指数展开重写矩阵 S：

$$S=e^{aW}=\sum_{i=0}^{\infty}\frac{a^iW^i}{i\,!} \tag{5.5}$$

在这个表达式中，我们发现 W^1，W^2，…需要解释。在空间计量经济学中，与时间序列分析类比，我们可以通过扩展第 2.1 节介绍的空间滞后概念定义高阶的邻近。特别地，我们已经以这种方式定义了矩阵 W，其非零项是指两个邻近的空间单元。我们可以称它们为"一阶邻近"。矩阵 W^2 的非零元素同样是指两个邻近的一阶空间单元。在这个意义上，它们可以被认为是二阶邻近。高阶矩阵 W 也可以进行相似的定义，作为一种替代方法，高阶邻近还可以通过考虑不同的距离来定义。

Chiu 等（1996）列出了方程（5.5）的一系列优势，特别是下述性质：

性质 1：对于任意一个实正定矩阵 S，总存在一个实对称矩阵 aW，使得 $S=e^{aW}$。

性质 2：对于任何实对称矩阵 W，S 是一个正定矩阵。

性质 3：矩阵 S 的逆矩阵是 $S^{-1}=e^{-aW}$。

性质 4：矩阵 S 的行列式为 $|S|=e^{\mathrm{tr}(aW)}$。因此，根据定义，矩阵 W 对角线上的所有元素为 0（$W_{ij}=0$ 可参见第 2.1 节），该表达式则进一步简化为 $|S|=e^{\mathrm{tr}(aW)}=e^0=1$。

上述性质可以确保：

1. 总是有可能对这种方法进行利用。
2. 这种方法较好地定义了方差—协方差矩阵。
3. 矩阵 S 的逆矩阵很容易计算。
4. 矩阵 S 的行列式总是等于 1。

因此，MESS 模型的对数似然函数不需要计算行列式的对数，这是空间滞后模型中各种计算问题的主要来源。

方程（5.5）中的参数 a 与空间滞后定义式（5.1）中的参数 λ 相关，并且可以控制空间相关程度。事实上，根据 $S=(I-\lambda W)=e^{-aW}$，通过求解两个矩阵最大的行之和并令它们相等，可得：

$$1-\lambda=e^a \tag{5.6}$$

或

$$\lambda=\ln(1-\lambda) \tag{5.7}$$

根据方程（5.7），给定 $|\lambda|<1$，我们推断：当 λ 为正时，a 的范围为 $-\infty<a\leqslant 0$；当 λ 为负时，a 的范围为 $0<a\leqslant 0.693\,147$；当 $\lambda=0$ 时，a 也为 0。特别地，当 $\lambda\to 1$ 时，$a\to -\infty$，尽管我们可以实现 λ 非常接近 1，即 $a=-5$（$\lambda=0.99$）。

出于估计和假设检验的目的，现在考虑该定义式的对数似然形式。首先，注意到在方程（3.47）中，如果我们用 S 代替（$I-\lambda W$），可得：

$$E(yy^T)=\sigma_\varepsilon^2\Omega=\sigma_\varepsilon^2(I-\lambda W)^{-1}(I-\lambda W)^{-T}=\sigma_\varepsilon^2 S^{-1}S^{-T} \tag{5.8}$$

因此，方程（3.49）的对数似然形式可以表示为：

$$\begin{aligned}l(\sigma^2,\rho,\beta;y)&=\text{const}-\frac{1}{2}\ln|\sigma_\varepsilon^2 S^{-1}S^{-T}|\\&\quad-\frac{1}{2\sigma_\varepsilon^2}[y-S^{-1}X\beta]^T SS^T[y-S^{-1}Z\beta]\\&=\text{const}-\frac{1}{2}\ln|\sigma_\varepsilon^2 S^{-1}S^{-T}|-\frac{1}{2\sigma_\varepsilon^2}[Sy-Z\lambda]^T[Sy-Z\lambda]\end{aligned} \tag{5.9}$$

根据方程（3.50），我们注意到 $|S^{-1}S^{-T}|=|S^{-1}||S^{-T}|$，从上述指数矩阵的简化性质 4 可知 $|S^{-1}S^{-T}|=1$，由此可得：

$$l(\sigma^2,\lambda,\beta;y)=c-\frac{1}{2}\ln\sigma_\varepsilon^2-\frac{1}{2\sigma_\varepsilon^2}[Sy-Z\beta]^T[Sy-Z\beta] \tag{5.10}$$

式中，S 为 λ 的函数，因而它也是 a 的函数。因为方程（5.10）没有用行列式表示，在估计参数 β 和 a 时，最大化对数似然函数等价于最小化 $[Sy-Z\beta]^T[Sy-Z\beta]$ 这一项，即等于转换后模型的方差之和。

从实际操作角度来看，方程（5.5）所展示的无限扩张显然应该截断，假设近似到第 q 项，则有

$$S=e^{aW}=\sum_{i=0}^{\infty}\frac{a^iW^i}{i!}\approx\sum_{i=0}^{q}\frac{a^iW^i}{i!} \tag{5.11}$$

LeSage 和 Pace（2007）指出，终点 q 取决于空间相关的合计值（正值或负值），而不是取决于样本的大小。他们还通过模拟数据说明，当空间相关的绝对值不是很高（低于 0.95，类似在实际中通常发生的情况）时，在 $q=16$ 时可得

到一个很好的近似值。为了得到更精确的 λ 值，需要更多的扩展项。如果矩阵 W 是稀疏的，则计算非常简单，不需要特殊的计算工作。然而，如果权重矩阵非常密集（例如，在社会网络中应用），那么转换 $\sum_{i=0}^{\infty} \frac{a^i W^i}{i!}$ 是密集的，并且根据所需的内存和计算时间，矩阵 S 的计算不可行，因此抵消了计算过程的优势。然而，注意到这个过程不需要计算矩阵 S，只需要计算矩阵乘积 Sy［见方程（5.10）］，这极大地简化了操作。

LeSage 和 Pace（2007）指出，MESS 定义式的另一个优点是推导出了求解参数估计解析解的可能性，这在第三章介绍的传统自回归模型中是不可能的，因为自回归模型具有高度非线性的似然函数。为了推导出这种解析解，我们需要将方程（5.5）转换为矩阵形式。为了实现这一目标，下面介绍一些定义。首先，定义一个包含全部被解释变量 y 和其各阶滞后项的矩阵：

$$Y = [y, Wy, W^2 y, \cdots, W^{q-1} y] \tag{5.12}$$

式中，q 值为方程（5.11）的幂展开式选取的截断值。如果 y 是 $n \times 1$ 维向量，那么矩阵 Y 是 $n \times q$ 阶矩阵。其次，让我们定义一个 $q \times q$ 阶对角矩阵，记为 G，其包含方程（5.11）幂展开式的前 q 个系数：

$$G = \begin{bmatrix} 1/0! & 0 & \cdots & 0 \\ 0 & 1/1! & \cdots & 0 \\ \cdots & \cdots & \cdots & \cdots \\ 0 & 0 & 0 & 1/(q-1)! \end{bmatrix} \tag{5.13}$$

最后，定义一个向量 $\nu(a)^T$，它包含参数 a 的幂，可以控制空间相关性：

$$v(a)^T = | 1, a, a^2, \cdots, a^{q-1} | \tag{5.14}$$

使用方程（5.12）、方程（5.13）和方程（5.14）中的定义，我们可以把方程（5.5）改写为：

$$Sy \approx YG(a) \tag{5.15}$$

在方程（5.15）两边同时乘以幂等投影矩阵 $P = I - X(X^TX)^{-1}X^T$ ，我们可以推导出残差的平方和，并将其表示为各转换因子的函数：

$$u^Tu = v(\lambda)^TG(Y^TP^TPY)Gv(a) \tag{5.16}$$

或者简化为：

$$u^Tu \approx v(a)^TQv(a) \tag{5.17}$$

我们已经定义了 $Q = G(Y^TP^TPY)G$ ，因此最后得到：

$$\min(u^Tu) \approx \min[v(a)^TQv(a)] \tag{5.18}$$

LeSage 和 Pace（2007）指出，方程（5.18）是一个关于 a 的多项式解析解，并证明了该最小解是唯一的。此外，该二阶条件提供了另一种方法来求解海塞矩阵，因此，我们可以根据其标准差进行参数假设检验。

矩阵空间指数设定是一种近似法［因为方程（5.11）是截断的］，从而极大地减少了估计空间计量模型所需的计算时间和计算机内存。该方法的拥护者通过实证分析证实了这种近似是非常好的（LeSage and Pace，2009）。使用波士顿地区506个普查区房价的数据集（见例3.3和例3.4），作者使用一个全似然空间滞后方法以及MESS设定来估计空间模型，然后根据参数 σ^2、β 和 λ 的估计值得出的结果进行比较［将其与方程（5.6）和方程（5.7）得出的 a 值进行比较］。实证结果清楚地表明，无论是在回归参数的点估计方面，还是在假设检验步骤的 p 值方面，推论结果都是一致的。此外，在空间滞后模型中应用全似然方法得出的 λ 的估计值与根据MESS设定中 a 的估计值得出的 λ 的估计值是一致的。因此，简化计算带来的优势并不以牺牲计算精度为代价，至少以小样本检查，其代价相对较小。

5.2.2 MESS空间误差模型设定以及扩展

以类似的方式，我们可以考虑MESS设定对应的空间误差自回归模型。现在假设，类似于第3.4节中的方程（3.13），该模型可表示为：

$$y = Z\beta + u \tag{5.19}$$

但现在，我们将类似于方程（3.14）中的残差建模过程替换为 $u=\rho Wu+\varepsilon$，

$|\rho|<1$。假设残差为下述更一般的表达式：

$$\varepsilon \approx N(0, \Omega) \tag{5.20}$$

式中，Ω 为回归分布的方差—协方差矩阵。

在方程（5.20）中，如果我们假定 $\Omega = e^{aW}$，那么我们就得到了空间误差模型的 MESS 设定，可以表示为：

$$\Omega = e^{aW} = \sum_{i=0}^{\infty} \frac{a^i W^i}{i!}$$

或

$$\Omega^{-1} = e^{-aW} = \sum_{i=0}^{\infty} \frac{-a^i W^i}{i!} \tag{5.21}$$

相反，则有

$$\Omega = (I-\rho W)^{-1}(I-\rho W)^T$$

或

$$\Omega^{-1} = (I-\rho W)(I-\rho W)^T \tag{5.22}$$

我们又得到了传统的空间误差模型。需要注意的是，我们可以将方程（5.22）表示为：

$$\begin{aligned}\Omega^{-1} &= (I-\rho W)(I-\rho W)^T = (I-\rho W)(I-\rho W^T) \\ &= I-\rho W-\rho W^T+\rho^2 WW^T\end{aligned} \tag{5.23}$$

或

$$\Omega^{-1} = I-2\rho W+\rho^2 W^2 \tag{5.24}$$

它可以被视为方程（5.21）在 $-a=-2\rho$、$-\frac{a^2}{2}=\rho^2$ 时的一个特例，而且其展开式在 $q=2$ 处截断。

LeSage 和 Pace（2009）使用基于美国 3 107 个郡的实际数据及模拟数据进行分析（同一地理分区），其结果表明：对于全似然空间误差模型的估计量来说，空间误差模型的 MESS 设定为参数估计提供了一个很好的近似。

可以考虑使用更一般的空间权重来扩展 MESS 设定的灵活性。这可以通过在矩阵指数变换中纳入一个额外参数实现，矩阵指数变换可以控制高阶邻近关系中相关效应的衰减速度。特别地，LeSage 和 Pace（2009）建议在方程（5.4）中使用下述矩阵 W 的表达式：

$$W=\sum_{i=1}^{m}\frac{\phi^{i}W_{i}}{\sum_{i=1}^{m}\phi^{i}} \tag{5.25}$$

在该表达式中，W_i 是指第 i 个邻近观测单元含有非零元素的空间权重矩阵，ϕ 为距离衰减参数，$0\leqslant\phi\leqslant1$，其分母是标准化的。根据定义，新矩阵 W 的主对角线元素为 0，因而每一行的总和等于 1。当然，这个方程具有更大灵活性的代价就是更大的计算量，也由于存在两个附加参数需要估计（m 和 ϕ）。因此，该方法的支持者建议在假设检验和估计阶段通过指定合适的先验参数引入贝叶斯方法。

例 5.1　墨西哥的健康计划

现在考虑，在空间滞后模型的情况下，通过 MESS 设定进行近似估计。在本例中，我们使用 2010 年墨西哥各州的一些数据作为数据集。我们的目的不在于实质性研究这个问题，只是举例说明 MESS 过程。让我们想象一下，出于规划的目的，我们要估计解释各州每千名居民中的医生数与每千名居民中的医务员工数、65 岁以上人口的比例、2000 年和 2010 年的人均卫生支出之间的函数关系。墨西哥 32 个州的 shapefiles 文件可以在 http：//www. gadm. org/mexico 上下载，该地图与所需的分析数据如下所示。

序号	州名	每千名居民中的医生数	2010年的人均卫生支出	2000年的人均卫生支出	每千名居民中的医务员工数	65岁以上人口的比例（%）
0	联邦区	3.1	9.437 522	0.752 1	15.3	7.771 425
1	格雷罗州	1.4	2.572 524	0.427 321	5.5	6.917 765
2	墨西哥州	1	2.780 234	0.435 988	4.7	4.911 075
3	莫雷洛斯州	1.4	2.974 519	0.629 462	6.1	6.992 579
4	锡那罗亚州	1.7	3.271 296	0.700 082	7.1	6.616 576
5	下加利福尼亚州	1.2	3.420 365	0.574 503	5.5	4.457 112
6	索洛拉省	1.9	3.424 168	0.770 872	8.6	5.950 505
7	南下加利福尼亚州	2.1	5.021 35	0.667 388	9.3	4.272 824
8	萨卡特卡斯州	1.7	2.897 978	0.640 509	6.4	7.450 485
9	杜兰戈州	1.8	3.451 63	0.556 376	7.2	6.429 409
10	奇瓦瓦州	1.2	3.622 121	0.691 472	6.2	5.671 07
11	科利马州	2.2	3.983 012	0.672 654	9	6.205 932
12	纳亚里特州	2.2	3.329 873	0.732 461	8.1	7.126 59
13	米却肯州	1.4	2.164 095	0.642 803	5.1	7.266 681
14	哈利斯科州	1.5	2.974 531	0.702 626	6.4	6.269 595
15	恰帕斯州	1	2.139 129	0.496 826	4.1	4.898 949
16	塔巴斯科州	2.2	4.039 74	0.493 174	9.3	5.190 782
17	瓦哈卡州	1.4	2.532 036	0.526 933	5.3	7.787 479
18	瓜纳华托州	1.4	2.532 267	0.529 055	5.4	6.045 926
19	阿瓜斯卡连特斯州	1.9	3.549 239	0.529 501	8.3	5.092 591
20	克雷塔罗州	1.3	2.726 577	0.489 21	5.1	5.109 038
21	圣路易斯波托西州	1.5	2.654 342	0.594 948	5.5	7.155 858
22	特拉斯卡拉州	1.4	2.754 05	0.399 939	5.5	5.957 505
23	普埃布拉州	1.3	2.180 045	0.501 114	4.9	6.295 532
24	伊达尔戈州	1.5	2.566 565	0.477 279	6.3	6.613 051
25	韦拉克鲁斯州	1.5	2.880 41	0.646 695	5.9	7.311 852
26	新莱昂州	1.4	3.527 45	0.689 333	7	5.902 514
27	科阿韦拉州	1.7	3.364 743	0.691 015	7.9	5.691 221
28	塔毛利帕斯州	1.7	3.452 093	0.669 398	7.6	5.976 068
29	尤卡坦州	1.6	3.754 511	0.638 64	6.9	6.898 322
30	坎佩切州	2.5	4.689 265	0.513 98	9.3	5.653 901
31	金塔纳罗奥州	1.2	3.595 703	0.299 441	6.2	2.978 851

资料来源：人口数据：http：//www. inegi. org. mx/est/contenidos/proyectos/ccpv/cpv2010/Default. aspx. 健康数据：http：//www. sinais. salud. gob. mx/estadisticasportema. html.

我们考虑（行标准化）基于距离的权重矩阵，如果相邻两州中心之间的距离小于门槛值，并且保证各州至少有一个邻居。

我们同时使用准确的极大似然法和 MESS 近似法估计空间滞后模型。该空间滞后模型被设定为 $y=\beta_0+\beta_1X_1+\beta_2X_2+\beta_3X_3+\beta_4X_4+\lambda Wy+\varepsilon$，$y$ 代表每千名居民中的医生数，X_1 代表每千名居民中的医务员工数，X_2 和 X_3 分别代表 2000 年和 2010 年的人均卫生支出，X_4 代表 65 岁以上人口的比例。

	极大似然估计			MESS 设定		
	估计值	标准误	p 值	估计值	标准误	p 值
β_0	0.139 859	0.446 938	0.754 34	0.124 292	0.200 922	0.541 36
β_1	0.186 960	0.012 195	0.000***	0.187 352	0.012 738	0.000***
β_2	0.058 434	0.031 370	0.062 50	0.058 685	0.033 965	0.095 45
β_3	−0.049 681	0.034 338	0.147 94	−0.049 863	0.037 131	0.190 49
β_4	0.064 011	0.025 163	0.010 96*	0.064 794	0.024 870	0.014 75*
λ	−0.141 09	0.192 08	0.462 63	−0.136 520 3	0.163 31	0.433 26

显著性标注：0 '***'0.001'**'0.01'*'0.05'.'0.1''1。

比较这两种估计方法得到的结果，我们注意到 MESS 方法根据参数的符号和显著性充分证实了 ML 估计的结论。每千名居民中的医务员工数和 65 岁以上人口的比例似乎是解释墨西哥 32 个州中医生地理分布的最重要因素。各参数的点估计与 MESS 过程中的空间被解释变量参数 λ 和截距非常类似。这两种情况下的参数 λ 是负的，但不是显著异于 0。两种情况下的标准误也非常相似。在一个非常小的样本量下（如本例的情况），计算时间上的差异显然是微不足道的。然而，上例表明，在大数据集情形下，MESS 设定可以极大地减轻计算负担，而且不损失估计的精度。

5.3 单边逼近法

5.3.1 空间计量经济学中不对称和异向性的重要性

我们已在前面的第三章和第四章讨论了自回归模型有一个共同的特点。它们都基于第 2.1 节描述的空间滞后变量的一般定义，我们定义了地区 i 变量 y 的空间滞后值：

$$L(y_i) = \sum_{j=1}^{n} W_{ij}^{*} y_j \tag{5.26}$$

W_{ij}^{*} 是标准化的权重矩阵［见方程（2.3）］。换句话说，空间滞后被定义为地区 i 所有邻居y_j 观察值的平均值。这个表达式意味着方向并不重要，所有的邻居（无论它们相对于地区 i 的位置是哪里）均以相同的方式影响滞后变量。这一假说隐含假定到目前为止所有文献中给出的模型都是同向性的［正式的定义参考 Cressie（1993）］。

同向性的概念来源于物理学并且意味着独立结构不存在方向偏差或优先方向。同向性假设在空间统计学的许多分支学科中都有讨论。例如，当处理气象、地质或其他物理现象［在这种情况下，方向是至关重要的，如参见 Schabenberger 和 Gotway（2002）］或者医学成像应用［例如，异向性被证明是一个很好的预测乳腺癌风险的因素（Heine and Mahorta，2002）］中的空间数据时。

经济学家已经意识到这个问题。例如，诺贝尔奖得主克莱夫·格兰杰（Clive Granger，1974）指出，缺乏方向偏差的假设在空间计量经济学中表现得特别明显和不切实际。他指出："如果方向没有问题，这些变量的相关程度只取决于各点之间的距离。牛津和伦敦的测量值之间的关系将与两个相隔 55 英里的林肯郡村庄的测量值之间的关系一样。纽约和费城的失业数据之间的相关性与相距大约一百英里的两个小型中西部城镇之间的相关性是一样的。这种假设的平稳性对经济变量是完全不现实的"（Granger，1974，p. 15）。

一个特别常见的异向性的表现是空间关系的不对称性。事实上，在教科书中，Paelinck 和 Klaassen（1979）认为不对称性是空间计量经济学中五个基本特征之一。不对称性的一个很好的例子是中心—外围模型［例如，参见 Paelinck 和 Nijkamp（1975）］，该模型的不对称性从中心到外围地区逐步减弱。方向偏差可以在许多实际的情况下观察到，比如在房价的动态模式中（Holly et al.，2010），在美国观测到的许多经济变量，应参考沿着海岸线（北—南）的依赖关系，而不是从海岸到内部各州（东—西）的依赖关系或者欧盟的不同中心与边缘之间的依赖关系，反之亦然。下面只给出几个例子。

即使不对称性是异向性的最直观方面，它也只是异向性的一个表现。为了区分不对称性和异向性之间的关系，且不失一般性，让我们考虑一个只划分了三个空间区域（i、l 和 m）的研究区域，并且安排在一个如图 5.1 所示的规则的方形网格上，而且不会损失其一般性，该假设可以用一个简单的车邻近结构捕捉该系统的拓扑结构。

现在，让我们概括地分别定义两个不同地区之间沿纵向（V）和横向（H）的依赖结构。根据邻近的车准则定义，我们有下述方程组：

$$\begin{aligned} y_i &= \overrightarrow{\rho}_H y_m + \overrightarrow{\rho}_V y_l + \varepsilon_i \\ y_l &= \overleftarrow{\rho}_V y_i + \varepsilon_l \\ y_m &= \overleftarrow{\rho}_H y_i + \varepsilon_m \end{aligned} \tag{5.27}$$

式中，$\overrightarrow{\rho}_H$ 和 $\overrightarrow{\rho}_V$ 分别表示水平和垂直方向的空间相关参数，上标箭头指示相关的方向。方程组（5.27）表示地区 i 在水平方向（从左到右）与地区 m 相关，在垂直方向（从上到下）与地区 l 相关；地区 l 在垂直方向（从下到上）与地区 i 相关，地区 m 在水平方向（从右到左）与地区 i 相关。在这种简单的情况下，不对称意味着 $\overrightarrow{\rho}_V \neq \overleftarrow{\rho}_V$ 和 $\overrightarrow{\rho}_H \neq \overleftarrow{\rho}_H$。

	l
m	i

图 5.1　三个区域在规则的方形网格上的安排

然而，异向性（在对称性存在的情况下）表明 $\overrightarrow{\rho}_V = \overleftarrow{\rho}_V = \rho_V \neq \rho_H = \overrightarrow{\rho}_H = \overleftarrow{\rho}_H$。因此，不对称性意味着异向性，但反之则不然。此外，同向性意味着对称性，但对称性并不一定意味着同向性。

5.3.2 检验空间滞后模型的同向性

为了举例说明同向性假设的检验过程，让我们考虑变量 y 和（非标准化的）权重矩阵 W（已经定义）的几个观测结果。

让我们同样定义两个不重叠的权重矩阵W_1和W_2，W_1和W_2代表两个不同的方向，因此$W_1+W_2=W$。这两个矩阵包含空间相关性的两个不同首选方向。例如，在一个规则的方形网格上，我们可以假设一个如图 5.2 所示的邻近的车准则定义和两个矩阵的拓扑结构。

现在定义两个参数，异向性空间滞后模型的依赖关系沿着两个不同的特定方向发展：

$$y=Z\beta+\lambda_1 W_1 y+\lambda_2 W_2 y+u \quad u|Z\sim \text{i. i. d. } N(0,\sigma^2 I) \tag{5.28}$$

在方程（5.28）中，$Z=[X,WX]$ 是一个可能包含滞后项的非随机解释变量的矩阵；W_1 是（非行标准化的）权重矩阵，包含一个相关方向；W 是相应的根据同向性假设推导出的（非标准化的）权重矩阵；$W_2=W-W_1$ 代表第二个相关方向。如果 $\lambda_1=\lambda_2=\lambda$，模型（5.28）简化为熟悉的单变量同向性空间滞后模型［见方程（3.54）］，其定义为：

$$y=Z\beta+\lambda Wy+u \quad u|Z\sim \text{i. i. d. } N(0,\sigma^2 I) \tag{5.29}$$

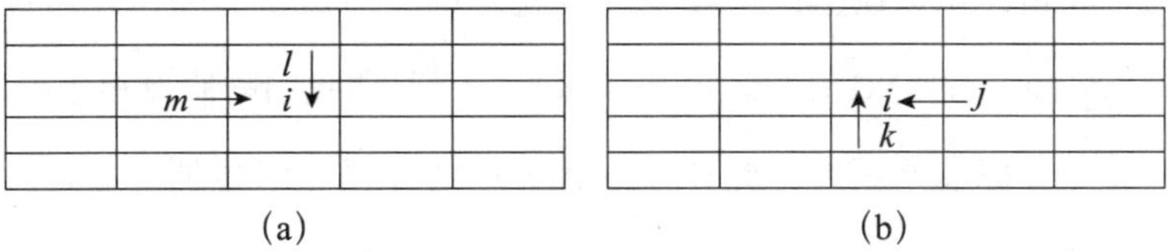

图 5.2

本图表示了包括两个不同空间相关方向的两个不同矩阵 W。两个不同的 W 矩阵包含两个不同方向的空间相关性。(a) W_1=西北到东南方向的相关性；(b) W_2=东南到西北方向的相关性。权重矩阵 W_1只包含单位 i 对单位 l 和单位 m 的相关性，权重矩阵 W_2只包含单位 i 对单位 j 和单位 k 的相关性。

令 $u^{(\text{ANI})}=y-Z\beta-\lambda_1 W_1 y-\lambda_2 W_2 y$ 和 $u^{(\text{ISO})}=y-Z\beta-\lambda Wy$ 是这两个竞

争模型的误差项。异向性模型和同向性模型的极大似然函数分别表示为：

$$l_{\mathrm{ANI}}(\sigma^2, \lambda_1, \lambda_2, \beta) = \mathrm{const} - \frac{1}{2}\ln|I - \lambda_1 W_1 - \lambda_2 W_2| - \frac{1}{2\sigma^2} u^{(\mathrm{ANI})^T} u^{(\mathrm{ANI})} \tag{5.30}$$

和

$$l_{\mathrm{ISO}}(\sigma^2, \lambda, \beta) = \mathrm{const} - \frac{1}{2}\ln|I - \lambda W| - \frac{1}{2\sigma^2} u^{(\mathrm{ISO})^T} u^{(\mathrm{ISO})} \tag{5.31}$$

给定这些定义，Arbia 等（2013）在考虑了似然比检验统计后［见方程(1.30)］，提出了一个同向性的检验：

$$A\text{检验} = -2\left[l_{\mathrm{ANI}}(\hat{\sigma}^2, \hat{\lambda}_1, \hat{\lambda}_2, \hat{\beta}) - l_{\mathrm{ISO}}(\hat{\sigma}^2, \hat{\lambda}, \hat{\beta})\right] \tag{5.32}$$

式中，$l_{\mathrm{ANI}}(\hat{\sigma}^2, \hat{\lambda}_1, \hat{\lambda}_2, \hat{\beta})$ 是非受限模型的极大似然函数，$l_{\mathrm{ISO}}(\hat{\sigma}^2, \hat{\lambda}, \hat{\beta})$ 是受限模型的极大似然函数。在这两个表达式中，未知参数被相应的 ML 估计量替代了。标准的渐近理论确保了在同向性的原假设下，该检验统计量收敛于随机变量χ_1^2的分布：

$$A\text{检验} \xrightarrow{d} \chi_1^2 \tag{5.33}$$

在 Arbia 等（2013）中，作者对蒙特卡罗的研究结果表明，忽视了同向性问题会导致空间经济计量模型回归参数估计的严重偏差和效率损失。特别地，他们认为，在错误识别模型的情况下（也就是说，当假定的同向性假设不正确时），如果 λ_1 和 λ_2 的绝对值相差很大（即实际情况和我们的假设相差很远），估计的相对偏差和标准差更大。此外，虽然 ML 估计仍然明显拥有通常的渐近性质，但收敛速度变慢。

例 5.2　异向性在巴罗和萨拉伊马丁收敛模型中的运用

下面再次考虑例 1.1 中引入的巴罗和萨拉伊马丁的地区收敛模型。在他们的论文 Arbia 等（2013）中，关注的焦点在于检测地区收敛模型中可能出现的空间相关方向偏差。特别地，他们考虑了下述传统模型的异向性空间滞后设定：

$$y = Z\beta + \lambda_1 W_1 y + \lambda_2 W_2 y + u \quad u|Z \sim \mathrm{i.i.d.}\, N(0, \sigma^2 I)$$

式中，$y=\ln\frac{X_{it}}{X_{i0}}$；$Z_i=X_{i0}$，$X_{it}$ 为地区 i 在时间 t 的人均收入；u 为模型的误差成分。

实证数据是例 1.1 中 20 个意大利地区的人均收入，时间是从 2000 年到 2008 年。为了识别重要的方向偏差，作者在依次考虑了每个地区的原始方向偏差和其他地区以类时方式满足了连续性约束后，定义了 20 个不同的 W_1 矩阵。例如，W_1 矩阵指伦巴第区的原始方向偏差建立在下图的结构上。在图中，伦巴第区被编码为“地区 1”并且不依赖于任何其他地区，4 个被编码为“地区 2”的地区只取决于伦巴第，5 个被编码为“地区 3”的地区只取决于被编码为“地区 2”的地区，等等。

注意：异向性空间关系源自伦巴第区。每个地区都只取决于那些区编码更低的地区。

资料来源：作者的研究使用了 R 软件和 shapefiles 文件，在 ISTAT 可以找到，并可从以下网址下载：http：//www. istat. it/it/archivio/44523。

产生方向偏差的地区所扮演的角色类似于时间序列中的初始观测值。为了满足检测的要求，矩阵 W_2 可由 $W_2=W-W_1$ 计算得到。A 检验在 20 种不同的设定下计算得出。该分析的结果如下表所示：

地区	异向性 A 检验	p 值
伦巴第区	8.894	0.002
弗雷利威尼斯朱利亚区	8.502	0.003
特伦蒂诺—上阿迪杰区	9.483	0.003
托斯卡纳区	6.736	0.009
奥斯塔谷特别自治区	6.437	0.011
利古利亚区	5.666	0.017
翁布里亚区	2.793	0.094
马尔凯区	2.772	0.095
艾米利亚—罗马涅区	1.301	0.254
撒丁区	1.189	0.275
坎帕尼亚区	1.032	0.309
卡拉布利亚区	0.719	0.396
拉丁姆区	0.497	0.480
威尼托区	0.337	0.561
巴斯利卡塔区	0.316	0.573
普利亚区	0.315	0.574
西西里岛	0.207	0.648
阿布鲁佐区	0.065	0.798
莫利塞区	0.003	0.954
皮埃蒙特区	0.002	0.956

说明：意大利的这些地区检测到了显著的异向性。

分析表明，有六个地区在地区增长方面有显著的异向性和方向偏差，分别是伦巴第区、弗雷利威尼斯朱利亚区、特伦蒂诺—上阿迪杰区、托斯卡纳区、奥斯塔谷特别自治区和利古利亚区。伦巴第区（米兰的一个区）A 检验的显著性水平最高，因此它在经济增长扩散过程中扮演了主要角色。这个结果符合常识和实证数据，意大利的伦巴第区是工业活动集中度最高的区域。

5.3.3 单边空间滞后模型的推理

如果使用 A 检验拒绝同向性的假设，则必须使用前一节提出的合理异向性模型。相反，如果这个假设在实证数据的基础上可以被接受，那么可以利用这个特性来简化计算，并且可以规避在传统的空间计量经济学中使用极大似然估计时遇到的计算困难。这一目标可以通过考虑所谓的单边逼近来实现，单边逼近由 Besag（1974）提出。事实上，如果一个模型是同向性的，那么方向并不重要，而且我们可以通过指定一个更简单的单边模型来近似其属性，在提供模型的推理信息时也可以采用类似的方法。为了识别这种模型，我们首先要选择一个传统的首选方向，然后建立一个所用变量的类时结构。方向的选择可以主观一些，因为方向并不重要。在这种情况下，类似于在时间序列分析中发生的情况，该模型的似然函数可以很容易地展开为各变量的条件密度的乘积，在一系列被称为前期邻居（predecessors-neighbors）[记为 PN，见 Besag（1974）和 Arbia（2006）] 的变量条件下，predecessors-neighbors 定义为沿着一个指定的首选方向（如图 5.2 描述的两个方向之一）的邻居。如前所述，如果该模型是同向性的，这个过程相当于一次完整的似然估计。为了介绍这种方法，我们考虑下述单边空间滞后模型：

$$y = Z\beta + \lambda_1 W_1 y + \lambda_2 W_2 y + u \tag{5.34}$$

式中，y 为一个解释变量观测值的向量；X 为非随机外生回归矩阵；β 为待估未知参数向量；u 为随机误差向量，$u|Z \sim \text{i.i.d.} N(0, \sigma^2 I)$。此外，$W_1$（非行标准化）为相关单边权重矩阵，因此 $w_{ij} \in W_1$；如果 $i \in PN(j)$，则 $w_{ij}=1$，否则 $w_{ij}=0$。也就是说，如果地区 j 是地区 i 所选方向的邻居，则 $w_{ij}=1$。在这种情况下，为了不失一般性，三个地区的排列如图 5.1 所示，对于只存在一个回归量的情况，单边模型的极大似然函数可以表示为：

$$L(\sigma^2, \lambda, \beta) = \prod_{i=1}^{n} f_{y_l \mid y_l, y_m}(y_i \mid y_l, y_m) \tag{5.35}$$

式中，l，$m \in PN(i)$，从而右边的每个密度函数都符合前期邻居的条件。

使用多元正态条件分布的标准结果 [比如 Anderson（2003）] 和变量 Z 与变量 y 之间没有交叉协方差的假设，Z 和 y 在不同地区 [即 $\text{Cov}(Z_i, y_l) = \text{Cov}(Z_i, y_m) = 0$]，方程（5.35）右侧的条件密度函数的一般表达式将是 $N(u_c, \sigma_c^2)$，其条件均值和条件方差为：

$$u_c = u + \frac{\lambda}{1+\lambda'}\left[\sum_{j=0}^{n} w_{ij}(y_j - u)\right] + \frac{\beta}{1+\lambda'^2}(z_j - u_z)$$

$$\sigma_c^2 = \sigma^2 - \frac{2\lambda^2}{1+\lambda'^2} - \frac{\beta^2\sigma_z^2}{1+\lambda'^2} \tag{5.36}$$

式中，λ' 为 y_l 和y_m 之间的相关性，它还是 y_i 的前一项中互为二阶邻近关系的地区（见第 5.2.1 节）。

最后，与分布方程（5.36）相关的似然函数可以表示为：

$$L(\sigma^2, \lambda, \lambda', \beta) = \prod_{i=1}^{n} f_{y_i \mid y_l, y_m}(y_i \mid y_l, y_m)$$

$$= \text{const}\,(\sigma_c^2)^{-\frac{n}{2}} \exp\left\{\frac{1}{2\sigma_c^2}\left[\sum_{i=1}^{n}(y_i - u_c)^2\right]\right\} \tag{5.37}$$

对数似然函数为：

$$l(\sigma^2, \lambda, \lambda', \beta) = \text{const} - \frac{n}{2}\ln(\sigma_c^2) - \frac{1}{2\sigma_c^2}\left[\sum_{i=1}^{n}(y_i - u_c)^2\right]$$

把方程（5.36）代入方程（5.37），可得：

$$l(\sigma^2, \lambda, \lambda', \beta) = \text{const} - \frac{n}{2}\ln\left(\sigma^2 - \frac{2\lambda^2}{1-\lambda'^2} - \frac{\beta^2\sigma_z^2}{1-\lambda'^2}\right)$$

$$- \frac{1-\lambda'^2}{2[\sigma^2(1-\lambda'^2) - 2\lambda^2(1-\lambda') - \beta^2\sigma_z^2]}$$

$$\times\left\{\sum_{i=1}^{n}\left[y_i - u + \frac{\lambda}{1+\lambda'} \times \left(\sum_{j=1}^{n} w_{ij}(y_i - u)\right)\right.\right.$$

$$\left.\left. + \frac{\beta}{1-\lambda'^2}(z_i - u_z)\right]^2\right\} \tag{5.38}$$

这个表达式不包含对任何矩阵求逆，所以它的计算可以直接执行，甚至对大样本也是如此。

例 5.3　墨西哥的健康计划（续）

在本例中，我们希望举例说明使用完整似然方法来实现单边逼近。我们同样会将获得的结果与第 5.1 节 MESS 设定的回归结果进行比较。出于这一目的，我们再次对由墨西哥 32 个州的健康数据构成的数据集进行检验。由于同向性模型

	最大似然			MESS 设定			单边逼近		
	估计值	标准误	p 值	估计值	标准误	p 值	估计值	标准误	p 值
β_0	0.139 859	0.446 938	0.754 34	0.124 292	0.200 922	0.541 36	0.036 752	0.229 270	0.872 646
β_1	0.186 960	0.012 195	0.000***	0.187 352	0.012 738	0.000***	0.184 956	0.011 789	0.000***
β_2	0.058 434	0.031 370	0.062 50	0.058 685	0.033 965	0.095 45	0.050 829	0.031 676	0.108 572
β_3	−0.049 681	0.034 338	0.147 94	−0.049 863	0.037 131	0.190 49	−0.047 028	0.034 094	0.167 774
β_4	0.064 011	0.025 163	0.010 96*	0.064 794	0.024 870	0.014 75*	0.066 109	0.023 256	0.004 473***
λ	−0.141 09	0.192 08	0.462 63	−0.136 520	0.163 31	0.433 26	−0.069 582	0.046 159	0.131 7

显著性标注：0’***’0.001’**’0.01’*’0.05’.’0.1’’1。

邻近的方向并不重要，对单边逼近法的一个特别需要注意的地方是考虑每一空间单位只有一个邻近单位，其根据最邻近准则进行定义（见第 2.1 节的例 2.1）。我们使用单边模型的特殊设定重新估计了例 5.1 中的模型。其结果如下表所示。其中，为了使这次比较变得容易，我们再次列出了完整似然估计和 MESS 估计的所有估计值。

这三种方法根据各参数的推理结果得出了明显相似的结论，均表明医务员工数、老年人口比例的影响是显著的（变量 X_1 和变量 X_4）。用这三种方法得到的估计量的符号是一致的，而且它们的绝对值比较接近，唯一的区别在于截距项以及独立参数 λ，其中用单边逼近法估计的结果要大于 MESS 设定估计的结果。正如例 5.1 所指出的，在处理大样本时，运算时间以及所需的计算机内存的差异在我们选择上述估计方法时可能是一个非常重要的因素。

5.4 复合似然方法

5.4.1 概　述

本节将以复合似然项的特殊形式［即成对似然（pairwise likelihood）］为基础来介绍一种推断方法（Lindsey，1988；Varin et al.，2011），由于联合似然方法存在严重的计算困难，使得复合似然方法成了这种情况下的可行解决方法，并在统计文献中越来越受欢迎。复合似然方法［伪似然的一个分支，见 Pace 和 Salvan（1997）］被定义为一种函数，尽管它不是完全设定的似然函数，只拥有部分特性。相关文献给出了在时间序列计量经济学（Davis and Yau，2011）和空间计量经济学［见用于空间模截面模型的 Arbia（2012）和 Wang 等（2013）］中的一些复合似然方法的范例。

5.4.2 空间误差模型的二元边际似然估计方法

下面考虑线性回归模型：

$$y_i = \beta Z_i + \varepsilon_i \tag{5.39}$$

式中，$i=1$，…，n，与模型（3.13）一样，但现在不再指定方程（3.14）自回归形式的误差，现在假设每一对误差（即 i 和 l）的联合二元高斯分布形式为：

$$\begin{pmatrix}\varepsilon_i \\ \varepsilon_l\end{pmatrix} \approx MVN\ (0\mathbf{1},\ \sigma^2\Omega) \quad \forall i,\ l \quad l\in N(i) \quad \Omega = I \quad \forall l \notin N(i) \tag{5.40}$$

这一定义较为常见，其与第 5.2.2 节的方程（5.20）类似。然而，与 MESS 近似模型及其他传统的空间计量模型不同，我们的目的并不是对所有 n 个随机误差项的联合分布进行建模，而是研究它们的相互关系。注意，与此前一样，$N(i)$ 仍然表示地区 i 的邻近地区集合，而关于邻近的判断标准并非我们关注的核心问题。在方程（5.40）中，$\Omega = \begin{pmatrix}1 & \psi \\ \psi & 1\end{pmatrix}$ 表示相关矩阵，ψ 为残差项空间相关参数，且 $\psi \in (-1, +1)$。我们特意使用 ψ 作为符号，而非使用更为常用的符号 ρ，用以在空间误差条件下凸显它们之间的区别。关于所有邻近单位之间在所有方向上的相关性都有相同的假设（显然，限制性很强），它是根据所有空间计量经济学文献（见第 5.3 节）中的同向性假设推导出来的。

在介绍用于估计模型（5.39）与模型（5.40）中待估参数的复合 ML 过程之前，我们首先介绍二元编码的定义。这一概念由 Arbia（2012，2014）在拓展 Besag（1974）的研究方法时提出。出于举例需要，假设在规则的方形网格上有 n 个观测单元，我们将其内部单元标记为叉号“×”，如图 5.3 所示：

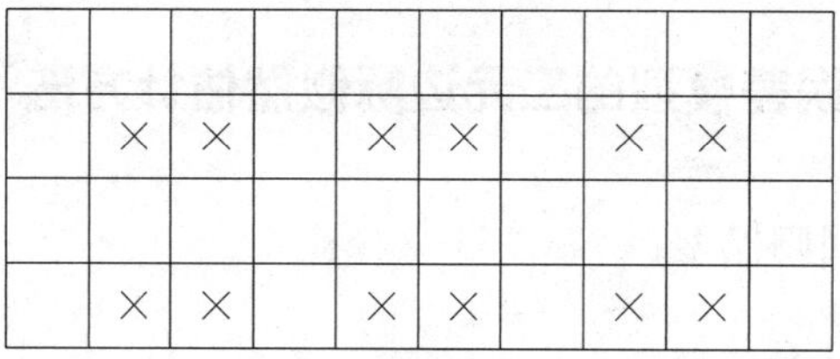

图 5.3 在规则的方形网格中的二元编码模式

特别地，对 n 个空间单元中的 q 个空间单元子集用叉号进行标记（$q\in Q$），我们同时对地区 i 的邻近地区进行随机选择标注。扰动项 ε_i 和 ε_l[其中 $l\in N(i)$] 由于邻近而被视为存在空间相关，而 $\{\varepsilon_i, \varepsilon_l\}$ 与 $\{\varepsilon_j, \varepsilon_k\}$ [其中 $k\in N(j)$] 被认为是独立的 [$j, k\notin N(i, l)$]。我们定义 $N(i, l)=\{N(i)\cup N(l)\}$ 为地区 i 和地区 j 的共同邻居。上述分类方法定义了一个二元编码模式。

在恰当的邻近定义下，不规则的空间结构也可以很容易地使用类似编码机制。该过程的目的非常清晰：根据两个邻近空间单元的标准，选出成对的观测单元，而后获取样本中的空间信息。然而，通过选择成对的空间单位，根据定义，它们彼此独立，我们应避免在估计中引发问题，第三章介绍了典型的空间计量经济学模型。对于组间独立的假设，直观感觉是设定的限制性太强，因而不得不考虑邻近的定义。实际上，我们总是可以通过选取距离相距甚远的观测组来保证它们之间是相互独立的。最后，考虑到随机扰动项的两两组合并不是问题的核心，我们也可以采用三阶或者更高阶的组合方式，而使用上述选择的理由来自哈默斯利-克利福德（Hammersley-Clifford）理论，而该模型设定的与两两组合相关的限制性条件见 Besag（1974）。

根据这些假设，在二元编码中对任意 q 组扰动项的联合密度函数为：

$$f_{\varepsilon_i\varepsilon_l}(\varepsilon_i\varepsilon_l)=\frac{1}{2\pi\sigma^2\sqrt{1-\psi^2}}\exp\left\{-\frac{1}{2\sigma^2\sqrt{(1-\psi)^2}}\left[\varepsilon_i^2-2\psi\varepsilon_i\varepsilon_l+\varepsilon_l^2\right]\right\}$$

$$l\in N(i),\quad i=1,\cdots,q$$

(5.41)

我们可以根据方程（5.41）中不相关的假设，用 q 个二元密度函数的乘积推导出复合似然函数。随后，我们可以将该复合似然函数作为合理的似然函数，并根据它进行统计推断。特别地，对 q 个方程（5.4）相乘，可得：

$$\begin{aligned} L(\beta, \sigma^2, \psi) &= \prod_{i=1}^{q} f\varepsilon_i\varepsilon_l(\varepsilon_i\varepsilon_l) \\ &= \prod_{i=1}^{q} \frac{1}{2\pi\sigma^2\sqrt{1-\psi^2}} \exp\left\{-\frac{1}{2\sigma^2\sqrt{(1-\psi^2)}}[\varepsilon_i^2 - 2\psi\varepsilon_i\varepsilon_l + \varepsilon_l^2]\right\} \\ &= (2\pi)^{-q}(\sigma^2)^{-q}(1-\psi^2)^{-\frac{q}{2}} \\ &\quad \times \exp\left\{-\frac{1}{2\sigma^2\sqrt{(1-\psi^2)}}\sum_{i=1}^{q}[\varepsilon_i - 2\psi\varepsilon_i\varepsilon_l + \varepsilon_l^2]\right\} \end{aligned} \tag{5.42}$$

相对应的对数似然函数为：

$$\begin{aligned} l(\beta, \sigma^2, \psi) &= \text{const} - q\ln(\sigma^2) - \frac{q}{2}\ln(1-\psi^2) \\ &\quad - \frac{1}{2\sigma^2(1-\psi^2)}\sum_{i=1}^{q}[\varepsilon_i - 2\psi\varepsilon_i\varepsilon_l + \varepsilon_l^2] \end{aligned} \tag{5.43}$$

现在引入一些新的符号。α_1，α_2，α_3，α_4，α_5 和 α_6 是一组统计量，相应的定义如下：

$$\begin{aligned} &\alpha_1 = \sum_{i=1}^{q} Z_i^2 + \sum_{i=1}^{q} Z_l^2 = \sum_{j=1}^{2q} Z_j^2 && \alpha_2 = \sum_{i=1}^{q} y_i^2 + \sum_{l=1}^{q} y_l^2 = \sum_{j=1}^{2q} y_j^2 \\ &\alpha_3 = \sum_{i=1}^{q} Z_i y_i + \sum_{l=1}^{q} Z_l y_l = \sum_{j=1}^{2q} Z_j y_j && \alpha_4 = \sum_{i=1}^{q} Z_i y_l + \sum_{i=1}^{q} Z_l y_i \\ &\alpha_5 = \sum_{i=1}^{q} Z_i Z_l && \alpha_6 = \sum_{i=1}^{q} y_i y_l \end{aligned} \tag{5.44}$$

需要注意的是，在上述定义中，出于简化的目的，$\sum_{i=1}^{q} Z_i Z_l$是 $\sum_{i=1}^{n}\sum_{l\in N(i)} Z_i Z_l$ 的简洁形式，代表同一对［类似方程（5.44）中其他的表达式］内两个观测对象乘积的和。我们一直致力于这个符号的简化。Arbia（2014）指出，在该模型的假设下，方程（5.43）可以进行最大化求解，其解是唯一的，可以对下述非线性方程求解点解得到：

$$
\begin{cases}
\hat{\beta}_{BML}=\dfrac{\alpha_3-\hat{\psi}_{BML}\alpha_4}{\alpha_1-2\hat{\psi}_{BML}\alpha_5} & (5.45)\\[2ex]
\hat{\sigma}^2_{BML}=\dfrac{\sum_{i=1}^{q}(\varepsilon_i^2-2\hat{\psi}_{BML}\varepsilon_i\varepsilon_l+\varepsilon_l^2)}{2q(1-\hat{\psi}^2_{BML})} & \\[2ex]
\quad=\dfrac{\alpha_2+\hat{\beta}^2_{BML}\alpha_1-2\hat{\beta}_{BML}\alpha_3-2\hat{\psi}_{BML}\alpha_6-2\hat{\psi}_{BML}\hat{\beta}^2_{BML}\alpha_5+2\hat{\psi}_{BML}\hat{\beta}_{BML}\alpha_4}{2q\ (1-\hat{\psi}^2_{BML})} & (5.46)\\[2ex]
\hat{\psi}_{BML}=\dfrac{\sum_{i=1}^{q}\varepsilon_i\varepsilon_l}{q\hat{\sigma}^2_{BLM}}=\dfrac{\alpha_6-\hat{\beta}_{BML}\alpha_4+\hat{\beta}^2_{BML}\alpha_5}{q\hat{\sigma}^2_{BML}} & (5.47)
\end{cases}
$$

Arbia (2012) 将这一估计量称为二元边际极大似然估计量（或 BML)。

需要注意的是，如果 $\psi=0$（在成对的二元空间独立回归扰动项的情况下），在方程（5.45）中，我们得到：

$$
\hat{\beta}_{BML}=\frac{\psi\alpha_4-\alpha_3}{2\psi\alpha_5-\alpha_1}=\frac{\alpha_3}{\alpha_1}=\frac{\sum_{j=1}^{2q}x_jy_j}{\sum_{j=1}^{2q}x_j^2}=\hat{\beta}_{ML} \tag{5.48}
$$

而在方程（5.46）中，我们得到：

$$
\hat{\sigma}^2_{BML}=\frac{1}{2q}\sum_{i=1}^{q}(\varepsilon_i^2+\varepsilon_l^2)=\frac{1}{2q}\sum_{j=1}^{2q}\varepsilon_j^2=\hat{\sigma}^2_{ML} \tag{5.49}
$$

因此，这些解分别与独立误差（见第一章）下 β 和 α^2 的 ML 估计量相似。同时，需要注意的是，从方程（5.47）推导出的估计值 $\hat{\psi}_{BML}$ 与扰动项之间空间相关的直观估计值有关。

Arbia (2014) 证明了 BML 估计量服从正态分布，在小样本下是无偏和弱一致的。推导出的精确费雪信息矩阵以及估计值的标准差被用于求解置信区间估计以及假设检验。除了分析及计算优势，BML 估计量还提供了一些有趣的解释性优势。实际上，再次考虑方程（5.45）中回归参数 β 的 BML 估计量的正规表达式 $\hat{\beta}=\dfrac{\alpha_3-\psi\alpha_4}{\alpha_1-2\psi\alpha_5}$。该表达式的分子表示 Z 和 y 之间的协方差（α_3 项）加上 $-\psi\alpha_4$，后者表示某观测地区的变量 Z 对邻近地区变量 y 的空间溢出效应

（α_4 项），其权重是空间相关参数 ψ。类似地，分母表示独立变量（α_1 项）加上 $-2\psi\alpha_5$，后者是变量 Z（α_5 项）的空间自相关，其权重是误差项的空间相关系数。其释义非常直接，在正的误差空间相关情况下（$\psi>0$），如果变量 Z 和变量 y 之间的空间溢出效应以及变量 Z 空间自协方差的符号相反，我们可以观测到变量 Z 对变量 y 的变化具有乘数效应。特别地，如果空间溢出效应（α_4）为负，同时变量 Z（α_5）的空间自协方差为正，那么乘数效应更为明显。BML 估计量 $\hat{\beta}$ 的正规表达式同样表明，在解释变量存在较强的正的空间相关性时，解释变量的变动对 y 的影响在这两个变量间空间溢出效应为正时更为明显。这一结果有更直观的解释。实际上，某观测地区不仅受益于自身变量 Z 的增大，而且受益于邻近地区变量 Z 的增大。同理，β 的 BML 估计量的正规表达式［方程(5.45)］同样表明，即使不存在空间溢出效应，解释变量对被解释变量也有非常大的影响。实际上，当 $\alpha_4=0$ 时，若 $\alpha_5>0$，解释变量对变量 y 的影响更为显著，即解释变量之间存在正向空间相关。

如前所述，给定能够经过正规推导得出的精确费雪信息矩阵，则基于标准似然假设检验的过程可用于这种新设定。然而，基于重新抽样思想，这种框架允许我们采用进一步的方法进行标准差与假设检验。对被解释随机变量组进行重复抽样的方法由来已久，最早可以追溯到 Solow（1985）、Künsch（1989）、Arbia（1990）及 Sherman（1996）。本章介绍的二元编码技术基于成对单元子样本的识别。然而，在实际运用中，这种二元编码设定并不是唯一的。即使在图 5.3 所示的简单例子中，事实上也产生了四种不同的编码（即该模型中各参数的四种不同的估计值），如图 5.4 所示。

在实际运用中处理不规则空间数据时，潜在的配置方案可能有很多。在处理大样本时，我们也可以使用更多的二元编码机制来估计更多的相关参数，允许重采样分布的推导。就这一点而言，二元编码方法提出了一种在回归结构中引导空间数据的形式方法，保留了子样本之间的独立条件且不损坏数据的空间相关特征。

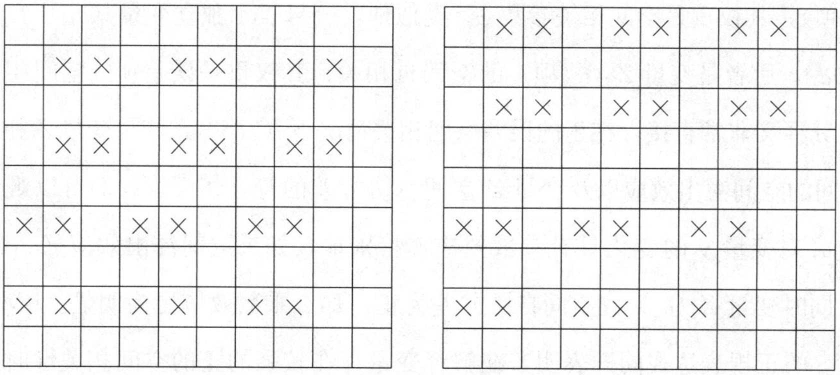

图 5.4　图 5.3 中数据的四种不同二元编码机制

例 5.4　BML 估计方法的蒙特卡罗评估

Arbia（2014）通过使用人工生成的数据以及实际数据对 BML 方法进行了评估。特别地，在 Arbia（2014）中，作者指出通过蒙特卡罗试验的均值实验，BML 估计是非常精确的，而计算时间可以忽略不计；使用 2.7GHz 的英特尔 I7 处理器，在样本量为 100 和 2 500 时，估计时间分别为 0.9 毫秒和 831 毫秒。

5.5　R 代码

在处理 MESS 设定估计时，R 软件库文件 Matrix 中包含的函数 expm 可以进行矩阵指数计算［见方程（5.5)］。首先，按照常规，使用命令 install. packages（“Matrix”）下载该工具包，随后使用命令 library（Matrix）将它调用到各会话窗口。矩阵 *A* 的指数可通过下述命令实现：

```
>expm(A)
```

其中，*A* 为正定矩阵。尽管矩阵的指数被定义为无限泰勒级数，但它使用沃德的对角线和帕德近似进行近似计算（Moler and Van Loan，2003）。

R 软件中的工具包 spdep 用于估计 MESS 设定的空间滞后模型。该命令非常简单，而且完全类似于第 3.8 节中用于空间滞后模型相关性的命令。其命令为：

```
>model1<-lagmess(formula=y~X+Y,data=filename,listw=W)
```

式中，W 为权重矩阵

对于单边逼近，一旦明确确定了似然函数［例如，方程（5.38）中单边空间模型的情况］，就只需要对相应的参数进行最大化。为了这个目的，我们可以利用 R 软件中的工具包 maxLik。首次使用该工具包可以通过输入命令 install. packages（“maxLik”）来安装。在此后使用时，在每次会话开始时输入命令 library（maxLik）。

一旦库文件安装完毕后，我们就可以将对数似然函数（例如，可记为 loglik）写成一组参数（即 beta、sigma、lambda、rho 等）的函数。最大化似然函数的命令为：

```
>mle<-maxLik(logLik=logLikFun,start=c(beta=0,sigma=1,lambda=0.2,rho=
0.1))
```

其中，beta＝0，sigma＝1，lambda＝0.2，rho＝0.1，求最大化时的初始搜索值可以任意指定，mle 为该模型的传统名称。最大化的结果可以用下述命令显示出来：

```
>summary(mle)
```

此外，考虑单边逼近的一个可能理由是，对于每一空间单元来说，只有最近的邻近单元属于矩阵 W 的定义。在这种情形下，使用地图文件（假设为 poly），我们调取其中心坐标：

```
coords<-coordinates(poly)
```

随后，我们通过下述命令识别各单元的最邻近单元：

```
knn<-knearneigh(coords,k=1)
```

需要注意的是，这一命令可以扩展到搜索 k 个邻近单位。接下来，通过下述命令，我们可以基于邻近的定义，推导出邻近单元组：

```
nn<-knn2nb(knn)
```

最后，我们通过下列命令生成矩阵 W：

```
W<-nb2listw(nn)
```

在空间模型中使用这些常用命令来进行单边逼近，可以节约时间。

在空间误差模型的估计中使用二元编码方法目前没有特定程序。为了执行这一操作，我们只需要程序对非邻近空间单元进行随机成对抽样，并根据子样本中的信息来计算方程（5.45）到方程（5.47）的封闭解。

核心术语与概念

大数据	空间关系的方向偏差
稀疏以及密集权重矩阵	非对称的空间关系
计算时间和内存限制	中心—外围模型
矩阵指数转换	同向性检验
一阶邻近	异向性空间滞后模型
高阶邻近	单边逼近
矩阵幂展开	单边空间滞后模型
矩阵指数空间设定	前期邻居
同向性和异向性	复合似然

成对似然

伪似然

二元编码技术

二元边际极大似然估计

空间重抽样以及空间自举法

问　题

1. 当样本量非常大时使用极大似然法会出现什么问题？

2. 为什么在密集矩阵 W 的情况下问题更加显著，而在考虑稀疏矩阵 W 时，这些问题不那么引人注目？

3. 相对于极大似然估计法，使用空间滞后模型的 MESS 设定有哪些优点？

4. 举例说明不对称概念与异向性概念之间的差异。

5. 考虑到计算的优点后，相对于完整的极大似然法，使用二元边际极大似然法的主要缺陷是什么？

练　习

练习 5.1　再次考虑练习 2.1 中八个罗马尼亚 NUTS 2 区域的边界，并得出二阶及三阶矩阵 W，记为 W^2 和W^3。运用这些矩阵，将方程（5.11）转换为 $S=e^{aW}$，并得出 $\lambda=0.9502$ 时的约方程 $S\approx\sum_{i=0}^{q}\frac{a^i W^i}{i!}$ 、空间相关参数以及 $q=3$ 。

练习 5.2　考虑同向性模型的情况，并考虑一个邻居，其中每个空间单元只有一个邻居，而且它不是其他单元的邻居。在这个假设中，导出 n 维样本的矩阵 W。此外，推导出矩阵

$(I-\lambda W)$ 及其逆矩阵。回顾单边空间滞后模型的方差—协方差矩阵 Ω 的正式表达式，并得出其行列式 $|\Omega|$。

练习 5.3 考虑例 3.3 和例 3.4 以及练习 3.6 和练习 4.8 中使用的数据集，并使用行标准化的矩阵 W，利用 MESS 设定重新估计空间滞后模型。在相同的数据集上，定义基于最邻近单元的单边行标准化矩阵 W，并且再次估计单边空间滞后模型。比较这三种方法获得的结果。

练习 5.4 考虑由布置在 2×2 规则方形网格上的四个空间单元组成的系统以及由下述方程组描述的空间滞后模型：

$$y_1 = a_1 w_{12} y_2 + b_1 w_{13} y_3 + \varepsilon_1$$

$$y_2 = a_2 w_{21} y_1 + b_2 w_{24} y_4 + \varepsilon_2$$

$$y_3 = a_3 w_{31} y_1 + b_3 w_{34} y_4 + \varepsilon_3$$

$$y_4 = a_4 w_{43} y_3 + b_4 w_{42} y_2 + \varepsilon_4$$

导出模型对称的参数条件以及模型具有同向性且不对称的参数条件。在同向和对称的情况下，以紧凑的矩阵表示法写出方程。

练习 5.5 正态性假设对于第 5.4.2 节描述的二元边际极大似然估计量来说并不是关键。作为替代假设，考虑误差服从二元指数分布Ⅱ型（Gumbel，1960）。在这种情况下，我们有以下模型：

$$y_i = \beta x_i + \varepsilon_i$$

此外，对于每对扰动项，记为 i 和 l，使得 $l \in N(i)$：

$$f_{\varepsilon_i \varepsilon_l}(\varepsilon_i \varepsilon_l) = e^{-\varepsilon_i - \varepsilon_l}[1 + a(2e^{-\varepsilon_i} - 1)(2e^{-\varepsilon_l} - 1)] \qquad i = 1, \cdots, q; \rho = \frac{a}{4}$$

式中，ρ 为空间误差参数。在这些假设下，推导出参数 β 的 BML 估计量的似然函数和条件。

本章参考文献

Anderson, T. (2003) *An Introduction to Multivariate Statistical Analy-*

sis, 3rd edition, Hoboken, NJ: Wiley.

Arbia, G. (1990) "On Second Order Non-Stationarity in Two-Dimensional Lattice Processes", *Computational Statistics and Data Analysis*, 9: 147 - 160.

Arbia, G. (2006) *Spatial Econometrics: Statistical Foundations and Applications to Regional Convergence*, Heidelberg: Springer-Verlag.

Arbia, G. (2012) "Simplifying the Estimation and Hypothesis Testing Phases in Spatial Econometric Modeling of Large Databases", Keynote Speech of the 6th Annual World Conference of the Spatial Econometrics Association, Salvador-Bahia, Brazil, 11 - 13 July.

Arbia, G. (2014) "Pairwise Likelihood Inference for Spatial Regressions Estimated on Very Large Datasets", *Spatial Statistics*, 7: 21 - 39.

Arbia, G., Bee, M. and Espa, G. (2013) "Testing Isotropy in Spatial Econometric Models", *Spatial Economic Analysis*, 8 (3): 228 - 240.

Bell, K. P. and Bockstael, N. E. (2000) "Applying the Generalized-Moments Estimation Approach to Spatial Problems Involving Microlevel Data", *Review of Economics and Statistics*, 82: 72 - 82.

Besag, J. (1974) "Spatial Interaction and the Statistical Analysis of Lattice Systems (with discussion)", *Journal of the Royal Statistical Society B*, 36: 192 - 236.

Chiu, Y. M., Leonard, T. and Tsui, K. (1996) "The Matrix-Logarithmic Covariance Model", *Journal of The American Statistical Association*, 91: 198 - 210.

Cressie, N. (1993) *Statistics for Spatial Data*, New York: Wiley.

Davis, R. A. and Yau, C. Y. (2011) "Comments on Pairwise Likelihood in Time Series", *Statistica Sinica*, 21: 255 - 277.

Granger, C. W. J. (1974) "Spatial Data and Time Series Analysis", in A.

Scott (ed.), *Studies in Regional Science*, London: Pion.

Griffith, D. A. (2000) "Eigenfunction Properties and Approximations of Selected Incidence Matrices Employed in Spatial Analysis", *Linear Algebra and its Applications*, 321: 95 - 112.

Griffith, D. A. (2004) "Extreme Eigenfunctions of Adjacency Matrices for Planar Graphs Employed in Spatial Analysis", *Linear Algebra and its Applications*, 388: 201 - 219.

Gumbel, E. J. (1960) "Bivariate Exponential Distribution", *Journal of the American Statistical Association*, 55: 698 - 707.

Heine, J. and Mahorta, T. (2002) "Mammography Tissue, Breast Cancer Risk, Serial Image Analysis and Digital Mammography: Tissue and Related Risk Factors", *Acad. Radiol.*, 9: 298 - 316.

Holly, S., Pesaran, M. H. and Takashi, Y. (2010) "A Spatio-Temporal Model of House Prices in the USA", *Journal of Econometrics*, 158 (1): 160.

Kelejian, H. and Prucha, I. (1998) "A Generalized Spatial Two-Stage Least Squares Procedure for Estimating a Spatial Autoregressive Model with Autoregressive Disturbances", *Journal of Real Estate Finance and Economics*, 17: 99 - 121.

Künsch, H. (1989) "The Jackknife and Bootstrap for General Stationary Observations", *The Annals of Statistics*, 17: 1217 - 1241.

Lesage, J. and Pace, K. (2007) "A Matrix Exponential Spatial Specification", *Journal of Econometrics*, 140 (1): 190 - 214.

LeSage, J. and Pace, K. (2009) *Introduction to Spatial Econometrics*, Boca Raton, FL: Wiley.

Lindsay, B. G. (1988) "Composite Likelihood Methods", *Contemporary*

Mathematics, 80: 221－239.

Moler, C. and Van Loan, C. (2003) "Nineteen Dubious Ways to Compute the Exponential of a Matrix, Twenty-Five Years Later", *SIAM Review*, 45 (1): 3－49.

Ord, J. K. (1975) "Estimation Methods for Spatial Interaction", *Journal of the American Statistical Association*, 70: 120－126.

Pace, K. and LeSage, J. (2004) "Chebyshev Approximation of Log-Determinants of Spatial Weight Matrices", *Computational Statistics and Data Analysis*, 45: 179－196.

Pace, L. and Salvan, A. (1997) *Principles of Statistical Inference*, Singapore: World Scientific.

Paelinck, J. H. P. and Nijkamp, P. (1975) *Operational Theory and Methods in Regional Analysis*, Farnborough: Saxon House.

Paelinck, J. H. P. and Klaassen, L. H. (1979) *Spatial Econometrics*, Aldershot, UK: Gower.

Schabenberger, O. and Gotway, C. A. (2002) *Statistical Methods for Spatial Data Analysis*, Boca Raton, FL: Chapman & Hall/CRC.

Sherman, M. (1996) "Variance Estimation for Statistics Computed from Spatial Lattice Data", *Journal of the Royal Statistical Society*, *Series* B, 58: 509－523.

Smirnov, O. and Anselin, L. (2001) "Fast Maximum Likelihood Estimation of Very Large Spatial Autoregressive Models: A Characteristic Polynomial Approach", *Computational Statistics and Data Analysis*, 35: 301－319.

Solow, A. (1985) "Bootstrapping Correlated Data", *Journal of the International Association for Mathematical Geology*, 17: 769－775.

Varin, C. and Vidoni, P. (2009) "Pairwise Likelihood Inference for General State Space Models", *Econometric Reviews*, 28: 1 - 3, 170 - 185.

Varin, C. (2008) "On Composite Marginal Likelihood", *Advances in Statistical Anal.*, 92: 1 - 28.

Varin, C., Reid, N. and Firth, D. (2011) "An Overview of Composite Likelihood Methods", *Statistica Sinica*, 21: 5 - 42.

Wang, H., Iglesias, E. M. and Wooldridge, J. M. (2013) "Partial Maximum Likelihood Estimation of Spatial Probit Models", *Journal of Econometrics*, 172: 77 - 89.

第六章 结论：未来的研究方向

正如在本书前言部分所介绍的，我们并不计划将本书打造成空间计量经济学领域的一本综合性著作，而是希望将它作为计量经济学非特定领域著作文献和前沿空间计量经济学教材之间的桥梁。因此，我们希望本书的读者已有学习计量经济学概论教材的经历（例如，格林，《计量经济分析》，2011），同时致力于现有计量经济学专题研究而期望了解该学科的未来发展方向。出于这方面的考虑，我们可以建议一些不同的发展（非互斥）方向。

类似于在随机过程理论中时间序列计量经济学出现的问题（Hamilton，1994），基于本书涉及的计量经济学模型，我们发现了随机场的概念。如果读者想要深入了解本书所介绍模型的统计推断基础以及概率根问题，可以阅读 Arbia（2006）的著作，该书对随机场模型（该模型是 SARAR 范式的基础）进行了详细讨论，并且在讨论中加入了在空间计量经济领域非常实用但尚未得到当前文献充分讨论的一系列其他随机场。例如，其中一个例子是通过基于条件概率分布而不是边际概率分布的空间滞后模型和空间误差模型的设定。这一方法最早由 Besag（1974）提出，然后 Sain 和 Cressie（2007）以及 Ippoliti 等（2013）在近期的空间计量经济学文献中运用了该方法。如果有读者对进一步分析空间计量建模的模型根感兴趣，则可以在空间计量统计类文献中查阅到相关信息。有关这方面的优秀图书可参见 Ripley（1981）、Cressie（1993）、Gaetan 和 Guyon（2009）以及 Cressie 和 Wikle（2011）。出于这方面的考虑，空间统计学的传统是对各种数据观测点、线、面设计的各种方法进行区分。点数据方法用来研究平面上个体的分布规律；线数据方法用来解释个体在网络条件下的交互效应（如地理空间中的货流、人流和信息流）；最后，区域方法处理的是部分空间的汇总数据，观测单位通常为国家或者地区。在本书中，我们主要关注区域数据的处理，而不考虑其他两种空间数据处理方法。如果读者在阅读完本书以后，有兴趣在这些领域加深了解，可以参考现有文献（仍分散在计量经济学）中针对点数据的“点模式分析”方法［点模式分析可以参考 Marcon 和 Puesch（2003）、Duranton 和 Overman（2005）以及 Arbia 等（2008，2010，2012），空间交互模型可参考 LeSage 和 Pace（2009）以及 Patuelli 和 Arbia（2014）］。

即使本教科书涵盖了大部分空间计量经济模型，但我们故意回避了一些问题的讨论，以便集中于本质的讨论，并使该讨论尽可能简洁。如果读者希望学习不同的建模方法，可以阅读 Anselin（1988），尽管该书稍显过时，但它仍为本领域内的代表性著作。在此，读者会发现其他方面的主题，如空间异质性、稳健估计方法、似不相关空间回归、预检验和拔靴法（bootstrapping）在空间分析中的应用，同时还有非嵌套检验、空间扩展法、边缘效应等。此外，在本书中，我们总是使用费雪频率法作为模型参考。在此，我们没有利用贝叶斯方法，读者可以再次参考 Anselin（1988）以及 LeSage 和 Pace（2009）给出的更详细说明。最后，在空间计量经济学领域有一个有趣的新主题被忽略了，即空间分位数回归模型，对于相关的内容，读者可以参考 McMillen（2013）的综合性著作。

如果读者更关注一些实践性问题，那么就需要对现有的计量软件有进一步的了解和体验，以便运用它们来处理空间数据以及空间关系。正如前言部分所述，尽管本书使用 R 软件展示了一系列计算机教程和实践操作，但它仍不能被认为是利用 R 软件研究空间计量经济学的一本综合性教程。关于这方面的更广泛讨论可参见 Bivand 等（2008）。此外，处理空间计量建模的常用商业软件有 Matlab、STATA 以及 GeoDa。其中 Matlab 中的空间计量分析工具箱由佩斯和勒沙杰开发（详见 http：//www. mathworks. com/products/matlab/以及

www. spatialeconometrics. com)。同样，最近 STATA 软件也开发了丰富的空间计量程序［详见 http：//www. stata. com/以及 Drukker 等（2013a，2013b，2013c)］。最后，由 Luc Anselin 及其同事开发的 GeoDa 软件以及 PySAL 软件包含了一个很广泛的程序库，可用于空间分析和空间计量经济学（详见 https：//geodacenter. asu. edu/software)。

最后，如果本书读者的目标是掌握这一领域内理论以及实践的前沿研究，可以参阅 Arbia（2012)（在 2007—2011 年发表了 230 余篇论文讨论这一问题)，以及近年来部分主流期刊上的一系列论文，诸如《计量经济学杂志》［参见 Baltagi 等（2007)］、《经验计量经济学》［参见 Arbia 和 Baltagi（2008)］、《区域科学杂志》［参见 Arbia 和 Fingleton（2008)］、《区域科学与城市经济》［参见 Arbia 和 Kelejian（2010)］、《区域科学杂志》［参见 Partridge 等（2012)］、《经济建模》［参见 Arbia 等（2012)］、《空间计量分析》［参见 Arbia 和 Prucha（2013)］以及《地理分析》［参见 Arbia 和 Thomas（2014)］。

本章参考文献

Anselin，L. （1988）*Spatial Econometrics：Methods and Models*，Dordrecht：Kluwer Academic Publishers.

Arbia，G. （2006）*Spatial Econometrics：Statistical Foundations and Applications to Regional Convergence*，Heidelberg：Springer-Verlag.

Arbia，G. （2012）“A Lustrum of SEA：Recent Research Trends Following the Creation of the Spatial Econometrics Association（2007—2011)”，*Spatial Economic Analysis*，6（4)：377 - 396.

Arbia，G. and Baltagi，B. （2008）“Introduction to the Special Issue on

Spatial Econometrics", *Empirical Economics*, 34: 1-4.

Arbia, G. and Fingleton, B. (2008) "New Spatial Econometric Techniques and Applications in Regional Science", *Papers in Regional Sciences*, 87 (3): 311-317.

Arbia, G. and Kelejian, H. (2010) "Advances in Spatial Econometrics", *Regional Science and Urban Economics*, 40 (5): 253-254.

Arbia, G. and Prucha, I. (2013) "Introduction to the Special Issue on Spatial Econometrics", *Spatial Economic Analysis*, 8 (3): 215-217.

Arbia, G. and Thomas, C. (2014) "New Developments in Spatial Econometrics", *Geographical Analysis* (forthcoming).

Arbia, G., Espa, G. and Giuliani, D. (2013) "Conditional vs. Unconditional Industrial Agglomeration: Disentangling Spatial Dependence and Spatial Heterogeneity in the Analysis of ICT Firms' Distribution in Milan (Italy)", *Journal of Geographical Systems*, 15: 31-50.

Arbia, G., Espa, G. and Giuliani, D. (2014) "Weighting Ripley's K-function to Account for the Firm Dimension in the Analysis of Spatial Concentration (to appear in International Regional Science Review)", first published on 9 November 2012 as doi: 10.1177/0160017612461357.

Arbia, G., Espa, G. and Quah, D. (2008) "A Class of Spatial Econometric Methods in the Empirical Analysis of Clusters of Firms in Space", *Empirical Economics*, 34 (1): 81-103.

Arbia, G., Lopez-Bazo, E. and Moscone, F. (2012) "Frontiers in Spatial Econometrics Modelling (with Enrique Lopez Bazo and Francesco Moscone)", *Economic Modelling*, 29 (1): 1-2.

Arbia, G., Espa, G., Giuliani, D. and Mazzitelli, A. (2010) "Detecting the Existence of Space-Time Clusters of Firms", *Regional Science and Ur-*

ban Economics, 40 (5): 311 - 323.

Arbia, G., Espa, G., Giuliani, D. and Mazzitelli, A. (2012) "Clusters of Firms on an Inhomogeneous Space: The Case of High-Tech Industries in Milan in 2001", *Economic Modelling*, 29 (1): 3 - 11.

Baltagi, B., Kelejian, H. and Prucha, I. (2007) "Analysis of Spatially Dependent Data", *Journal of Econometrics*, 140 (1): 1 - 4.

Besag, J. (1974) "Spatial Interaction and the Statistical Analysis of Lattice Systems", *Journal of the Royal Statistical Society*, *Series B*, 36: 192 - 236.

Bivand, R., Pedesma, J. and Gomèz-Rubio, V. (2008) *Applied Spatial Data Analysis with R*, Heidelberg: Springer-Verlag.

Cressie, N. (1993) *Statistics for Spatial Data*, revised edition of the 1991 original, New York: Wiley.

Cressie, N. and Wikle, C. (2011) *Statistics for Spatio-Temporal Data*, Hoboken, NJ: Wiley.

Drukker, D. M., Prucha, I. and Raciborski, R. (2013a) "Maximum Likelihood and Generalized Spatial Two-Stage Least-Squares Estimators for a Spatial-Autoregressive Model with Spatial-Autoregressive Disturbance", *Stata Journal*, 13 (2): 221 - 241.

Drukker, D. M., Prucha, I. and Raciborski, R. (2013b) "A Command for Estimating Spatial-Autoregressive Models with Spatial-Autoregressive Disturbances and Additional Endogenous Variables", *Stata Journal*, 13 (2): 287 - 301.

Drukker, D. M., Peng, H., Prucha, I. and Raciborski, R. (2013c) "Creating and Managing Spatial-Weighting Matrices with the spmat Command", *Stata Journal*, 13 (2): 242 - 286.

Duranton G., Overman, H. G. (2005) "Testing for Localization Using Micro-Geographic Data", *Rev Econ Stud*, 72 (4): 1077 - 1106.

Gaetan, C. and Guyon, X. (2009) *Spatial Statistics and Modeling*, New York: Springer-Verlag.

Greene, W. (2011) *Econometric Analysis*, 7th edition, Upper Saddle River, NJ: Pearson Education.

Hamilton, J. D. (1994) *Time Series Analysis*, Princeton, NJ: Princeton University Press.

Ippoliti, L., Romagnoli, L. and Arbia, G. (2013) "A Gaussian Markov Random Field Approach to Convergence Analysis", Spatial Statistics, 6: 78-90.

LeSage, J. and Pace, K. (2009) *Introductory Spatial Econometrics*, Boca Raton, FL: Chapman & Hall/CRC Press.

Marcon, E. and Puech, F. (2003) "Evaluating the Geographic Concentration of Industries Using Distance-Based Methods", *Journal of Economic Geography*, 3 (4): 409-428.

Marcon, E. and Puech, F. (2010) "Measures of the Geographic Concentration of Industries: Improving Distance-Based Methods", *Journal of Economic Geography*, 10 (5): 745-762.

McMillen, D. (2013) *Quantile Regression for Spatial Data*, SpringerBriefs in Regional Science, Heidelberg: Springer-Verlag.

Partridge, M. D., Boarnet, M., Brakman, S. and Ottaviano, G. (2012) "Introduction: Whither Spatial Econometrics?" *Journal of Regional Science*, 52 (2): 167-171.

Patuelli, R. and Arbia, G. (2014) *The Spatial Econometrics of Spatial Interaction Models*, Heidelberg: Springer-Verlag (forthcoming).

Ripley, B. (1981) *Spatial Statistics*, New York: Wiley.

Sain, S. R. and Cressie, N. (2007) "A Spatial Model for Multivariate Lattice Data", *Journal of Econometrics*, 140 (1): 226-259.

参考答案

在所有的练习中，显著性标注为：0'***'0.001'**'0.01'*'0.05'.'0.1''1。

练习 1.1

1. 模型 1

	估计值	标准误	t 值	$Pr(>\|t\|)$
(截距)	−22.311 18	3.385 94	−6.589	0.000 100***
劳动力	0.277 50	0.053 46	5.191	0.000 571***
企业	0.422 39	0.472 43	0.894	0.394 567
F 统计量	43.99			2.59e−06***

多元 R^2：0.907 2，修正的 R^2：0.886 6

2. 模型 2

	估计值	标准误	t 值	$Pr(>\|t\|)$
(截距)	−21.388 66	3.192 37	−6.700	5.36e−05***
劳动力	0.314 60	0.033 35	9.432	2.71e−06***
* F 统计量	88.97			2.71e−06***

多元 R^2：0.843 1，修正的 R^2：0.827 4

模型 3

	估计值	标准误	t 值	$Pr(>\|t\|)$
(截距)	−16.054 7	5.999 2	−2.676	0.023 25*
企业	2.326 4	0.564 6	4.121	0.002 08**
F 统计量	16.98			0.002 08***

多元 R^2：0.629 3，修正的 R^2：0.592 3

3. 最优的模型为模型 2，其 F 统计量有最高的显著性水平，同时修正的 R^2 值最高。

4. 模型 4

	估计值	标准误	t 值	$Pr(>\|t\|)$
（截距）	22.546	18.718	1.205	0.256 13
企业	6.861	1.761	3.895	0.002 98**
F 统计量	15.17			0.002 98***

多元 R^2：0.6027，修正的 R^2：0.563

5. 模型 1 的残差

威尔士	−0.632 989 9
苏格兰	−0.882 257 1
北爱尔兰	−1.138 803 9
英格兰北部	−3.139 758 2
英格兰西北部	2.536 488 3
约克郡和亨伯赛德郡	1.272 157 2
英格兰中东部	−0.592 100 8
英格兰中西部	0.451 171 7
英格兰东部	−0.285 552 9
大伦敦	−1.021 945 0
英格兰东南部	2.396 519 1
英格兰西南部	1.037 071 6

6. 布鲁施-培根检验：$BP = 1.518\ 3$，$df = 2$，p 值 $=0.468\ 1$

雅克-贝拉检验：$JB = 0.092$，$df = 2$，p 值 $= 0.955\ 1$

7. 模型 1 在东部地区（英格兰东部、英格兰中东部和伦敦）和北部（英格兰北部、英格兰西北部、苏格兰和北爱尔兰）对 GVA（负残差）进行了高估，却在中心低估了 GVA。因此，似乎有一个明显的残差地理分布模式。

练习 2.1

我们对下述 8 个地区进行如下排序：（$RO11$、$RO12$、$RO21$、$RO22$、$RO31$、$RO32$、$RO41$、$RO42$）

非标准化的矩阵 W：

0	1	1	0	0	0	0	1
1	0	1	1	1	0	1	1
1	1	0	1	0	0	0	0
0	1	1	0	1	0	0	0
0	1	0	1	0	1	1	0
0	0	0	0	1	0	0	0
0	1	0	0	1	0	0	1
1	1	0	0	0	0	1	0

标准化的矩阵 W：

0	0.333 333	0.333 333	0	0	0	0	0.333 333
0.166 667	0	0.166 667	0.166 667	0.166 667	0	0.166 667	0.166 667
0.333 333	0.333 333	0	0.333 333	0	0	0	0
0	0.333 333	0.333 333	0	0.333 333	0	0	0
0	0.25	0	0.25	0	0.25	0.25	0
0	0	0	0	1	0	0	0
0	0.333 333	0	0	0.333 333	0	0	0.333 333
0.333 333	0.333 333	0	0	0	0	0.333 333	0

非零值的比重=26/64=40.625%

练习 2.2　空间滞后变量

Ly=(9.699 990 3　9.766 686 2　10.033 323 3　10.166 656 5　9.1　10.3　9.766 656 9　9.366 657 3)

练习 2.3

$L(X)$ =（26，15.67，23.67，17，24.5，25.33，27.25，14，26，29，25，16，24，21.25，20.33，14.67，17.5，14.5，20.5，16，14.5，15，20.67，14，21.5）

练习 2.4

以下是 .GAL 文件

```
0 12 UK UK _ reg
 1 4
 3 5 8 12
 2 2
 3 4
 3 2
 1 2
 4 3
 2 5 6
 5 5
 1 4 6 7 8
 6 3
 4 5 7
 7 5
 5 6 8 9 11
 8 5
 1 5 7 11 12
 9 2
 7 11
```

10 1
11
11 5
7 8 9 10 12
12 3
1 8 11

练习 2.5

$L(GVA)=(6.7, 2.75, 5.95, 8.233, 5.44, 6.3, 9.42, 8.34, 10.45, 14.7, 10.3, 8.53)$

练习 2.6　莫兰散点图

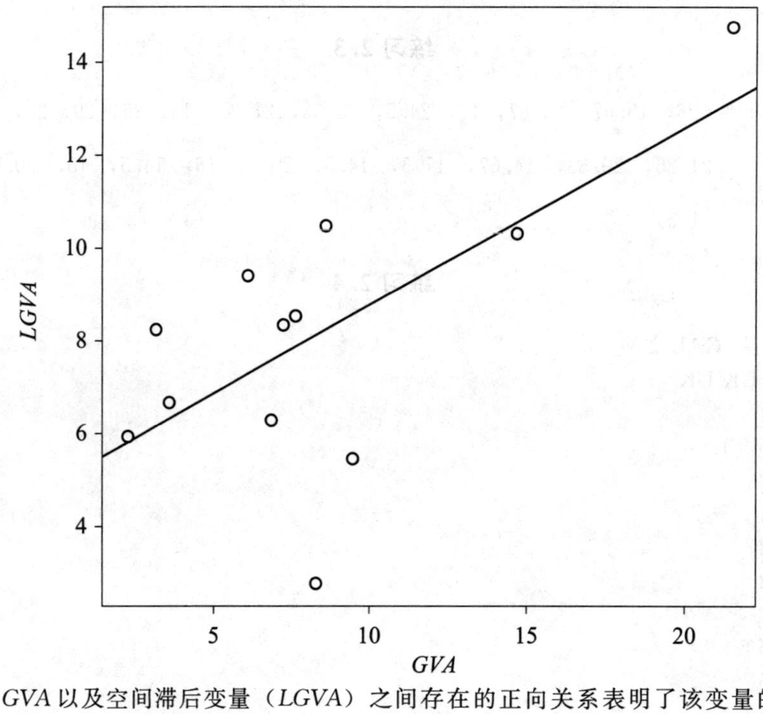

在 *GVA* 以及空间滞后变量（*LGVA*）之间存在的正向关系表明了该变量的空间相关性。

练习 2.7

观测到的莫兰 $I=-0.175\,895\,03$

期望值$=-0.168\,866\,59$

方差$=0.033\,075\,71$

标准莫兰 $I=-0.0386$

p 值=0.515 4

练习 2.9

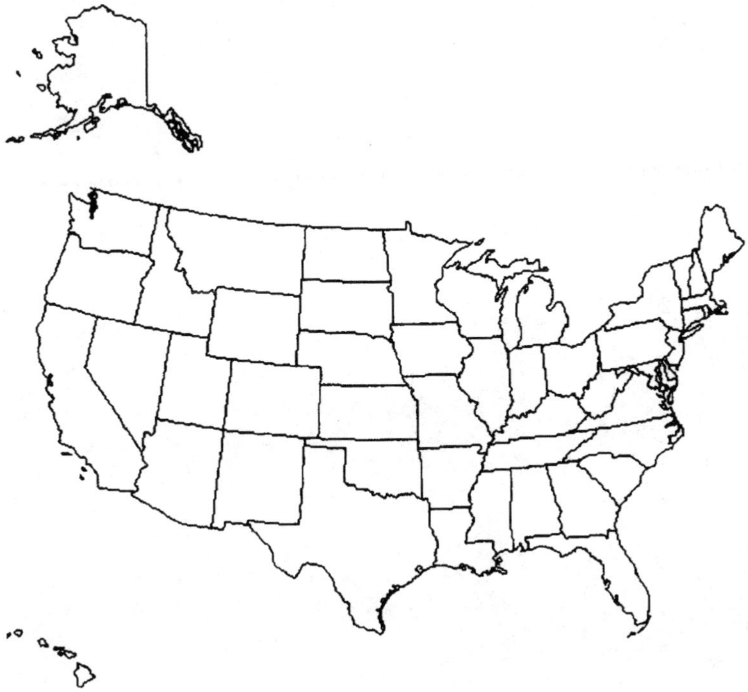

练习 3.1

以下是 .GAL 文件

0 27 eu eu _ countries
1 4
5 9 14 25
2 2
18 24
3 4
5 15 16 20
4 2
5 22
5 8
1 3 4 9 14 15 16 25
6 2
21 26
7 1
23

8 2
9 17
9 6
1 5 8 10 23 25
10 4
9 15 19 27
11 1
24
12 2
16 26
13 4
15 18 19 20
14 2
1 5
15 6
3 5 10 13 19 20
16 4
3 5 12 20
17 1
8
18 2
2 13
19 3
10 13 15
20 4
3 13 15 16
21 2
6 22
22 2
4 21
23 2
7 9
24 2
2 11
25 3
1 5 9
26 2
6 12
27 1
10

SARAR 模型

	估计值	标准误	z 值	Pr（>｜t｜）
（截距）	0.311 681 02	0.194 599 31	1.601 7	0.109 2
educ	0.000 948 83	0.000 555 11	1.709 3	0.087 4
Lambda	0.681 9		3.619 2	0.000 295 51***

	估计值	标准误	z 值	Pr (>t)
Rho：	−0.471 47		−1.659 5	0.097 007
似然比检验：	4.204 7			0.122 17

AIC：−91.606

SEM

	估计值	标准误	*z* 值	*Pr* (>*t*)
(截距)	1.029 419 4	0.028 652 9	35.927 3	<2e−16***
educ	0.001 419 8	0.000 798 7	1.777 6	0.075 46
Rho	0.329 31		1.749 5	0.080 209
似然比检验值：	2.604 1			0.106 59
Wald 统计量：	3.060 7			0.080 209

AIC：−92.005

SLM

	估计值	标准误	*z* 值	*Pr* (>|*t*|)
(截距)	0.663 590 77	0.190 796 32	3.478 0	0.000 505 2***
educ	0.001 329 15	0.000 710 32	1.871 2	0.061 318 0
Lambda	0.342 91		1.895 9	0.057 977
似然比检验值：	3.119 4			0.077 369
Wald 统计量：	3.594 3			0.057 977

AIC：−92.521

最优模型为 SLM。Rho 在 SARAR 以及 SEM 中都不显著，在 SLM 中 *AIC* 最高。

练习 3.2

将模型写为：

$$y_i = \beta X_i + u_i ; u_i = \rho L(u_i) + \varepsilon_i$$

第二个方程可以改写为：

$$u_i - \rho L(u_i) = \varepsilon_i$$

$$(1 - \rho L) u_i = \varepsilon_i$$

第一个方程为：

$$(1 - \rho L) y_i = (1 - \rho L) \beta X_i + (1 - \rho L) u_i$$

$$y_i = \rho L y_i + \beta X_i - \rho \beta L X_i + \varepsilon_i$$

$$y_i = \rho L y_i + \beta X_i - \gamma L X_i + \varepsilon_i$$

这是含有空间滞后解释变量 $L(X)$ 的空间滞后模型。

不能应用简单的 OLS 方法，因为系数 γ 服从 $\gamma = \rho \beta$。

练习 3.3

将模型写为：

$$y = X\beta + u$$

$$u = \rho W u$$

第二个方程可以改写为：

$$(1-\rho W)u = \varepsilon$$

第一个方程可以写为

$$(1-\rho W)y = \beta(1-\rho W)X + (1-\rho W)u$$

或者

$$y^* = \beta X^* + \varepsilon$$

它们可以通过求表达式的最小值并运用 OLS 方法进行估计。

$$\varepsilon^T\varepsilon = (y^* - \beta X^*)^T(y^* - \beta X^*) = \min$$

或者

$$(y-\beta X)^T(I-\rho W)^T(I-\rho W)(y-\beta X) = \min$$

式中，$y^* = (I-\rho W)y$，$X^* = (I-\rho W)X$。

下面考虑 SEM 模型的可能性［方程（3.23）］：

$$I(\rho, \sigma_\varepsilon^2, \beta) = \text{const} - \frac{n}{2}\ln(\sigma_\varepsilon^2) - \frac{n}{2}\ln|(I-\rho W)^{-1}(I-\rho W)^{-T}|$$

$$-\frac{1}{2}(y-X\beta)^T[(I-\rho W)^{-1}(I-\rho W)^{-T}]^{-1}(y-X\beta)$$

已知 ρ 和 δ_ε^2，这个表达式是关于 β 的最大值，如果

$$(y-X\beta)^T[(I-\rho W)^{-1}(I-\rho W)^{-T}]^{-1}(y-X\beta) = \min$$

或者

$$(y-\beta X)^T(I-\rho W)^T(I-\rho W)(y-\beta X) = \min$$

与此前从 OLS 方法得到的表达式一致。

根据 GLS 解，我们可以得到方程（1.47）：

$$(X^{*T}X^*)^{-1}X^{*T}y^* = (X^T P^{-T} P X)^{-1} X^T P^{-T} P y$$

$$= (X^T \Omega^{-1} X)^{-1} X^T \Omega^{-1} y = \hat{\beta}_{\text{GLS}}$$

令 $P^{-1}=(I-\rho W)$，因此有 $\Omega^{-1}=P^{-T}P^{-1}=(I-\rho W)^{T}(I-\rho W)$。

因此，SEM 模型中 β 系数的极大似然估计量可以表示为：

$$\hat{\beta}_{\mathrm{GLS}}=[X^{T}(I-\rho W)^{T}(I-\rho W)X]^{-1}\times[X^{T}(I-\rho W)^{T}(I-\rho W)]y$$

其中，误差的方差可以从矩阵主对角线上得到［见方程（1.48)]：

$$\mathrm{Var}(\hat{\beta}_{\mathrm{GLS}})=\sigma_{\varepsilon}^{2}(X^{T}\Omega^{-1}X)^{-1}=\sigma_{\varepsilon}^{2}[X^{T}(I-\rho W)^{T}(I-\rho W)X]^{-1}$$

练习 3.4

因为变量 X 是非随机的，我们可以将模型改写为 $y_i=\lambda\frac{\sum_{i=1}^{n}w_{ij}y_i}{\sum_{j=1}^{n}w_{ij}}+\vartheta_i$，其中 $\vartheta_i=\beta X_i+u_i$。因此，假定 $\vartheta_i\mid X\sim \mathrm{i.i.d.}\,N(0,\sigma_{un}^{2}I_n)$，则有

$$E(\vartheta_i)=E(\beta X_i+u_i)=\beta E(X_i)+E(u_i)=\beta X_i$$

以及

$$\mathrm{Var}(\vartheta_i)=\mathrm{Var}(\beta X_i+u_i)=\mathrm{Var}(u_i)=\sigma_u^2$$

因此，该方程描述了一个纯自回归模型，其误差为 $\vartheta_i\mid X\sim \mathrm{i.i.d.}\,N(\beta X_i,\sigma_u^2 I)$。

练习 3.5

该模型可以改写为：

$$y=-\rho Wy+u$$

$$u=\rho Wu+\varepsilon$$

或者

$$(I+\rho W)y=u$$

$$(I-\rho W)u=\varepsilon$$

故

$$y=(I+\rho W)^{-1}u$$

$$u=(I-\rho W)^{-1}\varepsilon$$

因此

$$\begin{aligned}y&=(I+\rho W)^{-1}(I-\rho W)^{-1}\varepsilon\\&=[(I-\rho W)(I+\rho W)]^{-1}\varepsilon\end{aligned}$$

$$= (I-\rho^2 W^2)^{-1}\varepsilon$$

$$= (I-\rho^* W^*)^{-1}\varepsilon$$

这是一个 SLM，即

$$y=\rho^* W^* y+Z\beta+u \qquad |\rho^*|<1$$

其权重矩阵 $W^*=W^2$，并且参数 $\rho^*=\rho^2$。因为 $|\rho|<1$，所以 $|\rho^*|<1$。根据［方程(3.47) 中］y 的方差—协方差矩阵，可知：

$$E(yy^T)=\sigma_\varepsilon^2(I-\rho W)^{-1}(I-\rho W)^{-T}=\sigma_\varepsilon^2(I-\rho^2 W^2)^{-1}(I-\rho^2 W^2)^{-T}$$

根据方程 (3.48)，它的似然值为：

$$L(\sigma^2, \lambda, \beta; y)=\text{const}\,|\sigma_\varepsilon^2\Omega|^{-\frac{1}{2}}$$

$$\times\exp\left\{-\frac{1}{2\sigma_\varepsilon^2}[y-(I-\rho^2W^2)^{-1}Z\beta]^T\Omega^{-1}[y-(I-\rho^2W^2)^{-1}Z\beta]\right\}$$

练习 3.6

极大似然估计

	估计值	标准误	z 值	Pr (>|z|)
(截距)	40.645 812 3	8.293 758 1	7.678 1	1.621e−14***
CRIM	−0.118 886 7	0.032 454 0	−3.663 2	0.000 249 1***
RM	3.850 720 2	0.406 243 2	9.478 9	<2.2e<−16***
INDUS	−0.005 902 6	0.061 848 1	−0.095 4	0.923 967 8
NOX	−20.419 325 2	4.001 187 3	−5.103 3	3.338e−07***
AGE	−0.019 518 1	0.014 019 1	−1.392 3	0.163 845 1
DIS	−1.456 084 0	0.271 763 5	−5.357 9	8.419e−08***
RAD	0.321 953 2	0.073 297 5	4.392 4	1.121e−05***
PTRATIO	−1.040 787 3	0.136 626 2	−7.617 8	2.576e−14***
B	0.009 885 6	0.002 643 9	3.739 1	0.000 184 7***
LSTAT	−0.514 947 0	0.049 618 9	−10.378 0	<2.2e−16***
TAX	−0.011 240 9	0.003 868 5	−2.905 8	0.003 663 7***
Rho:	0.571 91		6.375 2	1.826 7e−10***
似然比检验值：	25.792			3.802 5e−07***
Wald 统计量：	40.644			1.826 7e−10***

AIC：3 021.4

FGLS 估计

	估计值	标准误	z 值	Pr (>|z|)
(截距)	40.524 558 2	5.299 492 3	7.646 9	2.065e−14***

CRIM	−0.118 091 7	0.032 591 3	−3.623 4	0.000 290 7***
RM	3.859 129 7	0.408 202 3	9.454 0	<2.2e−16***
INDUS	−0.004 456 1	0.062 070 6	−0.071 8	0.942 768 6
NOX	−20.298 136 8	4.007 180 6	−5.065 4	4.075e−07***
AGE	−0.018 618 4	0.014 027 3	−1.327 3	0.184 411 3
DIS	−1.443 141 2	0.263 608 0	−5.474 6	4.386e−08***
RAD	0.321 737 4	0.073 174 6	4.396 8	1.098e−05***
PTRATIO	−1.046 208 8	0.136 500 8	−7.664 5	1.799e−14***
B	0.009 867 3	0.002 656 1	3.714 9	0.000 203 3***
LSTAT	−0.515 617 4	0.049 875 1	−10.338 2	<2.2e−16***
TAX	−0.011 238 1	0.003 874 7	−2.900 4	0.003 726 7***
Rho：	0.538 72		0.608 81	0.884 88***

练习 4.1

误差的方差—协方差矩阵可以写为：

$$\mathrm{Var}(\bar{\varepsilon}) = \bar{\varepsilon}\,\bar{\varepsilon}^T = \bar{\varepsilon} G G^T\,\bar{\varepsilon}^T = \sigma_\varepsilon^2 G G^T$$

现在定义聚合矩阵 G 为：

$$G=\begin{bmatrix} \underbrace{1 \cdots 1}_{n_1\text{个}} & & \\ & \underbrace{1 \cdots 1}_{n_2\text{个}} & \\ & & \underbrace{1 \cdots 1}_{n_3\text{个}} \end{bmatrix},\quad GG^T=\begin{bmatrix} n_1 & & \\ & n_2 & \\ & & n_3 \end{bmatrix}$$

所以，$\mathrm{Var}(\bar{\varepsilon})$ 有非常数对角项并且 $\bar{\varepsilon}$ 是异方差的。

练习 4.2

统一式：

$$\int_{-\infty}^{\infty} K(\nu)\mathrm{d}v = \int_{-1}^{1} 0.5\mathrm{d}v = [0.5\nu]_{-1}^{1} = 1$$

叶帕涅奇尼科夫（二次）：

$$\int_{-\infty}^{\infty} K(\nu)\mathrm{d}v = \int_{-1}^{1} \frac{3}{4}(1-\nu^2)\mathrm{d}v = \frac{3}{4}\int_{-1}^{1}(1-\nu^2)\mathrm{d}v = \frac{3}{4}\left[\nu-\frac{\nu^3}{3}\right]_{-1}^{1}$$

$$= 1$$

二次（双权）：

参考答案

$$\int_{-\infty}^{\infty} K(\nu)\,\mathrm{d}v = \int_{-1}^{1} \frac{15}{16}(1-\nu^2)^2\mathrm{d}v = \frac{15}{16}\int_{-1}^{1}(1-\nu^2)^2\mathrm{d}v$$

$$= \frac{15}{16}\int_{-1}^{1}(1-2\nu^2+\nu^4)\,\mathrm{d}v = \frac{15}{16}\left[\nu - \frac{2}{3}\nu^3 + \frac{\nu^5}{5}\right]_{-1}^{1} = 1$$

练习 4.3

	估计值	标准误	t 值	$Pr\ (>\mid t\mid)$
(截距)	0.492 331 0	0.631 738 4	0.779 3	0.435 8
educ	0.001 492 0	0.001 207 1	1.236 1	0.216 4
lambda	0.496 746 9	0.622 254 6	0.798 3	0.424 7
rho	−0.563 854 3	0.435 235 0	−1.295 5	0.195 1
rho 和 lambda 均为零的 Wald 检验	0.013 056			0.909 03

练习 4.4

考虑如下模型：

$$y^* = X\beta + u$$

$$u = \rho Wu + \varepsilon$$

我们有

$$u = (I-\lambda W)^{-1}\varepsilon$$

因此，可得：

$$E(u) = 0$$

$$E(uu^T) = \Omega = [(I-\lambda W)^T(I-\lambda W)]^{-1}$$

单一观测值的概率为：

$$P(y_i = 1) = P(y_i^* > 0 \mid X_i,\ w_{ij}\ y_i^*) = P(X_i\beta + u_i > 0 \mid X_i,\ w_{ij},\ y_i^*)$$

$$= P(u_i \leqslant X_i\beta \mid X_i,\ w_{ij},\ y_i^*) \cong \Phi(X_i\beta)$$

式中，$\Phi(\cdot) MVN(0, \Omega)$，从方程（4.30）得到似然函数为：

$$L = \int_{-\infty}^{\mu_1}\int_{-\infty}^{\mu_2}\cdots\int_{-\infty}^{\mu_n}\varphi(\mu)\,\mathrm{d}\mu$$

式中，$\varphi(\mu) = (2\pi)^{-\frac{n}{2}}\,|\Omega|\exp\left[-\frac{1}{2}(\mu^T\Omega\mu)\right]$，$\mu_i \in \mu$，$\mu_i = X_i\beta$ 并且 $\Omega = [(I-\lambda W)^T(I-\lambda W)]^{-1}$。

练习 4.5

标准 Probit 估计

	估计值	标准误	z 值	$Pr\ (>\|z\|)$
(截距)	−2.886 09	1.148 67	−2.513	0.012 0*
educ	0.067 24	0.030 67	2.192	0.028 4*

AIC：31.126

Probit 极大似然估计

	估计值	标准误	z 值	$Pr\ (>\|z\|)$
(截距)	−3.223 624 74	1.963 012 63	−1.642 182 4	0.100 552 2
educ	0.073 652 55	0.045 488 24	1.619 155 6	0.105 413 8
rho	−0.164 476 35	0.659 834 15	−0.249 269 2	0.803 152 5

Probit GMM 估计

	估计值	标准误	z 值	$Pr\ (>\|z\|)$
(截距)	−3.435 470 76	1.630 156 76	−2.107 448 1	0.035 078 76*
educ	0.077 417 29	0.035 194 87	2.199 675 6	0.027 829 92*
WXB	−0.260 535 82	0.580 764 46	−0.448 608 4	0.653 714 17

Probit LGMM 估计

	估计值	标准误	z 值	$Pr\ (>\|z\|)$
(截距)	−3.374 81	1.456 91	−2.316 41	0.020 54*
educ	0.076 37	0.033 93	2.250 85	0.024 39*
WXB	−0.272 39	0.657 82	−0.414 08	0.678 82

练习 4.6

$$I_T=\begin{bmatrix}1 & 0\\ 0 & 1\end{bmatrix}$$

$$A=(I_n-\lambda W)=\begin{bmatrix}1 & 0 & 0\\ 0 & 1 & 0\\ 0 & 0 & 1\end{bmatrix}-\lambda\begin{bmatrix}0 & 1 & 1\\ 1 & 0 & 0\\ 1 & 0 & 0\end{bmatrix}=\begin{bmatrix}1 & -\lambda & -\lambda\\ -\lambda & 1 & 0\\ -\lambda & 0 & 1\end{bmatrix}$$

$$I_T\otimes A=\begin{bmatrix}1 & -\lambda & -\lambda & 0 & 0 & 0\\ -\lambda & 1 & 0 & 0 & 0 & 0\\ -\lambda & 0 & 1 & 0 & 0 & 0\\ 0 & 0 & 0 & 1 & -\lambda & -\lambda\\ 0 & 0 & 0 & -\lambda & 1 & 0\\ 0 & 0 & 0 & -\lambda & 0 & 1\end{bmatrix}$$

$$J_T=\begin{bmatrix}1 & 1\\ 1 & 1\end{bmatrix} J_T \otimes I_n=\begin{bmatrix}1 & 0 & 0 & 1 & 0 & 0\\ 0 & 1 & 0 & 0 & 1 & 0\\ 0 & 0 & 1 & 0 & 0 & 1\\ 1 & 0 & 0 & 1 & 0 & 0\\ 0 & 1 & 0 & 0 & 1 & 0\\ 0 & 0 & 1 & 0 & 0 & 1\end{bmatrix}$$

练习 4.7

SEM—RE：

误差的方差参数：

	估计值	标准误	t 值	Pr（>|t|）
phi	39.838 568	8.586 543	4.639 7	3.49e−06***
rho	0.094 122	0.066 619	1.412 8	0.157 7
系数：				
（截距）	−5.855 669	0.640 199	−9.146 6	<2.2e−16***
log(rgdp)	1.126 815	0.065 639	17.166 9	<2.2e−16***

KKP：

误差的方差参数：

	估计值	标准误	t 值	Pr（>|t|）
phi	28.727 941	5.486 499	5.236 1	1.64e−07***
rho	0.499 248	0.059 529	8.386 6	<2.2e−16***
系数				
（截距）	−1.572 11	0.782 84	−2.008 2	0.044 62*
log(rgdp)	0.686 44	0.080 21	8.558 0	<2e−16***

只有 KKP 项显著，因此在随机效应方法中，我们可以得出结论，在误差的特殊效应方面没有空间相关性，但支持个体效应的空间相关性。

练习 4.8

OLS 空间模型：

	估计值	标准误	t 值	Pr（>|t|）
（截距）	−34.671	2.650	−13.08	<2e−16***
RM	9.102	0.419	21.72	<2e−16***

F 统计量：　471.8　$<2.2e-16^{***}$

多元 R^2：0.483 5，修正的 R^2：0.482 5

空间滞后模型：

	估计值	标准误	z 值	$Pr(>\|z\|)$
（截距）	−37.751 30	2.454 86	−15.378	$<2.2e-16^{***}$
RM	7.604 51	0.412 18	18.450	$<2.2e-16^{***}$
$Iambda$：	0.562 52	9.823 6		$<2.22e-16^{***}$
似然比检验值：	76.532			$<2.22e-16^{***}$
Wald 统计量：	96.504			$<2.22e-16^{***}$
AIC：	3 277.6			
残差的拉格朗日乘数检验				
自相关	0.013 478			0.907 58

GWR：

	最小值	第一四分位点	中值	第三四分位点	最大值	全局
（截距）	−120.600	−38.360	−23.130	−5.059	52.540	−34.670 6
RM	−5.974	3.626	7.443	9.838	21.320	9.102 1

莫兰 I

统计量＝12.578，p 值＝0.000 597

练习 5.1

$$W^2=\begin{bmatrix}0&0&0&1&1&0&1&0\\0&0&0&0&0&1&0&0\\0&0&0&0&1&0&1&1\\1&0&0&0&0&1&1&1\\1&0&1&0&0&0&0&1\\0&1&0&1&0&0&1&0\\1&0&1&1&0&1&0&0\\0&0&1&1&1&0&0&0\end{bmatrix};\ W^3=\begin{bmatrix}0&0&0&0&0&1&0&0\\0&0&0&0&0&0&0&0\\0&0&0&0&0&1&0&0\\0&0&0&0&0&0&0&0\\0&0&0&0&0&0&0&0\\1&0&1&0&0&0&0&1\\0&0&0&0&0&0&0&0\\0&0&0&0&0&1&0&0\end{bmatrix}$$

因为 $\lambda=0.950\ 2$，故 $\alpha=-3$，而 $S\approx\sum_{i=0}^{3}\frac{\alpha^i W^i}{i!}=1-3W+\frac{9}{2}W^2-\frac{27}{6}W^3$。

练习 5.2

为了不失一般性，重新整理这些单位：

$$W=\begin{bmatrix}0&1&0&\cdots&0\\0&0&1&\cdots&0\\\vdots&\vdots&\vdots&&\vdots\\0&0&\cdots&\cdots&0\end{bmatrix};\ (I-\lambda W)=\begin{bmatrix}1&-\lambda&0&\cdots&0\\0&1&-\lambda&\cdots&0\\\vdots&\vdots&\vdots&&\vdots\\0&0&\cdots&\cdots&1\end{bmatrix}$$

$$(I-\lambda W)^{-1}=\begin{bmatrix}1&\lambda&\lambda^2&\cdots&\lambda^{n-1}\\0&1&\lambda&\cdots&\lambda^{n-2}\\0&0&1&\cdots&\lambda^{n-3}\\\vdots&\vdots&\vdots&&\vdots\\0&0&\cdots&\cdots&1\end{bmatrix};\ |I-\lambda W|=1$$

因此，空间滞后模型的方差—协方差矩阵为 $\Omega=(I-\lambda W)^{-1}(I-\lambda W)^{-T}$，因此有 $|AB|=|A\|B|$：

$$|(I-\lambda W)^{-1}(I-\lambda W)^{-T}|=|(I-\lambda W)^{-1}\|(I-\lambda W)^{-T}|=1$$

练习 5.3

完整似然估计为：

	估计值	标准误	*z* 值	*Pr* (>|*z*|)
(截距)	2.837 8e+01	5.822 5e+00	4.873 9	1.094e−06***
CRIM	−9.750 1e−02	3.260 6e−02	−2.990 2	0.002 787 7***
RM	3.843 2e+00	4.135 1e−01	9.294 1	<2.2e−16***
INDUS	−7.156 3e−04	6.061 7e−02	−0.011 8	0.990 580 5
NOX	−1.360 2e+01	4.053 7e+00	−3.355 5	0.000 792 1***
AGE	1.695 3e−03	1.324 2e−02	0.128 0	0.898 125 5
DIS	−1.178 2e+00	1.833 9e−01	−6.424 9	1.320e−10***
RAD	2.927 4e−01	6.550 1e−02	4.469 3	7.848e−06***
PTRATIO	−9.761 0e−01	1.304 2e−01	−7.484 5	7.172e−14***
B	9.804 1e−03	2.665 9e−03	3.677 6	0.000 235 4***
LSTAT	−5.234 3e−01	5.024 9e−02	−10.416 7	<2.2e−16***
TAX	−1.049 1e−02	3.622 3e−03	−2.896 2	0.003 776 9***
Lambda	0.220 19		3.627 6	0.000 286 02***
似然比检验值：12.492				0.000 408 64***
Wald 统计量：13.1				0.000 286 02***
AIC：3 034.7				

MESS：

	估计值	标准误	*t* 值	*Pr* (>|*t*|)
(截距)	2.845 7e+01	5.134 6e+00	5.542 1	4.870e−08***
CRIM	−9.711 1e−02	3.292 2e−02	−2.949 7	0.003 331 4***
RM	3.844 3e+00	4.153 8e−01	9.254 9	<2.2e−16***
INDUS	−6.722 7e−04	6.123 9e−02	−0.011 0	0.991 245 6
NOX	−1.359 0e+01	3.841 0e+00	−3.538 1	0.000 441 1***
AGE	1.440 6e−03	1.318 6e−02	0.109 3	0.913 045 00
DIS	1.176 3e+00	1.837 9e−01	−6.399 8	3.618e−10***
RAD	2.929 0e−01	6.604 2e−02	4.435 1	1.135e−05***
PTRATIO	−9.767 5e−01	1.245 0e−01	−7.845 3	2.692e−14***
B	9.830 6e−03	2.700 4e−03	3.640 5	0.000 300 9***
LSTAT	−5.228 2e−01	5.089 8e−02	−10.271 9	<2.2e−16***
TAX	−1.048 4e−02	3.663 4e−03	−2.861 9	0.004 389 5***
Alpha	0.243 05	0.072 939	−3.332 3	0.000 861 47***
隐含的 *Lambda*：	0.215 769 4			
似然比检验值：	12.741			0.000 357 76***

单边近似估计：

	估计值	标准误	z 值	Pr（>|z|）
（截距）	18.512 819 7	4.684 185 7	3.952 2	7.744e−05***
CRIM	−0.081 992 1	0.028 822 3	−2.844 7	0.004 444 6***
RM	3.902 830 7	0.364 884 8	10.696 1	<2.2e−16***
INDUS	0.011 863 8	0.053 494 6	0.221 8	0.824 489 2
NOX	−11.464 621 1	3.383 025 5	−3.388 9	0.000 701 8***
AGE	−0.005 044 2	0.011 517 2	−0.438 0	0.661 407 0
DIS	0.871 943 3	0.163 684 2	−5.327 0	9.986e−08***
RAD	0.253 019 0	0.057 871 3	4.372 1	1.231e−05***
PTRATIO	−0.740 554 5	0.112 672 0	−6.572 7	4.943e−11***
B	0.007 893 5	0.002 366 0	3.336 2	0.000 849 4***
LSTAT	−0.365 907 4	0.046 151 8	−7.928 4	2.220e−15***
TAX	−0.009 659 8	0.003 201 0	−3.017 7	0.002 546 7***
Lambda	0.305 25	12.336		<2.22e−16***
似然比检验值：	111.79			2.22e−16***
Wald 统计量：	152.17			2.22e−16***

AIC：2 935.4

练习 5.4

对称条件为：

$$a_1 w_{12} = a_2 w_{21}; \ b_1 w_{13} = a_3 w_{31}; \ b_2 w_{24} = b_4 w_{42}; \ b_3 w_{34} = a_4 w_{43}$$

同向性条件为：

$$a_i = b_i \quad \forall i = 1, \cdots, 4 \text{ 并且 } w_{12} = w_{13}; \ w_{21} = w_{24}; \ w_{31} = w_{34}; \ w_{43} = w_{42}$$

$$y = \begin{bmatrix} y_1 \\ y_2 \\ y_3 \\ y_4 \end{bmatrix}; \ \mathbf{W} = \begin{bmatrix} 0 & w_{12} & w_{13} & 0 \\ w_{21} & 0 & 0 & w_{24} \\ w_{31} & 0 & 0 & w_{34} \\ 0 & w_{42} & w_{43} & 0 \end{bmatrix}; \ \varepsilon = \begin{bmatrix} \varepsilon_1 \\ \varepsilon_2 \\ \varepsilon_3 \\ \varepsilon_4 \end{bmatrix};$$

$$a = \begin{bmatrix} a_1 \\ a_2 \\ a_3 \\ a_4 \end{bmatrix}; \ a_i = b_i \quad \forall i = 1, \cdots, 4$$

紧凑表达式为：

$$y = a^T W y + \varepsilon$$

练习 5.5

似然函数为：

$$L = \prod_{i=1}^{q} e^{-\varepsilon_i - \varepsilon_l} [1 + a(2e^{-\varepsilon_i} - 1)(2e^{-\varepsilon_l} - 1)]$$

对数似然函数为：

$$L = \prod_{i=1}^{q} \ln\{e^{-\varepsilon_i - \varepsilon_l} [1 + a(2e^{-\varepsilon_i} - 1)(2e^{-\varepsilon_l} - 1)]\}$$

$$= -\sum_{i=1}^{q} \varepsilon_i - \sum_{i=1}^{q} \varepsilon_l + \sum_{i=1}^{q} \ln[1 + a(2e^{-\varepsilon_i} - 1)(2e^{-\varepsilon_l} - 1)]$$

条件为：

$$\frac{\partial}{\partial \beta}\Big\{-\sum_{i=1}^{q}(y_i - X_i\beta) - \sum_{i=1}^{q}(y_l - X_l\beta) + \sum_{i=1}^{q} \ln[1 + a(2e^{-(y_i - X_i\beta)} - 1)(2e^{-(y_l - X_l\beta)} - 1)]\Big\} = 0$$

并且

$$\frac{\partial^2}{\partial \beta^2}\Big\{-\sum_{i=1}^{q}(y_i - X_i\beta) - \sum_{i=1}^{q}(y_l - X_l\beta) \times \sum_{i=1}^{q} \ln[1 + a(2e^{-(y_i - X_i\beta)} - 1)(2e^{-(y_l - X_l\beta)} - 1)]\Big\} < 0$$

经济科学译丛						
序号	书名	作者	Author	单价	出版年份	ISBN
1	空间计量经济学入门——在R中的应用	朱塞佩·阿尔比亚	Giuseppe Arbia	45.00	2018	978-7-300-25458-6
2	克鲁格曼经济学原理(第四版)	保罗·克鲁格曼等	Paul Krugman	88.00	2018	978-7-300-25639-9
3	发展经济学(第七版)	德怀特·H.波金斯等	Dwight H. Perkins	98.00	2018	978-7-300-25506-4
4	线性与非线性规划(第四版)	戴维·G.卢恩伯格等	David G. Luenberger	79.80	2018	978-7-300-25391-6
5	产业组织理论	让·梯若尔	Jean Tirole	110.00	2018	978-7-300-25170-7
6	经济学精要(第六版)	巴德,帕金	Bade, Parkin	89.00	2018	978-7-300-24749-6
7	空间计量经济学——空间数据的分位数回归	丹尼尔·P.麦克米伦	Daniel P. McMillen	30.00	2018	978-7-300-23949-1
8	高级宏观经济学基础(第二版)	本·J.海德拉	Ben J. Heijdra	88.00	2018	978-7-300-25147-9
9	税收经济学(第二版)	伯纳德·萨拉尼耶	Bernard Salanié	42.00	2018	978-7-300-23866-1
10	国际宏观经济学(第三版)	罗伯特·C.芬斯特拉	Robert C. Feenstra	79.00	2017	978-7-300-25326-8
11	公司治理(第五版)	罗伯特·A.G.蒙克斯	Robert A. G. Monks	69.80	2017	978-7-300-24972-8
12	国际经济学(第15版)	罗伯特·J.凯伯	Robert J. Carbaugh	78.00	2017	978-7-300-24844-8
13	经济理论和方法史(第五版)	小罗伯特·B.埃克伦德等	Robert B. Ekelund. Jr.	88.00	2017	978-7-300-22497-8
14	经济地理学	威廉·P.安德森	William P. Anderson	59.80	2017	978-7-300-24544-7
15	博弈与信息:博弈论概论(第四版)	艾里克·拉斯穆森	Eric Rasmusen	79.80	2017	978-7-300-24546-1
16	MBA宏观经济学	莫里斯·A.戴维斯	Morris A. Davis	38.00	2017	978-7-300-24268-2
17	经济学基础(第十六版)	弗兰克·V.马斯切纳	Frank V. Mastrianna	42.00	2017	978-7-300-22607-1
18	高级微观经济学:选择与竞争性市场	戴维·M.克雷普斯	David M. Kreps	79.80	2017	978-7-300-23674-2
19	博弈论与机制设计	Y.内拉哈里	Y. Narahari	69.80	2017	978-7-300-24209-5
20	宏观经济学精要:理解新闻中的经济学(第三版)	彼得·肯尼迪	Peter Kennedy	45.00	2017	978-7-300-21617-1
21	宏观经济学(第十二版)	鲁迪格·多恩布什等	Rudiger Dornbusch	69.00	2017	978-7-300-23772-5
22	国际金融与开放宏观经济学:理论、历史与政策	亨德里克·范登伯格	Hendrik Van den Berg	68.00	2016	978-7-300-23380-2
23	经济学(微观部分)	达龙·阿西莫格鲁等	Daron Acemoglu	59.00	2016	978-7-300-21786-4
24	经济学(宏观部分)	达龙·阿西莫格鲁等	Daron Acemoglu	45.00	2016	978-7-300-21886-1
25	发展经济学	热若尔·罗兰	Gérard Roland	79.00	2016	978-7-300-23379-6
26	中级微观经济学——直觉思维与数理方法(上下册)	托马斯·J·内契巴	Thomas J. Nechyba	128.00	2016	978-7-300-22363-6
27	环境与自然资源经济学(第十版)	汤姆·蒂坦伯格	Tom Tietenberg	72.00	2016	978-7-300-22900-3
28	劳动经济学基础(第二版)	托马斯·海克拉克等	Thomas Hyclak	65.00	2016	978-7-300-23146-4
29	货币金融学(第十一版)	弗雷德里克·S·米什金	Frederic S. Mishkin	85.00	2016	978-7-300-23001-6
30	动态优化——经济学和管理学中的变分法和最优控制(第二版)	莫顿·I·凯曼等	Morton I. Kamien	48.00	2016	978-7-300-23167-9
31	用Excel学习中级微观经济学	温贝托·巴雷托	Humberto Barreto	65.00	2016	978-7-300-21628-7
32	宏观经济学(第九版)	N·格里高利·曼昆	N. Gregory Mankiw	72.00	2016	978-7-300-23038-2
33	国际经济学:理论与政策(第十版)	保罗·R·克鲁格曼等	Paul R. Krugman	89.00	2016	978-7-300-22710-8
34	国际金融(第十版)	保罗·R·克鲁格曼等	Paul R. Krugman	55.00	2016	978-7-300-22089-5
35	国际贸易(第十版)	保罗·R·克鲁格曼等	Paul R. Krugman	42.00	2016	978-7-300-22088-8
36	经济学精要(第3版)	斯坦利·L·布鲁伊等	Stanley L. Brue	58.00	2016	978-7-300-22301-8
37	经济分析史(第七版)	英格里德·H·里马	Ingrid H. Rima	72.00	2016	978-7-300-22294-3
38	投资学精要(第九版)	兹维·博迪等	Zvi Bodie	108.00	2016	978-7-300-22236-3
39	环境经济学(第二版)	查尔斯·D·科尔斯塔德	Charles D. Kolstad	68.00	2016	978-7-300-22255-4
40	MWG《微观经济理论》习题解答	原千晶等	Chiaki Hara	75.00	2016	978-7-300-22306-3
41	现代战略分析(第七版)	罗伯特·M·格兰特	Robert M. Grant	68.00	2016	978-7-300-17123-4
42	横截面与面板数据的计量经济分析(第二版)	杰弗里·M·伍德里奇	Jeffrey M. Wooldridge	128.00	2016	978-7-300-21938-7
43	宏观经济学(第十二版)	罗伯特·J·戈登	Robert J. Gordon	75.00	2016	978-7-300-21978-3
44	动态最优化基础	蒋中一	Alpha C. Chiang	42.00	2015	978-7-300-22068-0
45	城市经济学	布伦丹·奥弗莱厄蒂	Brendan O'Flaherty	69.80	2015	978-7-300-22067-3
46	管理经济学:理论、应用与案例(第八版)	布鲁斯·艾伦等	Bruce Allen	79.80	2015	978-7-300-21991-2
47	经济政策:理论与实践	阿格尼丝·贝纳西-奎里等	Agnès Bénassy-Quéré	79.80	2015	978-7-300-21921-9
48	微观经济分析(第三版)	哈尔·R·范里安	Hal R. Varian	68.00	2015	978-7-300-21536-5
49	财政学(第十版)	哈维·S·罗森等	Harvey S. Rosen	68.00	2015	978-7-300-21754-3
50	经济数学(第三版)	迈克尔·霍伊等	Michael Hoy	88.00	2015	978-7-300-21674-4
51	发展经济学(第九版)	A.P.瑟尔沃	A. P. Thirlwall	69.80	2015	978-7-300-21193-0
52	宏观经济学(第五版)	斯蒂芬·D·威廉森	Stephen D. Williamson	69.00	2015	978-7-300-21169-5
53	资源经济学(第三版)	约翰·C·伯格斯特罗姆等	John C. Bergstrom	58.00	2015	978-7-300-20742-1
54	应用中级宏观经济学	凯文·D·胡佛	Kevin D. Hoover	78.00	2015	978-7-300-21000-1
55	计量经济学导论:现代观点(第五版)	杰弗里·M·伍德里奇	Jeffrey M. Wooldridge	99.00	2015	978-7-300-20815-2
56	现代时间序列分析导论(第二版)	约根·沃特斯等	Jürgen Wolters	39.80	2015	978-7-300-20625-7

经济科学译丛						
序号	书名	作者	Author	单价	出版年份	ISBN
57	空间计量经济学——从横截面数据到空间面板	J·保罗·埃尔霍斯特	J. Paul Elhorst	32.00	2015	978-7-300-21024-7
58	国际经济学原理	肯尼思·A·赖纳特	Kenneth A. Reinert	58.00	2015	978-7-300-20830-5
59	经济写作(第二版)	迪尔德丽·N·麦克洛斯基	Deirdre N. McCloskey	39.80	2015	978-7-300-20914-2
60	计量经济学方法与应用(第五版)	巴蒂·H·巴尔塔基	Badi H. Baltagi	58.00	2015	978-7-300-20584-7
61	战略经济学(第五版)	戴维·贝赞可等	David Besanko	78.00	2015	978-7-300-20679-0
62	博弈论导论	史蒂文·泰迪里斯	Steven Tadelis	58.00	2015	978-7-300-19993-1
63	社会问题经济学(第二十版)	安塞尔·M·夏普等	Ansel M. Sharp	49.00	2015	978-7-300-20279-2
64	博弈论:矛盾冲突分析	罗杰·B·迈尔森	Roger B. Myerson	58.00	2015	978-7-300-20212-9
65	时间序列分析	詹姆斯·D·汉密尔顿	James D. Hamilton	118.00	2015	978-7-300-20213-6
66	经济问题与政策(第五版)	杰奎琳·默里·布鲁克斯	Jacqueline Murray Brux	58.00	2014	978-7-300-17799-1
67	微观经济理论	安德鲁·马斯-克莱尔等	Andreu Mas-Collel	148.00	2014	978-7-300-19986-3
68	产业组织:理论与实践(第四版)	唐·E·瓦尔德曼等	Don E. Waldman	75.00	2014	978-7-300-19722-7
69	公司金融理论	让·梯若尔	Jean Tirole	128.00	2014	978-7-300-20178-8
70	经济学精要(第三版)	R·格伦·哈伯德等	R. Glenn Hubbard	85.00	2014	978-7-300-19362-5
71	公共部门经济学	理查德·W·特里西	Richard W. Tresch	49.00	2014	978-7-300-18442-5
72	计量经济学原理(第六版)	彼得·肯尼迪	Peter Kennedy	69.80	2014	978-7-300-19342-7
73	统计学:在经济中的应用	玛格丽特·刘易斯	Margaret Lewis	45.00	2014	978-7-300-19082-2
74	产业组织:现代理论与实践(第四版)	林恩·佩波尔等	Lynne Pepall	88.00	2014	978-7-300-19166-9
75	计量经济学导论(第三版)	詹姆斯·H·斯托克等	James H. Stock	69.00	2014	978-7-300-18467-8
76	发展经济学导论(第四版)	秋山裕	秋山裕	39.80	2014	978-7-300-19127-0
77	中级微观经济学(第六版)	杰弗里·M·佩罗夫	Jeffrey M. Perloff	89.00	2014	978-7-300-18441-8
78	平狄克《微观经济学》(第八版)学习指导	乔纳森·汉密尔顿等	Jonathan Hamilton	32.00	2014	978-7-300-18970-3
79	微观经济学(第八版)	罗伯特·S·平狄克等	Robert S. Pindyck	79.00	2013	978-7-300-17133-3
80	微观银行经济学(第二版)	哈维尔·弗雷克斯等	Xavier Freixas	48.00	2014	978-7-300-18940-6
81	施米托夫论出口贸易——国际贸易法律与实务(第11版)	克利夫·M·施米托夫等	Clive M. Schmitthoff	168.00	2014	978-7-300-18425-8
82	微观经济学思维	玛莎·L·奥尔尼	Martha L. Olney	29.80	2013	978-7-300-17280-4
83	宏观经济学思维	玛莎·L·奥尔尼	Martha L. Olney	39.80	2013	978-7-300-17279-8
84	计量经济学原理与实践	达摩达尔·N·古扎拉蒂	Damodar N. Gujarati	49.80	2013	978-7-300-18169-1
85	现代战略分析案例集	罗伯特·M·格兰特	Robert M. Grant	48.00	2013	978-7-300-16038-2
86	高级国际贸易:理论与实证	罗伯特·C·芬斯特拉	Robert C. Feenstra	59.00	2013	978-7-300-17157-9
87	经济学简史——处理沉闷科学的巧妙方法(第二版)	E·雷·坎特伯里	E. Ray Canterbery	58.00	2013	978-7-300-17571-3
88	管理经济学(第四版)	方博亮等	Ivan Png	80.00	2013	978-7-300-17000-8
89	微观经济学原理(第五版)	巴德、帕金	Bade, Parkin	65.00	2013	978-7-300-16930-9
90	宏观经济学原理(第五版)	巴德、帕金	Bade, Parkin	63.00	2013	978-7-300-16929-3
91	环境经济学	彼得·伯克等	Peter Berck	55.00	2013	978-7-300-16538-7
92	高级微观经济理论	杰弗里·杰里	Geoffrey A. Jehle	69.00	2012	978-7-300-16613-1
93	高级宏观经济学导论:增长与经济周期(第二版)	彼得·伯奇·索伦森等	Peter Birch Sørensen	95.00	2012	978-7-300-15871-6
94	宏观经济学:政策与实践	弗雷德里克·S·米什金	Frederic S. Mishkin	69.00	2012	978-7-300-16443-4
95	宏观经济学(第二版)	保罗·克鲁格曼	Paul Krugman	45.00	2012	978-7-300-15029-1
96	微观经济学(第二版)	保罗·克鲁格曼	Paul Krugman	69.80	2012	978-7-300-14835-9
97	克鲁格曼《微观经济学(第二版)》学习手册	伊丽莎白·索耶·凯利	Elizabeth Sawyer Kelly	58.00	2013	978-7-300-17002-2
98	克鲁格曼《宏观经济学(第二版)》学习手册	伊丽莎白·索耶·凯利	Elizabeth Sawyer Kelly	36.00	2013	978-7-300-17024-4
99	微观经济学(第十一版)	埃德温·曼斯费尔德	Edwin Mansfield	88.00	2012	978-7-300-15050-5
100	卫生经济学(第六版)	舍曼·富兰德等	Sherman Folland	79.00	2011	978-7-300-14645-4
101	宏观经济学(第七版)	安德鲁·B·亚伯等	Andrew B. Abel	78.00	2011	978-7-300-14223-4
102	现代劳动经济学:理论与公共政策(第十版)	罗纳德·G·伊兰伯格等	Ronald G. Ehrenberg	69.00	2011	978-7-300-14482-5
103	宏观经济学:理论与政策(第九版)	理查德·T·弗罗恩	Richard T. Froyen	55.00	2011	978-7-300-14108-4
104	经济学原理(第四版)	威廉·博伊斯等	William Boyes	59.00	2011	978-7-300-13518-2
105	计量经济学基础(第五版)(上下册)	达摩达尔·N·古扎拉蒂	Damodar N. Gujarati	99.00	2011	978-7-300-13693-6
106	《计量经济学基础》(第五版)学生习题解答手册	达摩达尔·N·古扎拉蒂等	Damodar N. Gujarati	23.00	2012	978-7-300-15080-8

经济科学译丛

序号	书名	作者	Author	单价	出版年份	ISBN
107	计量经济分析(第六版)(上下册)	威廉·H·格林	William H. Greene	128.00	2011	978-7-300-12779-8
108	国际贸易	罗伯特·C·芬斯特拉等	Robert C. Feenstra	49.00	2011	978-7-300-13704-9
109	经济增长(第二版)	戴维·N·韦尔	David N. Weil	63.00	2011	978-7-300-12778-1
110	投资科学	戴维·G·卢恩伯格	David G. Luenberger	58.00	2011	978-7-300-14747-5
111	金融学(第二版)	兹维·博迪等	Zvi Bodie	59.00	2010	978-7-300-11134-6
112	博弈论	朱·弗登博格等	Drew Fudenberg	68.00	2010	978-7-300-11785-0

金融学译丛

序号	书名	作者	Author	单价	出版年份	ISBN
1	金融学原理(第八版)	阿瑟·J. 基翁等	Arthur J. Keown	79.00	2018	978-7-300-25638-2
2	财务管理基础(第七版)	劳伦斯·J. 吉特曼等	Lawrence J. Gitman	89.00	2018	978-7-300-25339-8
3	利率互换及其他衍生品	霍华德·科伯	Howard Corb	69.00	2018	978-7-300-25294-0
4	固定收益证券手册(第八版)	弗兰克·J. 法博齐	Frank J. Fabozzi	228.00	2017	978-7-300-24227-9
5	金融市场与金融机构(第8版)	弗雷德里克·S. 米什金等	Frederic S. Mishkin	86.00	2017	978-7-300-24731-1
6	兼并、收购和公司重组(第六版)	帕特里克·A. 高根	Patrick A. Gaughan	79.00	2017	978-7-300-24231-6
7	债券市场:分析与策略(第九版)	弗兰克·J·法博齐	Frank J. Fabozzi	98.00	2016	978-7-300-23495-3
8	财务报表分析(第四版)	马丁·弗里德森	Martin Fridson	46.00	2016	978-7-300-23037-5
9	国际金融学	约瑟夫·P·丹尼尔斯等	Joseph P. Daniels	65.00	2016	978-7-300-23037-1
10	国际金融	阿德里安·巴克利	Adrian Buckley	88.00	2016	978-7-300-22668-2
11	个人理财(第六版)	阿瑟·J·基翁	Arthur J. Keown	85.00	2016	978-7-300-22711-5
12	投资学基础(第三版)	戈登·J·亚历山大等	Gordon J. Alexander	79.00	2015	978-7-300-20274-7
13	金融风险管理(第二版)	彼德·F·克里斯托弗森	Peter F. Christoffersen	46.00	2015	978-7-300-21210-4
14	风险管理与保险管理(第十二版)	乔治·E·瑞达等	George E. Rejda	95.00	2015	978-7-300-21486-3
15	个人理财(第五版)	杰夫·马杜拉	Jeff Madura	69.00	2015	978-7-300-20583-0
16	企业价值评估	罗伯特·A·G·蒙克斯等	Robert A. G. Monks	58.00	2015	978-7-300-20582-3
17	基于Excel的金融学原理(第二版)	西蒙·本尼卡	Simon Benninga	79.00	2014	978-7-300-18899-7
18	金融工程学原理(第二版)	萨利赫·N·内夫特奇	Salih N. Neftci	88.00	2014	978-7-300-19348-9
19	投资学导论(第十版)	赫伯特·B·梅奥	Herbert B. Mayo	69.00	2014	978-7-300-18971-0
20	国际金融市场导论(第六版)	斯蒂芬·瓦尔德斯等	Stephen Valdez	59.80	2014	978-7-300-18896-6
21	金融数学:金融工程引论(第二版)	马雷克·凯宾斯基等	Marek Capinski	42.00	2014	978-7-300-17650-5
22	财务管理(第二版)	雷蒙德·布鲁克斯	Raymond Brooks	69.00	2014	978-7-300-19085-3
23	期货与期权市场导论(第七版)	约翰·C·赫尔	John C. Hull	69.00	2014	978-7-300-18994-2
24	国际金融:理论与实务	皮特·塞尔居	Piet Sercu	88.00	2014	978-7-300-18413-5
25	货币、银行和金融体系	R·格伦·哈伯德等	R. Glenn Hubbard	75.00	2013	978-7-300-17856-1
26	并购创造价值(第二版)	萨德·苏达斯纳	Sudi Sudarsanam	89.00	2013	978-7-300-17473-0
27	个人理财——理财技能培养方法(第三版)	杰克·R·卡普尔等	Jack R. Kapoor	66.00	2013	978-7-300-16687-2
28	国际财务管理	吉尔特·贝克特	Geert Bekaert	95.00	2012	978-7-300-16031-3
29	应用公司财务(第三版)	阿斯沃思·达摩达兰	Aswath Damodaran	88.00	2012	978-7-300-16034-4
30	资本市场:机构与工具(第四版)	弗兰克·J·法博齐	Frank J. Fabozzi	85.00	2011	978-7-300-13828-2
31	衍生品市场(第二版)	罗伯特·L·麦克唐纳	Robert L. McDonald	98.00	2011	978-7-300-13130-6
32	跨国金融原理(第三版)	迈克尔·H·莫菲特等	Michael H. Moffett	78.00	2011	978-7-300-12781-1
33	统计与金融	戴维·鲁珀特	David Ruppert	48.00	2010	978-7-300-11547-4
34	国际投资(第六版)	布鲁诺·索尔尼克等	Bruno Solnik	62.00	2010	978-7-300-11289-3

图书在版编目（CIP）数据

空间计量经济学入门：在R中的应用/（ ）朱塞佩·阿尔比亚著．肖光恩，吴炬辉，刘锦学译．—北京：中国人民大学出版社，2018.5
（经济科学译丛）
ISBN 978-7-300-25458-6

Ⅰ.①空… Ⅱ.①朱… ②肖… ③吴… ④刘… Ⅲ.①区位经济学-计量经济学-研究 Ⅳ.①F224.0

中国版本图书馆CIP数据核字（2018）第018566号

“十三五”国家重点出版物出版规划项目
经济科学译丛
空间计量经济学入门
在R中的应用
朱塞佩·阿尔比亚　著
肖光恩　吴炬辉　刘锦学　译
肖光恩　总校译
Kongjian Jiliang Jingjixue Rumen

出版发行	中国人民大学出版社		
社　　址	北京中关村大街31号	**邮政编码**	100080
电　　话	010－62511242（总编室）		010－62511770（质管部）
	010－82501766（邮购部）		010－62514148（门市部）
	010－62515195（发行公司）		010－62515275（盗版举报）
网　　址	http://www.crup.com.cn		
	http://www.ttrnet.com(人大教研网)		
经　　销	新华书店		
印　　刷	涿州市星河印刷有限公司		
规　　格	185 mm×260 mm　16开本	**版　　次**	2018年5月第1版
印　　张	15 插页2	**印　　次**	2018年5月第1次印刷
字　　数	204 000	**定　　价**	45.00元